DIE ÄTHIOPISCHE JOHANNES-APOKALYPSE

KRITISCH UNTERSUCHT

CORPUS
SCRIPTORUM CHRISTIANORUM ORIENTALIUM
EDITUM CONSILIO
UNIVERSITATIS CATHOLICAE AMERICAE
ET UNIVERSITATIS CATHOLICAE LOVANIENSIS

Vol. 297

SUBSIDIA
TOMUS 33

DIE ÄTHIOPISCHE JOHANNES-APOKALYPSE
KRITISCH UNTERSUCHT

VON

Dr. Josef HOFMANN

LOUVAIN
Secrétariat du CorpusSCO
Waversebaan 49
1969

VORWORT

Die äthiopische Übersetzung der Johannes-Apokalypse für sich allein, gesondert von den anderen Büchern des NT, textkritisch zu behandeln, ist gerechtfertigt. Denn die äthiopische Apk ist ein alleinstehendes Werk : Sie wurde, dem Stil nach zu schließen, wahrscheinlich später und von einem anderen Übersetzer als die übrigen Schriften des NT angefertigt. Auch sind auf diesem Gebiet schon wertvolle Vorarbeiten geleistet worden : *H.C. Hoskier* hat die einzelnen Lesarten des griechischen Apk-Textes gesammelt, *J. Schmid* ist es gelungen, die Unzahl der griechischen Varianten auf vier Stämme und einige wenige Mischformen zurückzuführen, *G. Horner* hat das ganze NT in Saʿidisch und Bohairisch veröffentlicht und *G. Graf* hat sich besonders mit den arabischen Übersetzungen der Apk befaßt. Auf diese vier Namen konnte ich mich vor allem bei meinen Untersuchungen stützen. Besonderen Dank schulde ich da Herrn Prof. Josef Schmid in München, der mich immer wieder zur Weiterarbeit ermuntert hat und der mir auch aus seiner großen Erfahrung heraus manchen guten Rat geben konnte.

Auf den folgenden Seiten soll zuerst etwas über die Geschichte der äthiopischen Apk-Übersetzung gesagt werden, besonders über die Abfassungszeit, die Differenzen zwischen der Apk und den anderen neutestamentlichen Büchern und über die Stellung der Apk bei den Äthiopiern. Am wichtigsten erschien mir die Frage nach der Vorlage der äthiopischen Übersetzung. Wie ich zeigen werde, geht die Übersetzung auf einen griechischen Text zurück. Der nächste Schritt war dann, zu prüfen, ob nicht der Stamm gefunden werden kann, dem die vom Übersetzer benützte griechische Hs angehört. Dabei stellte sich heraus, daß die äthiopische Apk auf einen sehr guten griechischen Text zurückzuführen ist. Hier waren vor allem die grundlegenden Untersuchungen von Josef Schmid über die alten Stämme des griechischen Apk-Textes wichtig. Ein besonderes Kapitel ist der Übersetzungstechnik gewidmet. In ihm soll gezeigt werden, wie der Übersetzer mit der griechischen Vorlage umgegangen ist und wie weit er dem griechischen Text gerecht wurde, bzw. gerecht werden konnte. Da die Apk im Laufe der Jahrhunderte vielen Einflüssen ausgesetzt war, mußte auch geprüft werden, welche Umwandlungen der Text durch die koptischen und arabischen Übersetzungen erfahren hat. In einem weiteren Kapitel sind diejenigen Stellen zusammengefaßt und so weit als möglich auch erklärt, an denen der äthiopische Text vom griechischen abweicht. Den Abschluß bildet die textkritische Wertung der äthiopischen Apk. Damit dürfte das Wesentlichste und Wichtigste über die äthiopische Übersetzung der Apk gesagt sein.

Zu diesen Untersuchungen gehört meine bereits im CSCO veröffentlichte Textausgabe der Apk : der 1. Band mit dem äthiopischen Text und den Varianten in den einzelnen äthiopischen Hss, und parallel dazu der 2. Band mit einer ganz wörtlichen lateinischen Übersetzung. Die auf den folgenden Seiten angeführten Stellen der äthiopischen Apk sind nach dem Text der beiden genannten Bände zitiert. Ich hoffe, daß es mir mit meiner Arbeit gelungen ist, das Dunkel, das über der äthiopischen Bibelübersetzung liegt, wenigstens an einer Stelle ein bißchen zu lichten. Es sollte mich freuen, wenn ich damit der Textkritik des NT einen guten Dienst erweisen konnte.

An dieser Stelle möchte ich es nicht versäumen, meinen verehrten Lehrern in Prag und in Würzburg zu danken, so besonders den verstorbenen Prager Professoren Franz Steinmetzer und Johann Lachmann und dem verstorbenen Würzburger Professor Theo Bauer, die meine Lehrer in den alten orientalischen Sprachen waren. Sehr viel Dank schulde ich auch Herrn Professor Alexander Böhlig, von dem ich während meiner Studienzeit in Würzburg vor allem in die koptische und armenische Grammatik tiefer eingeführt wurde. Mein ganz besonderer Dank gilt nicht zuletzt Sr. Exzellenz Enrico Cerulli, Rom, und Herrn Professor R. Draguet, Löwen, die mir die Veröffentlichung meiner Arbeit im CSCO bereitwillig ermöglichten.

Hofendorf, September 1967 Josef Hofmann

VERZEICHNIS DER ABKÜRZUNGEN UND SIGLEN

A B C etc. bis Z	=	Bezeichnung der äthiopischen Hss.
A*	=	Grundtext der Hs A (entsprechend bei den anderen Hss).
A^c	=	Korrektur in der Hs A (entsprechend bei den anderen Hss).
A^{mg}	=	Randbemerkung in der Hs A (entsprechend bei den anderen Hss).
aeth	=	äthiopischer Text der Apk.
arab	=	arabischer Text der Apk.
arab A B C D	=	Bezeichnung der arabischen Rezensionen.
arab Bg	=	arabischer Text der Apk nach der Ausgabe der Britischen Bibelgesellschaft.
arab bo A	=	arabischer Paralleltext zur bohairischen Hs A.
arab Wp	=	arabischer Text der Apk nach der Walton'schen Polyglotte.
arm	=	armenischer Text der Apk.
Bg	=	äthiopischer Text der Apk nach der Ausgabe der Britischen Bibelgesellschaft.
bo	=	bohairischer Text der Apk nach Horner.
bo A B C etc.	=	Bezeichnung der bohairischen Hss nach Horner.
gr	=	griechischer Text der Apk nach Nestle.
gr A C ℵ *Av* **K**	=	Bezeichnung der griechischen Hss und Textgruppen nach Schmid.
kopt	=	sa'idischer und bohairischer Text der Apk gemeinsam.
lat	=	lateinischer Text der Apk nach der Vulgata.
Prim	=	lateinischer Text der Apk nach Primasius.
R_1	=	1.Revision der äthiopischen Apk nach arab (Hss S T U).
R_2	=	2.Revision der äthiopischen Apk nach arab (Hss V W X Y Z).
sa	=	sa'idischer Text der Apk nach Horner.
sa 1 a etc.	=	Bezeichnung der sa'idischen Hss nach Horner.
sy	=	syrischer Text der Apk.
sy^h	=	syrischer Text der Apk nach der Heracleensischen Revision.

sy^{ph}	=	syrischer Text der Apk nach der Übersetzung des Philoxenos.
Vg	=	äthiopischer Standardtext der Apk (Hss A-R).
Wp	=	äthiopischer Apk-Text nach der Walton'schen Polyglotte.
add	=	fügt hinzu.
amb	=	zweideutig.
er	=	Druckfehler, Schreibfehler, Irrtum.
hom	=	Homoeoteleuton.
om	=	läßt aus.
ras	=	Rasur, Tilgung.
trp	=	stellt um.
=	=	ist gleich.
≠	=	ist nicht gleich.
~	=	ist ähnlich.

Die Abkürzungen der biblischen Bücher und der grammatikalischen Termini verstehen sich von selbst.

Transkription der äthiopischen Buchstaben in der Reihenfolge des äthiopischen Alphabets: ha, la, ḥa, ma, ša, ra, ßa, qa, ba, ta, cha, na, 'a, ka, wa, ʿa, za, ya, da, ga, ṭa, pa, ß̣a, ß̱a, fa, p̣a; kwa, gwa, qwa, chwa.

Transkription der koptischen Buchstaben in der Reihenfolge des koptischen Alphabets (nach W.C. Till, *Koptische Grammatik*, Leipzig, 1955) : a, b, g, d, e, z, ē, th, i, k, l, m, n, x, o, p, r, s, t, u, (w), ph, ch, ps, ō, š, f, h, č, c, ti.

Transkription der arabischen Buchstaben in der Reihenfolge des arabischen Alphabets (nach C. Brockelmann, *Arabische Grammatik*, Leipzig, 1948) : ', b, t, ṯ, ǧ, ḥ, ḫ, d, ḏ, r, z, s, š, ṣ, ḍ, ṭ, ẓ, ʿ, ġ, f, q, k, l, m, n, w, h, y.

Die lateinische Übersetzung der zitierten Stellen ist dem lateinischen Teil meines Apk-Textes entnommen. Ich habe dabei die freiere Übertragung bevorzugt und nur dort, wo es mir zum besseren Verständnis der äthiopischen Stelle notwendig erschien, auf die ganz wörtliche Wiedergabe zurückgegriffen, die in der Textausgabe in runde Klammern (...) gesetzt ist. Was in spitzen Klammern (<...>) steht, entspricht der äthiopischen, nicht aber der lateinischen Ausdrucksweise, und was in eckigen Klammern ([...]) steht, das entspricht der lateinischen Ausdrucksweise, fehlt aber im äthiopischen

Text. Die englische Übersetzung der zitierten koptischen Stellen stammt aus Horner's sa'idischer, bzw. bohairischer Ausgabe des NT. Die arabischen Varianten sind ganz wörtlich von mir ins Deutsche übersetzt, wobei ich mich vor allem in der Wortfolge an den arabischen Text angeglichen habe.

LITERATUR

DA BASANO, F., Novum Testamentum, aethiopice, Asmara, 1920 und 1934.

BAUMSTARK, A., Die christlichen Literaturen des Orients, Leipzig, 1911, I-II.

BOUSSET, W., Textkritische Studien zum NT, Texte und Untersuchungen zur Geschichte der altchristlichen Literatur, XI/4, Leipzig, 1894.

Die Offenbarung Johannis (Meyers Kommentar über das NT, 16.Abt.), Göttingen, 1906.

BROCKELMANN, C., Syrische Grammatik, Leipzig, 1951.

BUDGE, E.A.W., A History of Ethiopia, Nubia and Abyssinia, London, 1928, I.

Coptic Biblical Texts in the dialect of Upper Egypt, London, 1912.

BURKITT, F.C., Texts and Versions, Encyclopedia Biblica IV, London, 1903.

CERULLI, E., Etiopia, III, Letteratura, Enciclopedia cattolica V, Città del Vaticano, 1950.

Storia della letteratura etiopica, Nuova Accademia Editrice, Milano, 1961, seconda edizione.

CHAINE, M., Grammaire Éthiopienne, Beyrouth, 1938.

La date de la mort du métropolite Abba Salāma, Aethiops I, Paris, 1922.

CHARLES, R.H., A Critical and Exegetical Commentary on the Revelation of St. John, 2 Bde, Edinburgh, 1920.

CONYBEARE, F.C., The Armenian Version of the Revelation, London, 1907.

COULBEAUX, J.B., Histoire politique et religieuse de l'Abyssinie, Paris, 1929, I.

CRUM, W.E., A Coptic Dictionary, Oxford, 1929.

DILLMANN, A., Lexicon Linguae Aethiopicae, Neudruck, New York, 1955.

Grammatik der äthiopischen Sprache, Neudruck, 1959.

Die äthiopische Bibelübersetzung, Protestantische Realenzyclopädie II, Leipzig, 1877.

Zur Geschichte des Axumitischen Reiches im 4. bis 6. Jh., Abhandlung der Königlichen Akademie der Wissenschaften, Philos. — historische Klasse, Berlin, 1880.

VAN ERPE, Th., Novum D.N. Jesu Christi Testamentum, arabice, Leiden, 1616.

GOLDSCHMIDT, L., Bibliotheca Aethiopica, Leipzig, 1893.

GOODSPEED, E.J., The Versions of the New Testament, Interpretation, A Journal of Bible and Theology, III, Virginia, 1949.

GOUSSEN, H., Apocalypsis S. Johannis apostoli, Versio sahidica, Leipzig, 1905.

GRAF, G., Arabische Übersetzungen der Apokalypse, Biblica Bd. 10, Rom, 1929.

Geschichte der christlichen arabischen Literatur, Studi e testi 118, Città del Vaticano, 1944, I.

GREGORY, C.R., Textkritik des Neuen Testamentes, Leipzig, 1900.

GUIDI, I., Storia della letteratura etiopica, Rom, 1932.

Le traduzioni dal copto, Göttinger Nachrichten, Nr 3, 1889.

La prima stampa del Nuovo Testamento in etiopico, Rom, 1886.

Le traduzioni degli Evangelii in arabo ed in etiopico, Atti della R. Academia dei Lincei, Rom, 1888.

Grammatica elementare della lingua amarica (Einleitung), Neapel. 1924.

GUIDI, M., La chiesa etiopica, Annali del R. Istituto superiore orientale di Napoli, X, Neapel, 1937-1938.

GWYNN, J., Apocalypse of St. John, A Syriac Version, hitherto unknown, Dublin, 1877.

HAAG, H., Bibellexikon, Einsiedeln, 1951 (Bibelübersetzungen S.219 ff.).

HACKSPILL, L., Die äthiopische Evangelienübersetzung, Zeitschrift für Assyriologie, Bd. 11, Weimar, 1896.

HAUSSLEITER, J., Die lateinische Apokalypse der alten afrikanischen Kirche. Forschungen zur Geschichte des neutestamentlichen Kanons und der altkirchlichen Literatur, IV. Teil, Erlangen u. Leipzig 1891.

HEIDER, A., Die äthiopische Bibelübersetzung, 1. Heft, Leipzig, 1902.

HOFMANN, J., Der arabische Einfluß in der äthiopischen Übersetzung der Johannes-Apokalypse, Oriens Christianus, Bd. 43 und 44, Wiesbaden, 1959-1960.

Beziehungen der sa'idischen zur äthiopischen Übersetzung der Johannes-Apokalypse, Neutestamentliche Aufsätze, Regensburg, 1963.

Die äthiopische Übersetzung der Johannes-Apokalypse, CSCO, Vol. 281, Tom. 55 (Textus aethiopicus) und Vol. 282, Tom. 56 (Versio latina), Louvain, 1967.

HORNE, Th.H., An Introduction to the textual criticism of the New Testament, ed. by S. Prideaux Tregelles, Bd. IV, Kap. 32 (The Ethiopic Version), London, 1856.

HORNER, G., The Coptic Version of the New Testament in the Northern dialect, Oxford, 1905.

The Coptic Version of the New Testament in the Southern dialect, Oxford, 1924.

HOSKIER, H.C., Concerning the date of the Bohairic Version, London, 1911.

Concerning the text of the Apokalypse, London, 1929.

JONES, A.H.M., and MONROE, E., Histoire de l'Abyssinie, Paris, 1935.

KAHLE, P.E. (jun.), A Biblical Fragment of the IVth - Vth century in Semi-Bohairic, Le Muséon LXIII, Louvain, 1950.

KAMMERER, A., Essai sur l'histoire antique d'Abyssinie, Paris, 1926.

LAGRANGE, M.J., Critique textuelle, Paris, 1935.

LEFORT, L.Th., Une étrange recension de l'Apocalypse, Le Muséon XLIII, Louvain, 1930.

LEIPOLDT, J., The Coptic Version of the New Testament in the Northern dialect, Church Quarterly Review LVII, London, 1906.

LITTMANN, E., Reisebericht der Expedition, Topographie und Geschichte Aksums, Deutsche Aksum-Expedition I, Berlin, 1913.

Abessinien, Hamburg, 1935.

Abyssinian Apocalypses, American Journal of semitic Languages and Literature, XIX.

LUDOLF, J., Historia Aethiopica, Frankfurt a.M., 1681.

Commentarius ad Historiam Aethiopicam, Frankfurt a.M., 1691.

MEILLET, A., Altarmenisches Elementarbuch, Heidelberg, 1913.

MURAD KAMIL, Das Land des Negus, Innsbruck, 1935.

MITTWOCH, E., Die traditionelle Aussprache des Äthiopischen, Abessinische Studien, 1. Heft, Berlin, 1926.

MONTGOMERY, J.A., The Ethiopic Text of Acts of the Apostles, The Harvard Theological Review, Bd. 27, Cambridge, 1934.

NESTLE, E., Novum Testamentum, graece, ed. XXI, Stuttgart, 1952.

NEUBACHER, H., Die Festung des Löwen, Freiburg i.Br. 1959.

NÖLDEKE, Th., Die äthiopische Literatur, Die orientalischen Literaturen, Berlin-Leipzig, 1906.

PETRUS ETHYOPS, Novum Testamentum, Rom, 1548-1549.

PLATT, T.P., Novum Testamentum D.N. et Salvatoris Jesu Christi, aethiopice, London, 1830.

PRAETORIUS, F., Novum Testamentum, aethiopice, Leipzig, 1899, (Neudrucke 1914 und 1927).

Grammatica Aethiopica, Karlsruhe u.Leipzig, 1886.

ROSSINI, C. Conti. Sulla versione e sulla revisione delle sacre scritture in etiopico, Zeitschrift für Assyriologie, Bd. 10, Weimar, 1895.

Le lingue e litterature semitiche d'Etiopia, Oriente moderno, I, Rom, 1921.

A propos des textes éthiopiens concernant Salama (Frumentius), Aethiops I, Paris, 1922.

Note per la storia letteraria abissina, Rend. della R. Academia dei Lincei VIII, Rom, 1899.

Storia d'Etiopia, Bergamo, 1928.

SCHLATTER, Th., Calwer Bibellexikon, 5. Aufl., (Bibel, Antike Übersetzungen, S.156 ff.), Stuttgart, 1959.

SCHMID, J., Studien zur Geschichte des griechischen Apokalypse-Textes, 1. Teil, Der Apokalypse-Kommentar des Andreas von Kaisareia, München, 1955.

2. Teil, Die alten Stämme, Münchner Theologische Studien, München, 1955.

Untersuchungen zur Geschichte des griechischen Apokalypse-Textes, Der K - Text, Biblica 17, Rom, 1936.

Bibelübersetzungen, Lexikon für Theologie und Kirche II, Freiburg i.Br., 1958.

Der Apokalypsetext des Chester Beatty Papyrus P^{47}, Byzantinisch- Neugriechische Jahrbücher, Bd. 11, Athen, 1934.

SPIEGELBERG, W., Koptisches Handwörterbuch, Heidelberg, 1921.

STEINDORFF, G., Lehrbuch der koptischen Grammatik, Chicago, 1951.

TISCHENDORF, C., Novum Testamentum, graece, ed. octava critica major, Leipzig, 1884.

TILL, W.C., Koptische Grammatik, Leipzig, 1955.

Koptische Dialektgrammatik, München, 1931.

VOGELS, H., Handbuch der Textkritik des NT, 1960.

VÖÖBUS, A., Early Versions of the New Testament, Stockholm, 1954.

Die Spuren eines älteren äthiopischen Evangelientextes im Lichte der literarischen Monumente, Papers of the Estonian Theological Society in Exile II, Stockholm, 1951.

Ta'amera Iyasus Zeuge eines älteren äthiopischen Evangelientextes, Orientalia Christiana Periodica XVII, Rom, 1951.

WALTON, B., Biblia Sacra Polyglotta, London, 1657.

WEISS, B., Die Johannes-Apokalypse, Texte und Untersuchungen zur Geschichte der altchristlichen Literatur, Bd. VII, Leipzig, 1892.

WIKENHAUSER, A., Die Offenbarung des Johannes, Regensburger Neues Testament, Bd. 9, Regensburg, 1959.

Kataloge der äthiopischen Handschriften

Handschriften des Vatikan :

TISSERANT : Catalogus codicum manuscriptorum aethiopicorum.

Handschriften in England :

a) WRIGHT : Catalogue of the Ethiopic Manuscripts in the British Museum.

b) Catalogus codicum manuscriptorum bibliothecae Bodleian, Oxford.

Handschriften in Paris :

a) M. CHAÎNE, Catalogue des mss éthiopiens de la collection Antoine d'Abbadie.

b) Catalogue raisonné de mss éthiopiens appartenant à Antoine d'Abbadie.

c) ZOTENBERG, Catalogue des mss éthiopiens de la Bibliothèque Nationale.

d) GRÉBAUT, Catalogue des mss éthiopiens de la collection Griaule.

I

GESCHICHTE DER ÜBERSETZUNG DER APK INS ÄTHIOPISCHE

Die Anfänge des Christentums in Äthiopien liegen ganz im Dunkel. Dillmann [1] hat sich um die Aufhellung dieses Dunkels bemüht und hat versucht, Legende und historische Tatsache zu scheiden. Die erste historisch greifbare christliche Gestalt war Frumentius, der Apostel Abessiniens, der von Bischof Athanasius von Alexandrien zum Bischof geweiht und als Missionar nach Äthiopien geschickt wurde. Er war sicher um die Mitte des 4. Jh. in Äthiopien tätig. Denn in der Apologia ad Constantium bezeugt dies Athanasius selbst [2]. Wie groß die Erfolge des Frumentius in der Missionierung waren, wird nirgends glaubhaft berichtet. Die Äthiopier schreiben dem Frumentius die Übersetzung der Bibel zu. Aber das ist eine unhaltbare Theorie, die auch von fast allen Gelehrten abgelehnt wird. Unter Frumentius geschahen zwar die ersten Einbrüche in die Front des Heidentums, aber für ein so großes Werk, wie es die Übersetzung der Bibel ist, war der Boden noch nicht bereitet. Die nächsten hundert Jahre haben uns kein Zeugnis über den Erfolg der von Frumentius begonnenen Missionstätigkeit überliefert. Um das Land wirklich zu christianisieren, bedurfte es eines neuen Anstoßes [3]. Er erfolgte um die Mitte oder vielleicht erst gegen Ende des 5. Jh. Damals wanderten syrische Mönche (die sogenannten Neun Heiligen) aus dem römischen Reich nach Äthiopien ein. Sie waren wahrscheinlich Monophysiten, die entweder als Missionare ihres Glaubens oder als Flüchtlinge wegen ihres Glaubens in das Land kamen. Ihrem Glaubenseifer und ihrer Initiative wird es zugeschrieben, daß Kosmas Indikopleustes « Axum und das ganze Land » im Anfang des 6. Jh. als christlich bezeichnen kann [4].

[1] A. Dillmann, *Zur Geschichte des Axumitischen Reiches im 4. - 6. Jahrhundert.* Abhandlungen der Königlichen Akademie der Wissenschaften zu Berlin, 1880, Philos. - historische Klasse.

[2] *Apologia ad Constantium imperatorem,* Patrologia graeca XXV, 636.

[3] Vgl. A. Vööbus, *Early Versions of the NT*, Stockholm 1954, S. 246 ff.

[4] Siehe C. Conti Rossini, *Sulla versione e sulla revisione delle sacre scritture in etiopico,* Zeitschrift für Assyriologie, Weimar, 1895, Bd. X, S. 236 ff. und A. Dillmann, *Zur Geschichte des Axumitischen Reiches,* S. 24 ff.

In diese Zeit der syrischen Missionierung, Ende des 5. und Anfang des 6. Jh., muß dann auch der Beginn der Bibelübersetzung fallen. Dillmann [1] meint, daß die Übersetzung der Bibel ins Äthiopische schon im 4. - 5. Jh. erfolgt sei, denn — so argumentiert er — es könne das Christentum bei keinem Volke auf die Dauer Wurzel fassen, wenn ihm nicht auch zugleich seine Nahrungsquellen, das geschriebene Wort, mitgegeben werden; darum sei bei der Bekehrung eines Volkes stets eines der ersten Geschäfte, ihm die Bibel zu übersetzen. Aber das muß nicht unbedingt der Fall sein. So machten es zwar Cyrill und Method, die den Slawen eine in ihre Sprache übersetzte Bibel mitbrachten. In den meisten Fällen jedoch dürfte sich der Vorgang anders abgespielt haben, wie ich dies auch für Äthiopien annehme. Die Missionare, ganz gleich ob sie jetzt aus dem griechischen oder dem syrischen Sprachgebiet kamen, hatten die Bibel in ihrer Sprache. Danach katechisierten sie und erklärten ihren heidnischen Zuhörern die christlichen Wahrheiten. Dazu brauchte das Volk noch keine Bibel in seiner Sprache. Außerdem hatte damals das gesprochene Wort noch eine viel tiefere Wirkung und haftete bei den primitiven Zuhörern, die auch nur zu einem Bruchteil lesen konnten, viel besser im Gedächtnis als in unserer heutigen Zeit, wo man gewohnt ist, mehr durch das Auge als durch das Ohr zu lernen. Die Notwendigkeit, den Bibeltext schwarz auf weiß in der Hand zu haben, wurde erst später zwingend. Ich schließe mich da lieber der Meinung Rossinis und Guidis an [2]. Sie verlegen die Bibelübersetzung auf einen späteren Zeitpunkt (Ende 5. - 6. Jh.), wo das Christentum wirklich schon weit verbreitet und herrschend in Äthiopien war. Denn im 4. Jh. konnte nach Guidis Argumentation das Christentum noch nicht genügend verbreitet gewesen sein, und viele seiner Bekenner waren fremde Kaufleute, denen auch der griechische Text genügte.

Nicht alle Teile der Hl. Schrift sind für die Verbreitung des Christentums von gleicher Wichtigkeit. So ist auch sicher die Hl. Schrift nicht in einem Zuge übersetzt worden, sondern mehr nach Bedarf. Da stehen natürlich die Evv an der Spitze, denen dann aus dem AT vielleicht die Genesis und die Psalmen folgen. Ich glaube, daß

[1] Siehe A. Dillmann, *Äthiopische Bibelübersetzung*, Protestantische Realenzyclopädie, II. Auflage, Leipzig 1877, I, 203 ff.

[2] Siehe Conti Rossini, *Sulla versione*, S. 236. und I. Guidi, *Le traduzioni dal Copto*, Nachrichten d. Königlichen Gesellschaft der Wissenschaften, Göttingen, Nr. 3/1889 S. 49.

mit diesen Teilen die Übersetzung ins Äthiopische begonnen wurde. Die Übersetzung der ganzen Hl. Schrift war ja ein gewaltiges Werk, das Jahre, wahrscheinlich sogar Jahrzehnte in Anspruch genommen hat [1]. An ihr haben sicher nacheinander mehrere Übersetzer gearbeitet. Es ist deshalb ganz ungewiß, wann die Übertragung der Apk in Angriff genommen wurde. Die Apk hat für die Propagierung des Christentums nicht die gleiche Bedeutung wie die Evv, kam also aus diesem Grunde erst später an die Reihe. Aber wann das der Fall war, das läßt sich nicht mit Sicherheit bestimmen. Zuerst müßte auch geklärt sein, nach welcher Vorlage die Evv übersetzt wurden, War sie griechisch oder war sie syrisch? Beide Ansichten haben ihre Verteidiger. Vööbus [2] hat sich bemüht, die Kontroverse wieder in Gang zu bringen. Er führt die Befürworter der griechischen Vorlage an, selbst aber vertritt er mit guten Argumenten die Meinung Gildemeisters und Burkitts, daß die Übersetzungsvorlage der Evv syrisch gewesen sei. Für die Apk hat die Frage eine indirekte Bedeutung. Denn die Vorlage der Apk war, wie ich noch zeigen werde [3], auf keinen Fall syrisch, sondern griechisch. War die Vorlage der anderen Bibelschriften syrisch [4], dann war die Apk bei den übersetzten Bibeltexten nicht mit dabei, da ja die Syrer die Apk abgelehnt und sie auch nicht in die Peschitta aufgenommen hatten. Daraus folgt für die äthiopische Apk, daß sie erst viel später als die Evv (vielleicht erst im 7. Jh.) übersetzt wurde, nämlich dann, als der syrische Einfluß abgeklungen war und man über Ägypten Zugang zu den griechischen Bibelhandschriften gefunden hatte. War die Vorlage der Evv aber griechisch, dann hatten die Übersetzer sicher auch schon aus den griechischen Hss die Bekanntschaft mit der Apk gemacht und sie auch, als die Übersetzungsarbeiten vorangeschritten waren und eine vollständige Bibelübersetzung als notwendig empfunden

[1] Nach Guidi wurde als letztes das Buch Sirach ins Äthiopische übersetzt. Im Jahre 676 war mit Ausnahme der Makkabäerbücher die ganze Hl. Schrift übersetzt. Vgl. I. Guidi, *Storia della letteratura etiopica*, Rom, 1932, S. 15.

[2] A. Vööbus, *Early Versions*, S. 249 ff. und derselbe. *Die Spuren eines älteren äthiop. Evangelientextes im Lichte d. literarischen Monumente*, Papers of the Esthonian Theological Society in Exile, Stockholm 1951.

[3] Siehe S. 19 ff.

[4] So Vööbus aus inneren (Vergleich mit der ältesten äthiop. Evv-Hs P32 aus dem 13. Jh.) und äußeren Gründen (die Neun Heiligen waren Syrer). *Early Versions*... S. 249 ff.

wurde, ins Äthiopische übertragen. Der Zeitpunkt der Übersetzung kann dann vielleicht noch in das 6. Jh. verlegt werden [1].

Zwischen den äthiopischen Evv und der Apk bestehen Differenzen, die darauf hindeuten, daß die Apk nicht vom selben Übersetzer und nicht aus derselben Zeit wie die Evv stammt.

1) In der Apk fällt die übermäßige Verwendung der Demonstrativa auf. Sie dienen in sehr vielen Fällen lediglich der Determination. In den Evv ist dies nicht in einem so großen Ausmaß der Fall [2].

2) Das Vokabular der Apk unterscheidet sich von dem der Evv : *συνδουλος* ist in den Evv durch ቢጽ ፡ *socius, consors* übersetzt, in der Apk aber ist das Wort umständlich umschrieben (vgl. Mt 18, 28,31.33; 24,49 und Apk 6,11; 19,10; 22,9). Für *καιρος* steht in der Apk ዘመን ፡ (so 1,3; 11,18; 12,14, nicht aber 12,12), die Evv haben dafür ጊዜ ፡ oder መዋዕል ፡, nie aber ዘመን ፡ (*καιρος* = ጊዜ ፡ in Mt 8, 29; 13,30; 21,34.41; 24,45; 26,18; Mk 1,5; 11,13; 12,2; Lk 4,13; 12,42; 20,10; 21,36; Jh 5,4; 7,6.8; *καιρος* = መዋዕል ፡ in Mt 11,25; 12,1; 14,1; Mk 16,3; Lk 12,56; 19,44 und Apk 12,12). Für *συναγωγη* steht nur ማኅበር ፡, das in den Evv allein in Lk 20,46 verwendet wird. Die Evv haben entweder ምኵራብ ፡ oder ዐውድ ፡. *Διωκειν* heißt ዴገነ ፡ (Apk 12,13 und Lk 17,23), in den Evv wird dafür fast ausschließlich ሰደደ ፡ gebraucht (Mt 5,10,12.44; 10,23; 23,34; Lk 11,49; 21,12; Jh 5,15; 15,20). *Αποκριθεις* ist in Apk 7,13 mit ወይቤለኒ ፡ *et-dixit-mihi* übersetzt, in den Evv aber stehen Formen von አውሥአ ፡ *respondere*. Für *μυρον* steht in Apk 18,13 das Fremdwort ሚሮን ፡, während die Evv das äthiopische Wort ዕፍረት ፡ *unguentum* gebrauchen (Mt 26,7.12; Mk 14,3.4.5; Lk 7,37.38.46; Jh 11,2; 12,3.5).

3) In der Apk fehlt die sonst außerordentlich beliebte Konstruktion mit dem Gerundium, die in den Evv in manchen Versen zwei-, ja sogar dreimal angewendet wird. Allerdings ist dafür auch die griechische Vorlage mitverantwortlich; denn im griechischen Apk-Text fehlen die Partizipialkonstruktionen mit dem absoluten Genitiv, die sich besonders gut zur Wiedergabe durch das Gerundium eignen.

[1] Die Übersetzung der Bibel fällt noch in die erste Periode der äthiopischen Literatur (4. bis Ende 7. Jh.). Vgl. I. GUIDI, *Storia* S. 8.

[2] Sollte der Übersetzer ein Grieche gewesen sein, der in einer Sprache mit Artikel dachte? Wenn ein Deutscher eine Sprache ohne Artikel spricht, dann hat er auch immer das Gefühl, er müßte den fehlenden Artikel durch ein Demonstrativ ersetzen (eigene Erfahrung).

In Bezug auf den Übersetzer und den Zeitpunkt der Übersetzung kann man also folgendes festhalten : Die Apk wurde von einem anderen Übersetzer und später als die Evv (zwischen 550 und 650) ins Äthiopische übertragen.

Welche Stellung die Apk im Anfang bei den Äthiopiern einnahm, ist nicht mehr zu ersehen. Die Syrer lehnten die Apk ab und nahmen sie erst nach 500 in den Kanon auf [1]. Bei den Kopten bestand eine solche Aversion nicht. Allerdings scheint die Apk auch in Ägypten eine gewisse Sonderstellung eingenommen zu haben. Sie wurde gern allein für sich abgeschrieben und zuweilen auch mit einem Kommentar versehen; sie wurde nicht in den koptisch-arabischen Vokabularien verwertet [2]. Ob die Äthiopier früher die Apk in ähnlicher Weise behandelt haben, ist nicht festzustellen, da uns aus den Anfangszeiten Hss der Apk fehlen. Die ältesten Apk-Hss stammen ja erst aus einer Zeit, die um 8-9 Jahrhunderte jünger ist als das Datum der Übersetzung. Im 15. Jh. aber (Hss ABST) war die Apk längst ein fester Bestandteil des äthiopischen Kanons und wurde teils allein, teils auch in Verbindung mit anderen neutestamentlichen Schriften abgeschrieben, aber immer ohne Kommentar. So steht die Apk allein in den Hss E G P Q R S (Fragment O). In den Hss B I L M N gehen der Apk Homilien voraus. In den Hss A C T U folgt die Apk auf das Jh-Evangelium. In der Hs D steht die Apk zwischen Apg und Kath, in W folgt ihr Pl (Röm - 1 Thess 3, 12). In den Hss F H J K V X Y Z findet sie sich neben Phm Hebr Apg und Kath (Hs J ohne Kath) [3].

[1] Siehe A. Wikenhauser, *Die Offenbarung des Johannes*, Regensburger NT, Regensburg, 1959, S. 25.

[2] Siehe C.R. Gregory, *Textkritik des NT*, Leipzig 1900, S. 534. und G. Graf, *Geschichte der christlichen arabischen Literatur*, Studi e testi 118, Città del Vaticano 1944, S. 182.

[3] Folgende Hss standen mir zur Verfügung :

15. Jh. : A (Vat. Aeth 68, Gregory 96),
B (Br. Mus. Or. 597, Gregory 37),
S (Vat. Aeth 48, Gregory 93),
T (Vat. Aeth 47, Gregory 92),
16. Jh. : C (Leningrad 65, Gregory 97),
D (Paris Bibl. Nat. Aeth 24, Gregory 69),
E (Paris, Bibl. Nat. Aeth. 31, Gregory 76),
U (Vat. Aeth. 67, Gregory 95),
17. Jh. : F (Br. Mus. Or. 526, Gregory 29),

II

TEXT DER HANDSCHRIFTEN

Der Text, den die 26 Hss bieten, geht auf *einen* gemeinsamen Stamm zurück; denn sie unterscheiden sich in der Hauptsache nur durch unwesentliche Abweichungen voneinander. Dies gilt besonders von den Hss A-R; sie liefern den allgemein gebräuchlichen Text (Vg). Die auftretenden Varianten sind zum größten Teil orthographischer Natur oder sind reine Schreibfehler; z.B. Auslassungen von Buchstaben oder Wörtern, Doppelschreibungen, Verlesungen usw. Echte Varianten sind zwar auch zu finden, aber da handelt es sich in den meisten Fällen um unwesentliche Differenzen. Dazu rechne ich die Verschiedenheit der Demonstrativa [1], der Präpositionen [2],

G (Vat. Aeth. 54, Gregory 94),
H (Br. Mus. Or. 531, Gregory 31),
I (Br. Mus. Or. 600, Gregory 38),
J (Paris, Bibl. Nat. Aeth. d'Abbadie 119, Gregory 57).
V (Br. Mus. Or. 529, Gregory 30)
W (Br. Mus. Or. 532, Gregory 33),
18. Jh. : K (Br. Mus. Or. 527, Gregory 32),
L (Br. Mus. Or. 598, Gregory 39),
M (Br. Mus. Or. 599, Gregory 40),
N (Br. Mus. Or. 601, Gregory 41),
O (Paris, Bibl. Nat. d'Abbadie 184, Fragment),
P (Br. Mus. Or. 533, Gregory 36),
Q (Brit. and For. Bible Soc. 8, Gregory 6),
X (Oxford, Bodleian, Dillmann 14/15, Gregory 47),
Y (Paris, Bibl. Nat. d'Abbadie 9, Gregory 51),
Z (Paris, Bibl. Nat. d'Abbadie 164, Gregory 58),
19. Jh. : R (Paris, Bibl. Nat. Grébaut 312).

Bei Q und X vermute ich, daß sie aus dem 18. Jh. stammen.
S T U = R_1 (1. Revision nach arabischen Texten),
V W* X Y Z = R_2 (2. Revision nach arabischen Texten),
Die übrigen (A - R) = Vg (der äthiopische Standardtext).
Nähere Angaben zu den einzelnen Hss finden sich im Oriens Christianus 43 (1959) S. 27 ff. (J. Hofmann, *Der arabische Einfluß in der äthiop. Übersetzung der Jh.-Apk*) und im CSCO Vol. 281 Tom. 55 (J. Hofmann, *Die äthiop. Übersetzung der Jh.-Apk*), S. 11 ff.

[1] Ein Teil der Hss hat z.B. ውእቱ : *is*, ein anderer ዝንቱ : *hic* oder ዝኩቱ : *ille*.

[2] Ein Teil der Hss hat z.B. ውስተ : *intra*, ein anderer በ" *in-*; in der einen Hs heißt es ላዕለ : *super*, in der anderen ዲበ : *supra* usw.

der Konjunktionen [1] oder die Weglassung, bzw. Einfügung von ወ *et* oder die Abweichung in der grammatikalischen Form [2] oder die Stellung des Adjektivs (vor oder nach dem Substantiv). Größere Abweichungen vom fast einheitlichen Vg-Text zeigen die Hss, die auf späteren Revisionen nach arab beruhen, so vor allem die Hss S T U (= R_1) und V W* X Y Z (= R_2) [3]. Aber auch da ist trotz der Revisionen der Grundcharakter gewahrt geblieben. Es wurden nur zuweilen Vokabeln ausgetauscht oder es wurde geändert, wo der äthiopische Text allzu stark von der arabischen Revisionsgrundlage abwich. Der Vg-Text aber blieb unangetastet, wo er wenigstens ungefähr noch mit dem arabischen Text in Einklang stand [4].

Diese Einheitlichkeit im Grundcharakter der äthiopischen Texte beweist, daß alle jetzt vorhandenen Texte auf einen einzigen Urtyp zurückgehen. Ob dies aber wirklich der einzige Urtyp war oder ob noch ein zweiter auf einer anderen Übersetzung basierender Urtyp existierte, ist nicht zu beweisen. Einige Lesarten, die vom griechischen Text abweichen und von sa stammen, könnten darauf hindeuten, daß auch noch eine zweite Übersetzung, die sa zur Vorlage hatte, einmal vorhanden war; von ihr wäre außer ein paar Lesarten, die in den Vg-Text eingedrungen waren, nichts mehr übrig geblieben [5]. Wir haben eben aus der Zeit von der Übersetzung bis zur Niederschrift unserer ältesten Hss leider keine Zeugen. Es ist vielleicht nur ein Zufall, daß gerade Hss des auf gr basierenden Typs den Mohammedanersturm unter Ahmed Grañ (16.Jh.) überlebt haben, während andere eventuell auf sa beruhende Texte verloren gegangen sind. Als dann wieder neues Leben aus den von den Mohammedanern hinterlassenen Ruinen zu blühen begann, konnte man nur mit dem uns jetzt vorliegenden Typ weiterarbeiten.

[1] Ein Teil der Hss hat z.B. እመ ፡ *si*, ein anderer ለእመ ፡ *quodsi*; ein Teil hat das Enklitikon ''ኒ *-etiam* oder ''ሂ *-quoque*, ein anderer läßt es weg.

[2] So differieren die Hss in den Pluralformen der Substantiva oder im Genus der Adjektiva und der Relativa oder in der Kasusform oder in der Verbalform (in den älteren Hss z.B. heißt die Subjunktivform von ሐረ ፡ *ambulare* gewöhnlich የሐር ፡, in den jüngeren የሑር ፡). ቦ *adest, habet* und አልቦ ፡ *non-adest, non-habet* haben teils den Nominativ, teils den Akkusativ nach sich.

[3] Siehe S. 106 und OrChr 43 (1959) S. 38 ff. und OrChr 44 (1960) S. 26.

[4] Siehe S. 109 und OrChr 43 (1959) Anm. 13, 14, 15, 16 und OrChr 44 (1960) Anm. 50.

[5] Siehe S. 119 und J. Hofmann, *Beziehungen der sa'idischen zur äthiopischen Übersetzung der Jh-Apk*, Neutestamentliche Aufsätze, Regensburg 1963, S. 121.

Keine der 26 Hss repräsentiert mehr den ursprünglichen Text. Es ist jedoch eine gewisse Abstufung in der Güte der Überlieferung festzustellen. Von den Hss der Vg bieten die Hss A B und C im allgemeinen einen guten Text, ebenso die jüngeren Hss H I M O. Sehr schlecht ist die Überlieferung in D E N Q. Besonders N und Q strotzen von Fehlern, ja bei N hat man manchmal den Eindruck, als hätte der Schreiber Geʿez überhaupt nicht verstanden, sondern den Text nur mechanisch abgemalt. Die Hss K und P zeichnen sich durch eine Reihe von Sonderlesarten aus. Ihr Text stellt eine Weiterentwicklung des Vg-Textes dar, harmonisiert aber nicht mit den Texten der 1. und 2. arabischen Revision.

Da stellt sich nun die Frage, ob man eine gewisse Familienbildung unter den Hss der Vg bemerken kann. Aber die Varianten schwanken so unter den einzelnen Hss, daß man keine ausgesprochenen Familien erkennen kann. Nur B und I sind ganz nahe verwandt, ja identisch, so daß man I als Kopie von B ansehen kann. Ganz grob gesprochen kann man A und B als verschiedene Äste eines gemeinsamen Textes bezeichnen. Jeder dieser Äste hat dann wieder seine Zweige, die sich allerdings oft wieder mit den Zweigen des anderen Astes kreuzen. Jede Hs hat ihre Sonderlesarten und jede Hs hat ihre Gemeinsamkeiten mit fast jeder anderen Hs. Das gibt ein so verwirrendes Bild, daß man von einer Familienbildung nicht sprechen kann.

Die Rechtschreibung ist in allen Hss der Apk unkorrekt und inkonsequent. Es handelt sich um die auch in anderen äthiopischen Hss auftretenden Verwechslungen [1]. Uneinheitlich ist auch die Behandlung der assimilierten und dissimilierten Formen īy - ey, ūw - ew, yī - ye und wū - we. Sowohl in den alten als auch in den jüngeren Hss treten assimilierte und dissimilierte Formen nebeneinander auf.

Eine auffallende Konsequenz herrscht in der Schreibung der griechischen Fremdwörter und Eigennamen, die klar nach einer griechischen Vorlage transkribiert wurden. Der Übersetzer hielt sich hier an ein ganz bestimmtes Schema. Auch spätere Bearbeiter haben, wo es sich um die Konsonanten der transkribierten Wörter handelt, wenig daran geändert, denn die Fremdwörter sind in allen Hss mit

[1] So sind folgende Zeichen auswechselbar : ሀ mit ሐ und ኀ, ሠ mit ሰ, አ mit ዐ, ጸ mit ፀ; ሀ - ሐ - ኀ - አ - ዐ mit ሃ - ሓ - ኃ - ኣ - ዓ, ኰ - ጐ - ቈ - ኈ mit ኮ - ጎ - ቆ - ኆ und ኵ - ጕ - ቍ - ኍ mit ኩ - ጉ - ቁ - ኁ. Zuweilen wird auch በ mit ወ verwechselt. Siehe dazu E. Mittwoch, *Die traditionelle Aussprache des Äthiopischen*, Abessinische Studien I, Berlin 1926.

den gleichen Konsonanten geschrieben, Das Schema für die vorkommenden Konsonanten sieht so aus :

β	γ	δ	ζ	θ	κ	λ	μ	ν	ξ	π	ρ	σ	τ	φ	χ
በ	ገ	ደ	ዘ	ተ	ቀ	ለ	መ	ነ	ክሰ	ጰ (ፈ)	ረ	ሰ	ጠ	ፈ	ከ

ba, ga, da, za, ta, qa, la, ma, na, kßa, pa (fa), ra, ßa, ṭa, fa, ka.

Auch bezüglich der Vokale war einmal nach einem festen Schema gearbeitet worden. Aber es liegt im Wesen der äthiopischen Schrift, daß sich hier durch Unaufmerksamkeit der Kopisten leicht Abweichungen einschleichen konnten. Eine nachlässig geschriebene Vorlage konnte bewirken, daß der Kopist das falsche Vokalzeichen las und schrieb [1]. Es darf uns also nicht wundern, wenn die einzelnen Hss in der Transkription der Vokale oft weit voneinander abweichen. Das ursprüngliche Schema dürfte so gewesen sein :

β	βα	βᾶ	βε	βη	βι	βο	βω	βου	βυ
ብ	በ	ባ	ብ	ቤቢ	ቢ	ቦ	ቦ	ቡ	ብቢ

Stehen im Griechischen zwei Vokale nebeneinander, dann wird bei der Transkription ein *-y-* dazwischen gesetzt [2]. Noch eine Besonderheit ist erwähnenswert: Aeth transkribiert das griechische Wort in der Kasusform, die in der Vorlage steht [3], zum Unterschied von sa und bo, die das griechische Wort im Nominativ transkribieren.

Die Behandlung der Fremdwörter und Eigennamen zeigt, daß der Übersetzer sehr genau gearbeitet hat. Ihn trifft die geringste Schuld, daß es im heutigen Apk-Text so viele dunkle und verdorbene Stellen gibt. Die Verantwortung dafür tragen vor allem die Kopisten, denen es oft genug am Können und an der nötigen Aufmerksamkeit fehlte, und die Revisoren, die zwar verbessern wollten, den Text aber nur schlechter machten. Man kann sich nur wundern, daß trotz der Jahrhunderte langen Arbeit am Text die äthiopische Apk nicht noch mehr verdorben wurde, als sie schon ohnedies ist.

[1] So ist in den Hss oft nicht zu erkennen, ob ኪ oder ኬ, ob ክ, ኽ oder ኮ, ob ክ oder ኽ zu lesen ist.

[2] So z.B. σαρδιον, transkribiert ሰርዲዮን : *ßardiyōn* oder ሰርደዮን : *ßardeyōn*

[3] So 4,3 ιασπιδι : Hs S transkribiert ኢያስጲዲ : *'īyāßpīdī* (Diese Form halte ich für ursprünglich).

18,13 ρεδων : transkribiert ሪዶነ : *rīdōna* (Aeth transkribiert den griechischen Genitiv und setzt ihn in den Akkusativ).

III

DIE VORLAGE DER ÄTHIOPISCHEN APOKALYPSE

Die wichtigste Frage ist die nach der Übersetzungsvorlage der Apk. Wir brauchen uns hier nicht von den Untersuchungen über die Vorlage der anderen biblischen Bücher beeinflussen zu lassen. Sie sind bei den wichtigsten Büchern der Hl. Schrift, bei den Evv, noch lange nicht abgeschlossen [1]. Da anzunehmen ist, daß die Apk später als die Evv übersetzt wurde, unterscheidet sie sich aller Wahrscheinlichkeit nach auch im Übersetzer und in der Vorlage von den Evv. Die Frage nach der Übersetzungsvorlage kann daher unabhängig von den Evv (und den anderen biblischen Schriften) untersucht werden.

Es gibt neben den geographischen und historischen Gegebenheiten ein paar Indizien, an denen leicht geprüft werden kann, ob eine Version Vorlage für aeth gewesen sein kann oder nicht :

1) Aeth verwendet reichlich die Determinationsmittel (häufiger Gebrauch des Demonstrativpronomens und des Possessivsuffixes als Ersatz des fehlenden bestimmten Artikels [2]). Das deutet darauf hin, daß die Vorlage von aeth in einer Sprache mit Artikel geschrieben war [3].

2) Aeth transkribiert viele Fremdwörter und Eigennamen nach dem griechischen Text; so z.B.

1,11 die Namen der 7 Städte,
1,13 *ποδηρη*,
9,11 *Αβαδδων* und *Απολλυων*,
18,13 die Namen einiger Waren,
21,19.20 die Namen der 12 Edelsteine.

Daraus folgt, daß auch die Vorlage von aeth hier griechische Formen gehabt haben muß. Sie können nicht erst bei einer späteren Revision gräzisiert worden sein, denn da wäre aeth in vielen Fällen sicher bei seinen eventuellen nicht-griechischen Wortformen geblieben.

[1] Siehe S. 12. Vgl. A. Vööbus, *Early Versions*, S. 243 - 269 (The Ethiopic Version).
[2] Siehe S. 90 und 94.
[3] Siehe S. 69.

3) Aeth schreibt in 1,8; 21,6 und 22,13 አልፋ ፡ ወኦ ፡ *'alfā et-'ō* für *το αλφα και το ω*, d.h. es stehen hier der erste und der letzte Buchstabe des griechischen (und nicht des äthiopischen) Alphabets. Es muß also auch die Vorlage die beiden griechischen Buchstaben gehabt haben.

Nach diesen drei Kriterien sind die möglichen Versionen zu sieben. Folgende Versionen müssen geprüft werden, ob sie die Vorlage für aeth gewesen sein können : gr, lat, sy, arm, sa, bo, arab. Davon aber treffen nur für gr alle äußeren und inneren Voraussetzungen zu. Doch bevor ich auf den positiven Beweis ausführlicher eingehe, will ich zuerst zeigen, daß die übrigen Versionen als Vorlage ausscheiden.

Lat ist älter als aeth, könnte also aus Gründen der Priorität Vorlage gewesen sein. Es könnten von Nordafrika aus Beziehungen zu aeth bestanden haben [1]. In lat sind auch die Eigennamen und die Fremdwörter nach dem Griechischen transkribiert. Auch heißt es bei lat « *α et ω* ». Aber lat kann die Vorlage zu aeth nicht gewesen sein, da das Lateinische keinen Artikel hat.

Sy könnte ebenfalls aus Gründen der Priorität in Betracht kommen. Aber die Syrer hatten eine Abneigung gegen die Apk. Sie fand erst nach 500 Aufnahme in den Kanon der syrischen Kirche [2]. Wir können also als sicher annehmen, daß in der Bibel der syrischen Mönche, die in Abessinien missionierten, die Apk nicht enthalten war. Stärker aber als diese äußeren Gründe sprechen die inneren Gründe gegen eine syrische Vorlage. Wir finden nur ganz wenige Lesarten, in denen aeth nur mit sy übereinstimmt. Sie sind ganz unbedeutend und sind entweder rein zufällige Übereinstimmungen oder sind auf einem Umweg (vielleicht durch eine spätere Revision nach arab [3]) in den äthiopischen Text eingedrungen [4]. Das Syrische muß ferner als eine Sprache ohne Artikel betrachtet werden. Denn

[1] Aeth hat ein paar unwichtige Varianten mit Prim gemeinsam : 16,14 *και* pro *ἁ* ante *εκπορευεται*] aeth lat arm Prim; 19,21 add *λευκου* post *ιππου*] aeth Prim; 21,18 *ex lapide iaspide* pro *ιασπις*] aeth (ዕንቍ ፡ ኢያስጲስ ፡) Prim.

[2] Vgl. A. Wikenhauser, *Die Offenbarung des Johannes*, Regensburger NT, 1959, S. 25.

[3] So meint Graf, daß in der arabischen Rezension D syrische Einflüsse bemerkbar sind. Siehe G. Graf, *Arabische Übersetzungen der Apk*, Biblica X, Rom, 1929, S. 192.

[4] 2,5 om *ουν*] sy^{ph} aeth; 5,9 trp *εν τῳ αιματι σου τῳ θεῳ*] sy^{ph} aeth; 14,11 *ανεβη* pro *αναβαινει*] sy aeth ; 15,8 *δυναται* pro *εδυνατο*] sy^{ph} aeth; 20,5 add *και* ante *αυτη*] sy^{ph} aeth.

der status emphaticus, der eigentlich die determinierende Funktion eines Artikels hatte, war längst entwertet, so daß im späteren Syrisch ein Substantiv im status emphaticus sowohl als determiniert als auch als indeterminiert gelten konnte [1]. In der Transkription der Eigennamen und der Fremdwörter unterscheiden sich die zwei syrischen Versionen : beide transkribieren zwar nach gr, aber sy^{h} genauer als sy^{ph}. Doch paßt keine Version in der Transkription zu aeth ; so z.B. bei den Edelsteinnamen (21,19.20) :

gr :	*χαλκηδων*	*σαρδονυξ*	*σαρδιος*	*αμεθυστος* (א* : *αμεθυστινος*)
aeth :	kālqēdōn	ßardōnekß	ßardeyōn	'amētīßṭīnōß
sy^{h} :	kalīdōn	sardōnekhōs	sārīdōn	amūthīstōs
sy^{ph} :	qarkednā	sardūn waṭefrā	sardūn	amūthisās

Beide syrische Versionen verwenden für *το αλφα και το ω* den ersten und den letzten Buchstaben des syrischen Alphabets *ālaf* und *thaw*. Von da her konnte aeth nicht zu ኦልፋ ፡ ወኦ ፡ *'alfā et-'ō* kommen.

Ebenso wie sy scheidet auch arm als Vorlage für aeth aus [2]. Bei den Armeniern stand die Apk zunächst ebensowenig im Kanon wie bei den Syrern. Sie wurde erst gegen Ende des 12. Jh. durch Nerses von Lamprone in den Kanon aufgenommen. Ferner sprechen gegen arm als Übersetzungsvorlage neben geographischen Gründen noch sehr gewichtige innere Gründe. Das Armenische hat zwar ein voll ausgebildetes Artikelsystem, aber in der Transkription der Eigennamen und der Fremdwörter stimmt aeth mit arm nicht überein :

1,13 gr : *ποδηρη*, aeth : ጶዴር :
arm : *a garment down to the feet* [3]

21,20 gr :	*σαρδονυξ*	*χρυσολιθος*	*βερυλλος*	*χρυσοπρασσος*
aeth :	ሰርዶንክስ	ክሪሶሊቶቤ ፡	ብረሌ ፡	ክሪስጰራስስ ፡
	ßardōnekß	*k(e)rīßōlītōbē*	*beralē*	*k(e)rīßparāßeß*
arm :	*z^ə^ndnakhar*	*sutak*	*biwrel*	*dahahak* [4]

[1] Vgl. C. Brockelmann, *Syrische Grammatik*, Leipzig, 1951, § 89.

[2] Vgl. A. Vööbus, *Early Versions*, S. 133 - 171 (The Armenian Versions). F.C. Conybeare, *The Armenian Version of Revelation*, London, 1907.

[3] Zitiert nach F.C. Conybeare, *The Armenian Version of Revelation.*

[4] Transkribiert nach A. Meillet, *Altarmenisches Elementarbuch*, Heidelberg, 1913.

Arm verwendet wie sy für *το αλφα και το ω* den ersten und den letzten Buchstaben seines eigenen Alphabets : *aib* ... *khē*[1].

Sa könnte aus verschiedenen Gründen, vor allem in zeitlicher und geographischer Hinsicht, die Vorlage von aeth gewesen sein. Goussen jedenfalls behauptet es und schreibt : « Facile nobis erat tibi demonstrare Aethiopicae Apocalypsis Aethiopem primum ex versione Sahidica ortum duxisse... »[2]. Sa war lange vor aeth hergestellt; denn der Text, den Goussen 1895 veröffentliche, stützt sich auf eine sa'idische Hs aus dem 5. Jh.[3], also aus einer Zeit, wo das Christentum in Äthiopien noch ganz am Anfang stand. Während die äthiopische Apk vielleicht erst im 6. oder 7. Jh. übersetzt wurde, bestand die sa'idische wahrscheinlich schon im 4. Jh.[4]. Denn Budge edierte 1912 eine sa'idische Hs mit den Büchern Deut Jon und Apg, die nach seiner Schätzung 300-320 hergestellt wurde[5]. Wenn also damals schon eine Übersetzung von Deut und Jon vorhanden war, dann dürfte auch von der Apk schon eine Übersetzung existiert haben. Man übersetzte im Anfang doch meistens nach Bedarf, d.h. erst die Schriften, die für den Gottesdienst oder die Missionierung am notwendigsten waren. Nach diesem Gesichtspunkt kann die Apk sicher mit Deut und Jon konkurrieren. Im ägyptischen Raum bestand auch nicht diese Aversion gegen die Apk wie im syrischen Raum. Die Priorität von sa vor aeth steht unzweifelhaft fest.

Das Sa'idische war wie alle koptischen Dialekte eine Sprache mit Artikel. Ferner transkribierte der Übersetzer die griechischen Eigennamen und die meisten Fremdwörter genau nach seiner griechischen

[1] Es bestehen zwar ein paar Übereinstimmungen von aeth mit arm, aber die sind nicht durch direkte Beziehungen der beiden Versionen entstanden, sondern entweder über sy - arab in den Text gekommen oder sie sind rein zufällig; z.B.

1,16 *φαινει*] aeth : ብሩህ : ዘያስተርኢ : *lucidus qui-apparet*] arm : *beaming was appearing* Beide haben eine Doppellesart für *φαινει*. Aber diese Variante geht bei aeth wahrscheinlich auf eine Korrektur nach sa zurück (Vgl. S. 118 und J. HOFMANN, *Neutestamentliche Aufsätze*, S. 122.

21,18 *της πολεως* pro *αυτης*] arm a, aeth.

[2] H. GOUSSEN, *Apocalypsis S. Joannis Apostoli*, Versio Sahidica, Leipzig 1895, pag. VII.

[3] H. Goussen, *Apocalypsis* ... pag I : « ... ex mauscripto saeculi V ... ».

[4] Vgl. A. VÖÖBUS, *Early Versions of the NT*, S. 216 - 229 (The Sahidic Version) und J. HOFMANN, *Neutestamentliche Aufsätze*, S. 115.

[5] E.A.W. BUDGE, *Coptic Biblical Texts in the dialect of Upper Egypt*, London, 1912.

Vorlage. Er schrieb auch für *το α και το ω* die griechischen Buchstaben **ΑΛΦΑ ΑΥΩ Ω**. Aber gerade die Behandlung der griechischen Wörter, die in aeth als Fremdwörter auftauchen, verrät, daß auch sa nicht die Vorlage für aeth gewesen sein kann. Denn aeth hat Transkriptionen von griechischen Wörtern, wo sa ein koptisches Wort schreibt. Bei einer sa'idischen Vorlage wäre aeth nie auf das griechische Fremdwort gekommen. Man könnte einwenden, daß aeth zwar nach sa übersetzt sei und daß die griechischen Fremdwörter erst später durch eine Revision nach gr in den äthiopischen Text gekommen seien. Aber auch das ist unmöglich. Denn wenn aeth einmal ein treffendes einheimisches Wort an einer Stelle hatte, dann hatte kein Revisor einen vernünftigen Grund, es durch ein fremdes Wort zu ersetzen. Ich führe folgende Belegstellen an :

1,13 *ποδηρη* aeth : ልብስ ፡ ጶዴር ፡ *vestimentum pōdēr*
sa : **ⲚⲞⲨϢⲚⲦⲞ** *in a linen cloth.*

ጶዴር ፡ (ጶዴሬ ፡ *pōdērē*) allein oder in Verbindung mit ልብስ ፡ *vestimentum* kommt in der äthiopischen Literatur zwar öfter vor [1], aber von sa aus wäre ein Übersetzer nie auf ጶዴር ፡ *pōdēr* gekommen.

1,15; 2,18 *χαλκολιβανῳ* aeth : ብርት ፡ ሊባኖስ ፡ *aes lībānōß* [2]
sa : **ⲞⲨϨⲞⲘⲚ̄Ⲧ Ⲛ̄ⲂⲀⲢⲰⲦ** *a brass of brass*

Aeth hat im Gegensatz zu sa eine wörtliche Übersetzung des griechischen Ausdrucks.

9,11 *Απολλυων* aeth : አጶልዮን ፡ *apolleyōn*
sa : **ⲠⲈⲦⲦⲀⲔⲞ** *he who destroyeth*

Sa bringt eine Übersetzung des griechischen Wortes. Bei einer sa'idischen Vorlage könnte aeth unmöglich auf አጶልዮን ፡ kommen.

18,13 *μυρον* aeth : ሜሮነ ፡ *mērōna*, sa : **ⲤⲦⲞⲒ** *perfume.*
ρεδων aeth : ሪዶነ ፡ *rīdōna*, sa : **ⲘⲀⲤⲠⲞⲢⲔ̄** *mule-colt.*

Aeth transkribiert den griechischen Genitiv und setzt ihn in den Akkusativ. Das Wort ሪዶን ፡ *rīdōn* ist in der Literatur ungebräuchlich, denn Dillmann gibt als Belegstelle nur Apk 18, 13 an [3]; das kann bedeuten, daß der Übersetzer das griechische Wort gar nicht kannte und es deshalb einfach in äthiopische Buchstaben umgeschrieben hat.

18,17 *και ναυται* aeth : ወኖትያት ፡ *wa-nōtyāt*
sa : **ⲘⲚ̄ Ⲛ̄ⲚⲈⲈϤ** *and the sailors*

[1] Vgl. A. Dillmann, *Lexicon linguae Aethiopicae*, Neudruck New York, 1955, Sp. 41 und 1253.

[2] Vgl. A. Dillmann, *Lex. ling. Aeth.* Sp. 43.

[3] Vgl. A. Dillmann, *Lex. ling. Aeth.* Sp. 313.

Die Stelle ist nicht voll beweiskräftig. Denn das Fremdwort ኖትያዊ ፡ *nōtyāwī* (aus ναυτης) ist schon so eingebürgert, daß der Übersetzer es auch für ⲚⲈⲈϤ verwendet haben könnte, obwohl ihm (wie in Ezech 17,29) für *nautae* auch das Partizip መስተጽዕን ፡ zur Verfügung gestanden hätte [1].

Nach diesen Überlegungen können wir also auch sa als Übersetzungsvorlage ausscheiden [2].

Gegen bo als Übersetzungsvorlage sprechen keine geographischen Gründe, denn es bestanden von Anfang an starke kirchliche Beziehungen zwischen Äthiopien und Unterägypten. Auch historische Gegenargumente sind nicht vorhanden. Denn das bohairische NT wurde wahrscheinlich vor dem äthiopischen angefertigt. Dafür spricht ein Papyrusfragment, das Phil 3,19-4,9 enthält und wahrscheinlich zu einem Kodex mit den meisten oder gar allen Paulinischen Briefen gehört hat. Es wurde von Kahle jun. gefunden und veröffentlicht [3]. Er und Roberts datieren es ins 4. oder 5. Jh. [4]. Auf Grund dieses Fundes verwirft Vööbus [5] die Ansicht Guidi's nach dem das bohairische NT erst im 7. oder 8. Jh. entstanden sein soll [6]. Es bleibt natürlich unsicher, in welche Zeit man die Übersetzung der Apk ins Bohairische verlegen soll. Aber auch wenn die bohairische Apk älter als die äthiopische ist, so war doch bo auf keinen Fall die Vorlage für aeth. Dagegen sprechen zu stark die inneren Gründe. Da ist zuerst die Behandlung der Fremdwörter und Eigennamen zu nennen :

1,13 ποδηρη aeth : ልብስ ፡ ጶዴር ፡ *vestimentum pōdēr*
bo : ΟΥ ΠΟΤΗΡΙΟΝ
bo AcN : ΟΥ ΠΟΔΗΡΙΟΝ
bo B : ΟΥ ΠΟΤΗΡΙ

Bei der überwiegenden Mehrzahl der bohairischen Hss liegt ein Irrtum vor : sie verwechseln ποδηρη mit ποτηριον. Nur bo B kommt dem

[1] Vgl. A. Dillmann, *Lex. ling. Aeth.* Sp. 1306.

[2] Die auffallenden Übereinstimmungen mit sa (Fehler nur aus sa erklärbar) haben eine andere Ursache. Vgl. dazu S. 120 und J. Hofmann, *Neutestamentliche Aufsätze*, S. 120.

[3] P.E. Kahle (jun.), *A Biblical Fragment of the IVth-Vth Century in Semibohairic*, Le Muséon, LXIII (Louvain 1950), S. 147 ff.

[4] A. Vööbus, *Early Versions*, S. 231.

[5] A. Vööbus, *Early Versions*, S. 229-237 (The Bohairic Version).

[6] I. Guidi, *Le traduzioni dal copto*, Göttinger Nachrichten Nr. 3, 1889, S. 51.

griechischen Wort nahe [1]. Aeth könnte also höchstens von da her zu ለብሰ ፡ ጶዴር ፡ *vestimentum pōdēr* gekommen sein.

9,11 *Αβαδδων* aeth : አብዶን ፡ *abeddōn*
bo ADHN : ΜΑΓΕΔΩΝ
bo BCEFGTZ : ΜΑΚΕΔΩΝ
Απολλυων aeth : አጶልዮን ፡ *apolleyōn*
bo : ΦΗ ΕΤΤΑΚΟ *he who destroyeth*

Für *Αβαδδων* steht also ein von aeth und gr ganz abweichender Ausdruck, und für *Απολλυων*, das aeth genau wie gr schreibt, bringt bo (wie sa) nur die koptische Übersetzung.

18,13 bo om *αμωμον* und *ρεδων*
aeth : አምሞ ፡ *'amemō* und ሪዶና ፡ *rīdōna*
μυρον aeth : ሜሮና ፡ *mērōna*
bo : ΣΟϪΕΝ *ointment*

Bo hat also hier wie sa ein koptisches Wort, während aeth das griechische Wort transkribiert.

Aber auch sonst bestehen schwerwiegende Differenzen zwischen aeth und bo :

1,7	aeth : *οψεται*	bo : *οψονται*
4,7	aeth : om *ζῳον* (viermal)	bo : add *ζῳον*
7,6	aeth : *Μανασση*	bo : ΔΑΝ
12,18	aeth : *εσταθη*	bo : *εσταθην*
14,8	aeth : *ἡ ... πεποτικεν*	bo : *οτι... πεπτωκαν*
14,10	aeth : *βασανισθησεται*	bo : *βασανισθησονται*
16,3	aeth : *ψυχη ζωης*	bo : *ψυχη ζωσα*
18,12	aeth : *λιθου τιμιωτατου*	bo : *ξυλου τιμιωτατου*
22,14	aeth : *οι πλυνοντες τας στολας αυτων*	
	bo : *οι ποιουντες τας εντολας αυτου*	

Diese Stellen beweisen, daß bo eine ganz andere griechische Rezension zur Grundlage hat als aeth [2].

Noch weniger als bo kann aber eine der arabischen Übersetzungen [3] die Vorlage für aeth gewesen sein. Das ist schon aus historischen

[1] Horner übersetzt ΠΟΤΗΡΙΟΝ selbstverständlich mit *garment down to the feet,* da ja *bekleidet mit einem Becher* keinen Sinn gibt.

[2] Bezüglich bo als Revisionsvorlage für aeth vgl. S. 116.

[3] G. Graf, *Geschichte der christlichen arabischen Literatur,* Studi e testi 118, Città del Vaticano 1944, I.
Ders. *Arabische Übersetzungen der Apokalypse,* Biblica X, Rom 1929. S. 170 - 194.

Gründen ausgeschlossen. In der ersten Periode der äthiopischen Literatur [1], die bis zum 7. Jh. dauerte, wurden die heiligen Schriften ins Äthiopische übersetzt. Damals aber herrschte in den unterägyptischen Städten (Alexandrien) das Griechische und auf dem Lande wurde koptisch gesprochen. Dann kam der Islam, durch den Äthiopien von seiner kirchlichen Metropole Alexandrien abgeschnitten wurde. Es ging im Aksumitischen Reich mit der Literatur schnell abwärts. Erst nach der Restauration des Salomonischen Herrscherhauses (Yekuno 'Amlak 1270) blühte das kulturelle Leben wieder auf. Im 1. Abschnitt der 2. Periode (Periode des ʿAmda Ṣeyōn bis gegen Ende des 15. Jh.) wurde die Verbindung mit Alexandrien wieder enger. In dieser Zeit wurde viel übersetzt und revidiert [2]. Dabei griff man zu arabischen Texten; denn das Arabische hatte in der Zwischenzeit sowohl das Griechische als auch das Koptische aus dem öffentlichen Leben Ägyptens verdrängt [3]. Das Saʿidische, das sich in Oberägypten noch eine Zeit lang hielt, und das Bohairische, das als Kirchensprache bis heute in Gebrauch blieb, wurden kaum mehr verstanden [4]. Damals wurden die bohairischen Schriften zum größten Teil ins Arabische übersetzt oder erhielten wenigstens eine arabische Parallelübersetzung. Der arabische Einfluß auf die äthiopische Literatur machte sich also erst fünf oder sechs Jahrhunderte nach der Übersetzung der Apk bemerkbar. Die arabischen Apk-Texte, vor allem diejenigen, die aus bo übertragen wurden, kommen erst als Vorlagen für Revisionen in Betracht [5].

Es bleibt also als einzig mögliche Übersetzungsvorlage die griechische Apk. Dafür gibt es Beweise genug :

1) Aeth folgt dem griechischen Text auf weite Strecken genau in der Wortfolge; z.B.

2,28 *ως καγω ειληφα παρα του πατρος μου και δωσω αυτῳ*
በከመ ፡ አነ ፡ ነሣእኩ ፡ እምኀበ ፡ አቡየ ፡ ወእሁቦ ፡
sicut ego sumpsi ab<-apud> patre-meo et-dabo-ei

[1] Vgl. I. Guidi, *Storia della letteratura etiopica*, Rom 1932, S. 8.

[2] I. Guidi, *Storia della letteratura etiopica*, S. 22.

[3] Ders. *Le traduzioni dal Copto*, S. 51 : quando poi principò il secondo periodo della letteratura geez, il copto era già morto.

[4] Vgl. W.C. Till, *Koptische Grammatik*, Leipzig, 1955, S. 38 ff.

[5] Vgl. dazu S. 106.

τον αστερα τον πρωινον
ኮከበ ፡ ጽባሕ ፡
stellam temporis-matutini

5,12 *λεγοντες φωνῃ μεγαλῃ αξιος εστιν το αρνιον*
ወይብሉ ፡ በቃል ፡ ዐቢይ ፡ ይደልዎ ፡ ለውእቱ ፡ በግዕ ፡
et-dicunt <in->voce magna decet<-eum sc> eum agnum

το εσφαγμενον λαβειν την δυναμιν και πλουτον και σοφιαν
ዘተቀትለ ፡ ከመ ፡ ይንሣእ ፡ ኀይለ ፡ ወብዕለ ፡ ወጥበበ ፡
qui-occisus-est ut sumat virtutem et-divitias et-sapientiam

και ισχυν και τιμην και δοξαν και ευλογιαν
ወጽንዐ ፡ ወክብረ ፡ ወስብሐተ ፡ ወበረከተ ፡
et-fortitudinem et-honorem et-gloriam et-benedictionem

6,16 *και λεγουσιν τοις ορεσιν και ταις πετραις πεσετε εφ' ημας*
ወይቤልዎሙ ፡ ለአድባር ፡ ወለጸዋልዕት ፡ ደቁ ፡ ላዕሌነ ፡
et-dixerunt<-eis sc> montibus et-<sc>saxis cadite super-nos

και κρυψατε ημας απο προσωπου του καθημενου επι
ወክድኑነ ፡ እምገጹ ፡ ለዘይነብር ፡ ዲበ ፡
et-operite-nos a-facie-eius qui-sedet supra

του θρονου και απο της οργης του αρνιου
መንበሩ ፡ ወእምነ ፡ መዓተ ፡ በግዑ ፡
thronum-suum et-ab ira agni<-sui>.

19,18 *ινα φαγητε σαρκας βασιλεων και σαρκας χιλιαρχων και σαρκας*
ከመ ፡ ትብልዑ ፡ ሥጋ ፡ ነገሥት ፡ ወሥጋ ፡ መላእክት ፡ ወሥጋ ፡
ut edatis carnem regum et-carnem ducum et-carnem

ισχυρων και σαρκας ιππων και των καθημενων επ' αυτων
ጽኑዓን ፡ ወሥጋ ፡ አፍራስ ፡ ወዘእለ ፡ ይጼዐንዎሙ ፡
firmorum et-carnem equorum et-eorum-qui conscendunt-eos

και σαρκας παντων των ελευθερων τε και δουλων και μικρων και μεγαλων
ወሥጋ ፡ ኵሉ ፡ አግዓዚ ፡ ወገብር ፡ ወዘንኡስ ፡ ወዘዐቢይ ፡
et-carnem omnis liberi et-servi et-parvi et-magni

und andere.

2) Wo der Text noch in Ordnung ist, sieht man auch, wie sich

der Übersetzer bemüht hat, die griechische Konstruktion nachzuahmen. Freilich konnte er der differenzierten griechischen Syntax nicht immer voll gerecht werden; dazu sind die beiden Sprachen viel zu verschieden. Außerdem sind manche grammatische Formen des Griechischen dem Äthiopischen fremd, so z.B. manche Infinitive oder Partizipia. Als Beispiele für eine möglichst genaue Wiedergabe der griechischen Konstruktion mögen folgende Stellen dienen :

1,18 *ζων εἰμι*
ሕያው ፡ አነ ፡
vivus ego (= sum)

2,2 *και* (om gr A) *οτι ου δυνῃ βαστασαι κακους*
ከመ ፡ ኢትክል ፡ ጸዊርቶሙ ፡ ለእኩያን ፡
ut non-potes sustinere malos

3,8 *θυραν ηνεῳγμενην ην ουδεις δυναται κλεισαι αυτην*
ኆኅተ ፡ ርኁተ ፡ ዘአልቦ ፡ ዘይክል ፡ ዐጺዎታ ፡
ostium patefactum quod-non-adest qui-potest claudere-id

7,2 *οις εδοθη αυτοις αδικησαι την γην*
እለ ፡ ተውህበ ፡ ሎሙ ፡ ይቀሥፍዋ ፡ ለምድር ፡
quibus datum-est eis [ut] percuterent terram

13,14 *δια τα σημεια α εδοθη αυτῳ ποιησαι*
በእንተ ፡ ተአምር ፡ ዘተውህበ ፡ ሎቱ ፡ ይግበር ፡
propter signum quod-datum-est ei [ut] faceret

14,19 *εἰς την ληνον του θυμου του θεου τον μεγαν*
ውስተ ፡ ምክያደ ፡ መዓቱ ፡ ለእግዚአብሔር ፡ ዐቢይ ፡
in torcular irae Dei magnum

Zwei abhängige Genitive und zum Schluß das zu *ληνον* gehörige *μεγαν*.

16,12 *ινα ητοιμασθῃ η οδος των βασιλεων των απο ανατολης ηλιου*
ከመ ፡ ትደሎ ፡ ፍናቶሙ ፡ ለነገሥት ፡ እለ ፡ እምነ ፡ ምሥራቀ ፡ ፀሐይ ፡
ut praepararetur via regum qui ab ortu solis

18,20 *οτι εκρινεν ο θεος το κριμα υμων*
እስመ ፡ ተበቀለ ፡ እግዚአብሔር ፡ በቀለክሙ ፡
quia vindicavit Deus vindictam-vestram

Aeth verwendet bei dem inneren Akkusativ genau wie gr (≠ sa) zweimal denselben Wortstamm.

21,9 *δειξω σοι* *την νυμφην* *την γυναικα του αρνιου*
አርኢክሃ : ለመርዓት : ለብእሲተ : በግዑ :
monstrabo-tibi sponsam mulierem agni

Aeth drückt durch das vorgesetzte ለ'' aus, daß auch ብእሲተ : *mulierem* Akkusativ ist.

22,1 *τον ποταμον υδατος ζωης* *λαμπρον*
ፈለገ : ዘማየ : ሕይወት : ጸዐዳ :
flumen aquae vitae album

und andere.

3) Bei der Untersuchung des Vokabulars finden wir, daß aeth mit gr und nicht mit den Kopten geht. Die Kopten haben nämlich an einigen Stellen für verschiedene griechische Wörter ein und dieselbe Vokabel. Aeth aber macht den Wechsel der griechischen Vokabeln genau mit; so z.B. in 12,4.5, wo gr bald *υιος*, bald *τεκνον* schreibt. Die Kopten haben für beide Ausdrücke nur ϢⲎⲢⲈ (bo : ϢⲎⲢⲒ), während aeth zwischen *υιος* (ወልድ : *filius*) und *τεκνον* (ሕፃን : *infans*) unterscheidet :

12,4 *το τεκνον αυτης*] ሕፃና : *infantem-eius*
12,5 a *υιον αρσενα*] ወልደ : ተባዕተ : *filium masculum*
12,5 b *το τεκνον αυτης*] ለውእቱ : ሕፃን : *eum infantem.*

Ähnlich verhält es sich mit *ρομφαια* und *μαχαιρα*. Aeth hat für *ρομφαια* die beiden Ausdrücke ሰይፍ : *gladius* und ኀጺን : *ferrum*, für *μαχαιρα* aber verwendet er መጥባሕት : *culter*. Die Kopten schreiben nur ⲤⲎϤⲈ (bo : ⲤⲎϤⲒ) *sword*; so steht z.B. in 1,16; 2,12. 16; 19,15 ሰይፍ : *gladius* für *ρομφαια*, in 6,9 heißt es ኀጺን : *ferrum*; aber in 6,4; 13,10 (zweimal); 13,14 hat gr *μαχαιρα* und aeth መጥባሕት : *culter*. Der Wechsel der Vokabel ist nur bei einer griechischen Vorlage verständlich.

Auch die Wiedergabe von *δει* und *μελλειν* kann hier angeführt werden. Während aeth die beiden Ausdrücke, von wenigen Ausnahmen abgesehen, durch ሀለወ : mit dem Subjunktiv wiedergibt, übergeht sie sa fast überall und setzt die von *δει* oder *μελλειν* abhängigen Verba einfach in die Futurform. Nur bei einer griechischen Vorlage ist also die Konstruktion mit ሀለወ : *necesse-est* verständlich, während bei einer Übersetzung nach sa in aeth wahrscheinlich der Indik. Imperf. zur Wiedergabe des saʿidischen Futurs zu finden wäre :

4,1 gr : *α δει γενεσθαι*
aeth : ዘሀለወ ፡ ይኩን ፡ *quod-necesse-est* [*ut*] *fiat*
sa : ⲈⲚⲈⲦⲚⲀϢⲰⲠⲈ *which will happen*

13,10 gr : *δει αυτον... αποκτανθηναι*
aeth : ሀለዎ ፡ ይሙት ፡ *necesse-est-ei* [*ut*] *moriatur*
sa : ⲤⲈⲚⲀϨⲞⲦⲂⲈϤ *they will kill him*

20,3 gr : *δει λυθηναι αυτον*
aeth : ሀለዎ ፡ ይትፈታሕ ፡ *necesse-est-ei* [*ut*] *solvatur*
sa : ⲤⲈⲚⲀⲂⲞⲖϤ ⲈⲂⲞⲖ *they will loose him*

22,6 gr : *α δει γενεσθαι*
aeth : ዘሀለወ ፡ ይኩን ፡ *quod-necesse-est* [*ut*] *fiat*
sa : ⲈⲚⲈⲦⲚⲀϢⲰⲠⲈ *which will happen*

1,19 gr : *α μελλει γενεσθαι*
aeth : ዘሀለወ ፡ ይኩን ፡ *quod-necesse-est* [*ut*] *fiat*
sa : ⲚⲈⲦⲚⲀϢⲰⲠⲈ *which will happen*

3,10 gr : *της μελλουσης ερχεσθαι*
aeth : እንተ ፡ ሀለወት ፡ ትመጽእ ፡ *quae necesse-est veniet*
sa : ⲈⲦⲚⲎⲨ *which cometh*

6,11 gr : *οι μελλοντες αποκτεννεσθαι*
aeth : እለ ፡ ሀለዎሙ ፡ ይትቀተሉ ፡ *quibus necesse-est* [*ut*] *occidantur*
sa : ⲚⲀⲒ ⲈⲦⲞⲨⲚⲀⲘⲞⲞⲨⲦⲞⲨ ϨⲰⲞⲨ *these whom they will put to death*

4) Besser noch ist die griechische Vorlage aus den Fehlern, die als Verlesungen griechischer Wörter anzusehen sind, zu erkennen; so z.B. 8,8 gr : *και ως ορος μεγα πυρι καιομενον εβληθη εις την θαλασσαν*

aeth : ወረደ ፡ ውስተ ፡ ባሕር ፡ እሳት ፡ ዐቢይ ፡ ዘመጠነ ፡ ደብር ፡ እንዘ ፡ ይነድድ ፡

descendit in mare ignis magnus dimensione montis dum flagrat

Abgesehen von der Wortstellung, die wahrscheinlich aus syntaktischen Gründen geändert wurde (das Verbum an die Spitze gestellt), liegt hier bei aeth der Fehler darin, daß er das *ι* bei *πυρι* übersehen hat; *πυρ*, mit dem er *μεγα* verbindet, wird dadurch für ihn zum Subjekt. Seine Übersetzung lautet also : *εβληθη εις την θαλασσαν πυρ μεγα ως ορος καιομενον*.

12,4 gr : *και ο δρακων εστηκεν ενωπιον της γυναικος της μελλουσης τεκειν*

aeth om *ενωπιον ... τεκειν*

Die Auslassung läßt sich nur so erklären, daß das Auge des Übersetzers von *εστηκεν* zu *τεκειν* abgeschweift ist, ein Fehler, der bei scriptio continua in einer griechischen Majuskel-Hs verständlich ist.

13,5 gr : *λαλουν*

aeth : ከመ ፡ ይንብብ ፡ *ut loqueretur*

Mit ከመ ፡ + Subjunktiv gibt aeth gewöhnlich den finalen Infinitiv wieder, d.h. aeth las *λαλειν* statt *λαλουν*.

14,19 gr : *και εβαλεν*

aeth : ወነሥአ ፡ ... ወአውረደ ፡ *et-sumpsit* ... *et-demisit*

ወነሥአ ፡ heißt griechisch *και ελαβεν*, das aeth irrtümlich statt *και εβαλεν* gelesen hat. Das Verbum ወአውረደ ፡ *et-demisit* ist nur eine spätere Korrektur, die als Doppellesart neben das ursprüngliche ወነሥአ ፡ trat.

15,4 gr : *παντα τα εθνη ηξουσιν*

aeth : ወሥሉጥ ፡ አንተ ፡ ላዕለ ፡ ኵሉ ፡ አሕዛብ ፡

et-potens tu (*es*) *super omnes gentes*

Die äthiopische Übersetzung ist nur so zu erklären, daß aeth *ηξουσιν* mit *εξουσιαν*, das er dann mit ላዕለ ፡ *super* konstruiert, verwechselt hat.

Während die angeführten Beispiele ohne weiteres als errores oculi angesehen werden können, scheint an den folgenden zwei Stellen, die auch nur aus gr erklärbar sind, das Ohr getäuscht worden zu sein. Man muß also annehmen, daß der Übersetzer die Vorlage nicht selbst gelesen hat, sondern daß er nach Diktat gearbeitet hat :

5,4 gr : *και εκλαιον πολυ* (*Aν* : *πολλοι*)

aeth : ወብዙኃን ፡ እለ ፡ በከዩ ፡ *et-multi qui fleverunt*

Εκλαιον ist 1. pers. sing., aeth aber faßt es als 3. pers. plur. auf. Entweder hatte er mit einem Teil der *Aν*-Texte *πολλοι* in seiner Vorlage (unwahrscheinlich, da die *Aν*-Texte in aeth keine Rolle spielen [1]) oder aber er hatte *πολλοι* statt *πολυ* gehört; beide Formen wurden ja mit demselben Endvokal gesprochen.

1,5.6. gr : *τῳ αγαπησαντι ημας*

aeth : ውእቱ ፡ ዘአፍቀረክሙ ፡

is qui-dilexit-vos ...

Aeth übersetzt in diesen beiden Versen alle griechischen Pronomina der 1. pers. plur. durch das Suffix der 2. pers. plur., als ob er *υμας, υμων* statt *ημας, ημων* gelesen (gehört?) hätte.

5) Sehr aufschlußreich sind die griechischen Fremdwörter, die der

[1] Siehe S. 39 ff.

Übersetzer in der Kasusform transkribiert, die er im griechischen Text vorfand. Das deutet ganz klar auf eine griechische Vorlage hin, besonders dann, wenn die Kopten an der betreffenden Stelle ein koptisches Wort gebrauchen. Da kann aeth das griechische Fremdwort nur aus dem griechischen Text übernommen haben. Einiges davon habe ich schon beim Vergleich mit sa und bo erwähnt [1].

1,13 *ποδηρη*] ልብስ ፡ ጶዴር ፡ *vestimentum pōdēr*
Sa hat hier nur **ⲚⲞⲨϢⲚⲦⲞ** *a linen cloth* und bo verwechselt hier *ποδηρη* mit *ποτηριον* *Becher*. Die arabischen Texte weichen weit ab (arab ABCD : درعا *Panzer*, arab Wp : ثوب عجيب *wunderbares Kleid*, arab Bg : ثوب الى الرجلين *Kleid bis zu den Füßen*).

1,15; 2,18 *χαλκολιβανον*] ብርት ፡ ሊባኖስ ፡ *aes lībānōß*
Das äthiopische Wort ist eine wörtliche Übersetzung des griechischen Substantivs. Bo übernimmt zwar auch das griechische Wort (**ⲬⲀⲖⲔⲞⲖⲒⲂⲀⲚⲞⲤ**), aber bo scheidet aus anderen Gründen als Vorlage aus. Sa hat ein koptisches Wort (**ⲞⲨϨⲞⲘⲚⲦ ⲚⲂⲀⲢⲰⲦ** *brass of brass*).

Noch klarer sprechen die Edelsteinnamen für eine griechische Vorlage; denn aeth transkribiert sie genau nach dem griechischen Text, zuweilen sogar in dem Kasus, den gr hat :

4,3 gr : *ιασπιδι και σαρδινῳ* (= *Aν*^{part}).

aeth ኢያስጲዲ ፡ (= S) ወሰርዲኖ ፡ *īyāßpīdī wa-ßardīnō*

Die meisten äthiopischen Hss haben ኢያስጲድ ፡ *'īyāßpīd*; nur S verwendet ''ዲ ፡ *-dī*, eine Form, von der ich annehme, daß S sie als ursprünglich bewahrt hat. Denn S, der einen nach arab revidierten Text darstellt, kann zu dieser Form nicht durch arab gekommen sein, weil die arabischen Texte hier ganz anders lauten (arab ACD : المها والياقوت *der Glanz und der Hyazinth*, arab B : حجر المها والياقوت *der Glanzstein und der Hyazinth*). In 21,18.19 steht in den äthiopischen Hss für *ιασπις* teils ኢያስጲስ ፡ *īyāßpīß* (wahrsdheinlich ursprünglich), teils ኢያስጲድ ፡ *īyāßpīd* (wahrscheinlich Reminiszenz an 4,3). Statt *σαρδιῳ* hat aeth die Form wie gr *Aν*^{part} (*σαρδινῳ*), aber ebenfalls im Dativ transkribiert. In 21,20 haben gr A א **K** die Form *σαρδιον* (sa : **ⲤⲀⲢⲆⲒⲞⲚ**; ≠ gr *Aν* : *σαρδιος*; ≠ bo : **ⲤⲀⲢⲆⲒⲚⲞⲚ**), die von aeth genau übernommen wird (aeth : ሰርድዮን ፡ *ßardeyōn*).

4,3 *σμαραγδινῳ*
21,19 *σμαραγδος* teils መረገድ ፡ *maraged*, teils ዘመረገድ ፡ *zamaraged*

[1] Siehe S. 23 und 24.

21,19 *σαπφιρος*] ሰንፔር : *ßanp̣ēr*
21,20 *βηρυλλος*] ብሬሌ : (ቢሬሌ :) *beralē* (*bīralē*)
υακινθος] ያክንት : *yākent*

Diese Fremdwörter sind schon besser eingebürgert. Sie kommen auch sonst in der Literatur vor [1] und zeigen bereits abgeschliffenere Formen. Die übrigen Edelsteinnamen sind in den Konsonanten genau transkribiert, in der Wiedergabe der Vokale aber schwanken die Hss.

21,19 *χαλκηδων*] ካልቄዶን : *kālqēdōn*
21,20 *σαρδονυξ*] ሰርዶንክስ : *ßardōnekß*
χρυσολιθος] ክሪሶሊቶቤ : *krīßōlītōbē* (″ቤ : *-bē* ist wahrscheinlich Schreibfehler für ″ስ : *-ß*).
χρυσοπρασσος] ክሪስጰራስስ : *krīßparāßeß*
21,20 ℵ* : *αμεθυστινος*] አሜቲስጢኖስ : *amētīßṭīnōß*

In 18,13 wird eine Reihe von Waren, die zum Teil dem Übersetzer fremd gewesen sein dürften, angeführt; er hat sie deshalb einfach transkribiert :

κινναμωμον] ቂናሞሞ : *qīnāmōmō*

Die Hs C (~ L und S) hat mit der Form ቂናሞሞ : wahrscheinlich den Urtext bewahrt; die meisten anderen Hss haben ቂናንሞ : *qīnānemō*, wo das erste *m* an das vorhergehende *n* assimiliert ist.

αμωμον] አምሞ : *amemō*

አምሞ : *'amemō* dürfte ein Schreibfehler für አሞሞ : *'amōmō* sein. (Sa hat hier **AMOMON**, bo läßt aus).

μυρον] ሜሮነ : *mērōna*

Aeth setzt die Transkription in den Akkusativ. Nach Dillmann [2] kommt ሜሮን : *mērōn* sonst nicht mehr in der Hl. Schrift vor. In den Evv ist *μυρον* durch ዕፍረት : *unguentum* übersetzt (Mt 26, 7.12; Mk 14,3.4.5; Lk 7,37.38.46; Jh 11,2; 12,3.5). Die Kopten haben koptische Wörter (sa : **CTOI** *perfume*, bo : **COXEN** *ointment*).

σεμιδαλιν] ስንዳሌ : *ßendālē*

Das äthiopische Wort ist schon eingebürgert [3]. Es ist aber anzunehmen, daß der Übersetzer durch das griechische Wort angeregt

[1] Vgl. A. Dillmann, *Lex. ling. aeth.* ሰንፔር : Sp. 375, ብሬሌ : Sp. 501, ያክንት : Sp. 1073.

[2] Vgl. Dillmann, *Lex. ling. aeth.* Sp. 167.

[3] Vgl. Dillmann, *Lex. ling. aeth.* Sp. 373.

wurde, das gleiche Wort im äthiopischen Text zu wählen (sa : ⲤⲀⲘⲒⲦ *fine flour,* bo ⲤⲨⲘⲈⲆⲀⲖⲒⲞⲚ).

ρεδων] ሪዶነ ፡ *rīdōna*

Dieses Wort hat Dillmann nur hier gefunden [1]. Der Übersetzer hat einfach das Wort im Genitiv transkribiert und dann in den Akkusativ gesetzt. Es ist ein klarer Beweis für die griechische Vorlage der äthiopischen Apk. Von einer anderen Version aus konnte der Übersetzer unmöglich zu ሪዶነ ፡ kommen (sa = arab A : ⲘⲀⲤⲠⲞⲢⲔ̄ ϨⲒ ϬⲀⲘⲞⲨⲖ *and mule-colt and camel,* sa^{part} add ϨⲒ ⲂⲢ̄ϬⲞⲞⲨⲦ *and chariot,* bo = arab BCD om).

18,17 ναυται] ኖትያት ፡ *nōtyāt*

Das Fremdwort ኖትዩ ፡ *nauta* ist schon eingebürgert, könnte also auch bei einer nicht-griechischen Vorlage verwendet worden sein [2].

In der Apk kommt eine Reihe von Orts- und Personennamen vor, die auch alle nach dem griechischen Text transkribiert sind. Es ist nur sehr schwierig, die ursprüngliche Form zu finden; denn Unkenntnis der Kopisten und Analogien haben stark deformierend gewirkt.

1,9 Πατμῳ] ፍጥሞ ፡ *feṭmō*

Die äthiopische Form entspricht dem griechischen Dativ [3].

1,11 Εφεσον]
2,1 Εφεσῳ] ኤፌሶን ፡ *ēfēßōn*

Aeth hat die auch sonst im NT gebräuchliche Form (vgl. Apg 18,19; 19,1; Eph 1,1 u.a.). Kopt : ⲈⲪⲈⲤⲞⲤ.

1,11 Σμυρναν] ሰርዲኖን ፡ *ßardīnōn*

2,8 Σμυρνῃ] ስምርኔስ ፡ *ßemernēß*

Die Form in 1,11 hat nichts mit Σμυρναν zu tun. Sie ist ein Schreibfehler, der wahrscheinlich unter Einfluß von Σαρδεις entstanden ist. Die Endung *-ōn* dürfte nach Analogie von *'ēfēßōn* gebildet sein. Nur jüngere Hss haben in 1,11 eine mit 2,8 verwandte Form, die auf einer späteren Korrektur beruhen dürfte. Anders in 2,8; hier sind sich die Hss in den Konsonanten einig. Auffallend ist die Endung *-ēß*, die auf einen griechischen Genitiv hindeuten könnte. Gr A hat

[1] Vgl. Dillmann, *Lex. ling. aeth.* Sp. 313.

[2] Vgl. S. 23.

[3] Daß aeth das griechische π durch ፈ statt wie sonst üblich durch ጰ wiedergibt, kommt bei Eigennamen öfter vor; z.B. ፈርፈርዮስ ፡ *ferferōyōß* = Porphyrios, ፊታጎሮስ ፡ *fītāgōrōß,* = Pythagoras ፊንሐስ ፡ *fineḥaß* = Pinehas. Vgl. Dillmann, *Lex. l. aeth.* Sp. 1424.

ihn auch tatsächlich (*τῳ εν Σμυρνης εκκλησιας*). Die Kopten haben **CMYPNA**, also eine andere Form als aeth.

1,11 *Περγαμον*] ጴርጋሞን ፡ *pērgāmōn*
2,12 *Περγαμῳ*]

In 1,11 ist der Name genau nach gr transkribiert. In 2,12 haben die Hss dieselbe Form, nur in G steht ጴርጋሞ ፡ *pērgāmō*. Ob dies ein Schreibfehler ist oder ob sich in G die ursprüngliche Form (= griechischer Dativ) erhalten hat, ist nicht festzustellen (sa : **ΠЄΡΓΑΜΟC**, bo : **ΠЄΡΓΑΜΩΝ**).

1,11 *θυατεραν*] ቲያጥሮን ፡ ″ራን ፡ *tīyāṭerōn* (*-ān*)
2,18.24 *θυατεροις*]

ቲያጥሮን ፡ *tīyāṭerōn* ist die Form, die auch in Apg 16, 14 verwendet wird. In 1,11 haben die Hss BCEK die Endung - *ān*, die genau den griechischen Akkusativ wiedergibt (die anderen Hss haben wie in Apg 16,14 und Apk 2,18.24 die Endung - *ōn*). Sa : **ΘΥΑΤΗΡΑ** bo : **ΘΗΑΤΗΡΑ**.

1,11 *Σαρδεις*] ሰርዲያ ፡ *βardīyā*
3,1 *Σαρδεσιν*] ሰርዴስሶን ፡ *βardēβeβōn*
3,4 *Σαρδεσιν*] ሰርዲስ ፡ *βardīβ*

An jeder der drei Stellen steht eine andere Form. In 1,11 hat die Hälfte der Hss die Endung - *yā*, die andere Hälfte - *yān*, die wohl als Analogieform zu den vorhergehenden Formen auf - *ān* anzusehen ist. Auffallend ist die Form des Namens in 3,1. Ob sie nicht ursprünglich die Transkription des griechischen Dativs war und ሰርዴሲን ፡ *βardēβīn* gelautet hat? Die Hss DFHR haben die Endung ″ሲሶን ፡ *-βīβōn*, die möglicherweise eine Kontamination aus der griechischen Dativendung ″ሲን ፡ *-βīn* und der Endung ″ሶን ፡ *-βōn* (analog zu ኤፌሶን ፡ *'ēfēβōn*) ist. In 3,4 steht das Wort in der Form, wie sie kopt und arab (**CAPΔIC**, سرديس) an allen drei Stellen haben; es könnte sich also hier um eine Korrektur nach kopt oder arab handeln.

1,11 *Φιλαδελφειαν*] ፊልድልፍያን ፡ *fīldelfeyān*
3,7 ″*φειᾳ*]

1,11 *Λαοδικειαν*] ሎዲቅያን ፡ *lōdīqeyān*
3,14 ″*κειᾳ*]

Eine ganze Reihe von Hss (darunter C D E) hat an beiden Stellen die Endung *-ān*, die der griechischen Akkusativendung entspricht. Sie zeugt für die griechische Vorlage; denn von sa her kann sie nicht kommen (sa : **ΦΙΛΑΔЄΛΦΙΑ** und **ΛΑΟΔΙΚΙΑ**).

2,6.15 *Νικολαιτων*] ኒቆላዊያን ፡ *nīqōlāweyān*
Das Wort ist gut transkribiert und korrekt mit der äthiopischen Endung versehen. (Arab ACD haben 2,6 قولايدس *qolaidas* und 2,15 قلايط *qolayāṭ*, zu denen die bohairischen Wörter ΝΙΚΟΛΑΙΤΗϹ, bzw. ΝΙΚΟΛΑΙΤΩΝ die Vorlage waren. Der arabische Übersetzer hat die 1. Silbe als bohairischen Pluralartikel aufgefaßt und deshalb weggelassen).

2,13 *Αντιπας*] om aeth.
Der ganze Vers ist verdorben. Der Eigenname fehlt bei aeth; er wurde auch nicht wie bei bo durch ein anderes Wort (*αντειπας*) ersetzt.

2,20 *Ιεζαβελ*] ኤልዛቤል ፡ *ēlezābēl*
Die Transkription stimmt mit gr überein. Die äthiopische Form ist vielleicht von sa beeinflußt [1].

9,11 *Αβαδδων*] አበዶን ፡ *'abeddōn*
Απολλυων] አጶልዮን ፡ *apōlleyōn*
Die beiden Namen sind genau nach gr transkribiert. Sa hat ΑΒΑΤΤΩΝ, das in der äthiopischen Umschreibung anders aussehen müßte. Für *Απολλυων* bringt sa die Übersetzung ΠΕΤΤΑΚΟ *he who destroyeth*. Noch weiter als sa weicht bo vom griechischen Original ab (ΜΑΓΕΔΩΝ und ΦΗ ΕΤΤΑΚΟ *he who destroyeth*).

16,16 *Αρμαγεδων*] አርማጌዶን ፡ *'armāgēdōn*
Die Transkription des Namens, der auch in Zach 12,11 vorkommt, paßt zu gr (sa : ΑΡΜΑΚΕΔΩΝ, bo : ΕΡΜΑΚΕΔΩΝ).

20,8 *Γωγ και Μαγωγ*] ሰጎግ ፡ ወሰማጎግ ፡ *gōg et-māgōg*
Die äthiopischen Hss A B F S T vokalisieren ጉግ ፡ *gūg* und ማጉግ ፡ *māgūg*, was vielleicht auf arabischen Einfluß zurückgeht (جوج ماجوج).

Die übrigen Eigennamen sind in der Form geschrieben, wie sie auch sonst in heiligen Schriften üblich ist; sie sagen nichts über die Vorlage von aeth aus :

Ιησους χριστος] ኢየሱስ ፡ ክርስቶስ ፡ *īyaßūß k(e)reßtōß*
Ιωαννης] ዮሐንስ ፡ *yoḥanneß*
Μιχαηλ] ሚካኤል ፡ *mīkā'ēl*
Ισραηλ] እስራኤል ፡ *eßrā'ēl*
Βαλααμ — *Βαλακ*] በለዓም —ባለቅ ፡ *bala'ām* - *bālaq*

[1] Siehe S. 121 und J. Hofmann, *Neutestamentliche Aufsätze*, S. 122.

Ιερουσαλημ] ኢየሩሳሌም ፡ *īyarūßālēm*
Ευφρατης] ኤፍራጦስ ፡ — ጥስ ፡ *ēfrāṭōß, -ṭeß*
Die Schreibung des Namens wechselt in den Hss. Welche Form der Übersetzer gewählt hatte, ist nicht zu erkennen. [1]
Βαβυλων] ባቢሎን ፡ *bābīlōn*
Σοδομα] ሰዶም ፡ *ßadōm*
Αιγπτος] ግብጽ ፡ *gebß̣*
Σατανας] ሰይጣን ፡ *ßayṭān*

Ich glaube, die angeführten Argumente genügen als Beweis, daß nur ein griechischer Text als Vorlage für aeth in Betracht kommt. Die griechischen Züge sind noch deutlich genug erkennbar, wenn sie auch später durch die verschiedenartigsten Einflüsse überdeckt wurden. Am ehensten wäre noch an eine sa'idische Vorlage zu denken; deshalb habe ich auch die Abweichungen von sa eingehender behandelt. Doch die angeführten äußeren und inneren Gründe sind stark genug, um die äthiopische Übersetzung der Apk als Tochter eines griechischen Textes auszuweisen.

[1] Siehe S. 140.

IV

DIE GRIECHISCHE TEXTGRUPPE DER VORLAGE VON AETH

Der nächste Schritt ist nun, festzustellen, zu welcher Textgruppe die griechische Vorlage von aeth gehört hat. Hier stütze ich mich ganz auf die Untersuchungen von J. Schmid, der die griechischen Apk-Texte in vier Hauptstämme und einige Mischgruppen aufgeteilt hat [1] :

1) Codex Alexandrinus, 5. Jh. (gr A), Codex Ephraemi rescriptus, 6. Jh. (gr C) und Oikumenios (2053-2062),

2) Codex Sinaiticus, 4. Jh. (gr א) und das Chester Beatty Papyrusfragment, 3. Jh. (P^{47}) [2].

3) Der Text, der dem Kommentar des Andreas von Kaisareia zu Grunde liegt (gr *Aν*) [3].

4) Die Koine (gr **K**) [4].

[1] J. Schmid, *Studien zur Geschichte des griechischen Apk-Textes*, II. Die alten Stämme, München 1955.

[2] Diesen beiden Stämmen stehen folgende Minuskeln nahe : 1006 - 1841 - 2040 1611 1854 2329 2050 3244.

[3] Zu *Aν* rechnet Schmid folgende Minuskeln :

a) 1 - 2186 - 2428

b) 2059 - 2081 - 2259

c) 2028 - 2029 - 2033 - 2044 - 2052 - 2054 - 2068 - 2069 - 2083 - 2361

d) 743 - 2051 - 2055 - 2064 - 2067 - 2435

e) 2026 - 2057 - 2091

f) Majuskel **051** - 35 - 2023 - 2031 - 2056 - 2073 - 2254

g) 205 - 205^{A} - 209 - 2045 - 2071

h) 2060 - 2286 - 2302

i) 88 - 1384 - 1685 - 1732 - 1876 - 2014 - 2015 - 2034 - 2036 - 2036^{A} - 2042 - 2043 - 2047 - 2074 - 2082

l) Majuskel **052** - 1678 - 1778 - 2020 - 2080 - 2433

m) 2037 - 2046

n) 2065 - 2429 - 2432

Außerdem noch 94 181 254 598 1773 2019 und P.

[4] Zu **K** rechnet Schmid folgende Minuskeln :

920 - 1859 - 1872 - 2027 - 2256 - 2040 /

18 - 2039 - 2138 919 2004 2200 /

385 - 429 - 522 - 1849 - 1955 - 2349 / 141 - 1424 - 1719 /

Dazu kommen noch vier Mischgruppen (*Aν* + **K**) :
1) Die Arethas-Texte (*Aρ*) [1],
2) die Familie 104/336 [2],
3) die Complutenser-Gruppe, [3]
4) die Familie O. [4])

Es soll nun zuerst einmal versucht werden, wenigstens den Hauptstamm, dem die griechische Vorlage von aeth angehört hat, herauszufinden. Schmid hat die Sonderlesarten der einzelnen Stämme angeführt. Man braucht also nur zu prüfen, ob die Sonderlesarten eines bestimmten Stammes auch in aeth vorhanden sind. Ich beginne wie Schmid mit *Aν*. Schmid führt 236 Stellen mit Sonderlesarten des *Aν*-Textes an. Von diesen sind aber 101 mit aeth nicht vergleichbar, da sie in aeth nicht als Unterschiede aufscheinen können [5]. Von den übrigen 135 sind 111, an denen *Aν* und aeth nicht übereinstimmen. Es bleiben also nur 24 Stellen, wo *Aν* und aeth miteinander gehen. Aber unter diesen 24 sind wieder 19 unsichere Lesarten, die keine Beweiskraft haben; so in

1,5 *Aν* add *εκ* ante *των νεκρων*] እምነ ፡ ምውታን ፡ *e mortuis*

Die ganze Stelle heißt bei aeth ውእቱ ፡ ቀደመ ፡ በኵረ ፡ ከዊነ ፡ እምነ ፡ ምውታን ፡ ዘተንሥአ ፡ *is praevenit primogenitum fieri e mortuis qui-surrexit.* Sie ist eine vollständige Reminiszenz an Kol 1,16 : ወውእቱ ፡ በኵር ፡ ቀደመ ፡ እምኵሎሙ ፡ ምውታን ፡ ተንሥአ ፡ *et-is primogenitus praevenit ex-*

808 1893 / 218 - 1352 / 2024 - 2079 / 177 - 180 - 337 /
203 - 452 - 467 - 506 - 2021 / 935 - 1728 - 1734 - 1870 /
149 - 201 - 368 - 386 - 1597 - 1948 - 2025 / 110 - 627 - 2048 /
498 - 1704 - 2058 / 325 - 456 - 517 - 1857 / 42 - 367 - 468 /
61 - 69 Q / 82 93 699 1140 1780 1852 469 632 241 2436 - 2078 (und 3 83).

[1] Zur Arethasgruppe rechnet Schmid :
91 - 175 - 242 - 256 - 617 - 1934 - 2017 /
39A - 314 - 664 - 1094 - 2016 - 2075 - 2077 - 2419

[2] Die Familie umfaßt nach Schmid :
104 - 459 - 680 - 922 - 2493 / 336 - 582 - 620 - 628 - 1918

[3] Dazu zählt Schmid : 35 60 432 757 824 986 1072 1075 1248 1328 1384 1503 1551 1617 1637 1652 1732 1733 1740 1745 1746 1771 1774 1864 1865 1894 1903 1957 2023 2035 2041 2061 2196 2352 2431 2434

[4] Dazu gehören nach Schmid : 250 - 424 - 616 - 2084 /
172 - 1828 - 1862 - 1888 - 2018 - 2032 / 2070 - 2305 2022

[5] Der äthiopische Text läßt z.B. nicht erkennen, ob seine Vorlage in 3,7 *κλειν* oder *κλειδα, κλεισει* oder *κλειει*, in 11,4 *εστωτες* oder *εστωσαι*, in 12,14 *πετηται* oder *πεταται* hatte.

omnibus mortuis surrexit (~ 1 Kor 15,20: ቀደመ ፡ ተንሥአ ፡ እምኵሎሙ ፡ ሰብእ ፡ ምውታን ፡ *praevenit surrexit ex-omnibus hominibus mortuis*). Es ist also unsicher, ob bei aeth die Praeposition εκ aus einer von *Aν* beeinflußten Vorlage oder, was wahrscheinlicher ist, aus der Paulusstelle stammt.

1,9 *Aν* add εν τῃ ante βασιλειᾳ] ወበመንግሥትክሙ ፡ *et-in-regno-vestro* Aber wie das Suffix "ክሙ ፡ *-vestro* eine Analogiebildung zum vorhergehenden እኁክሙ ፡ ወሱታፌክሙ ፡ *frater-vester et-particeps-vester* ist, so steht höchst wahrscheinlich auch die Präposition በ *in-* nur in Analogie zu dem vorhergehenden በሕማምክሙ ፡ *in-tribulatione-vestra.* Außerdem zeigt der ganze Vers Spuren von Bearbeitung, sodaß die ursprüngliche Lesart nicht mehr zu erkennen ist.

4,2 *Aν* add και ante ευθεως] ወበጊዜሃ ፡ *et-statim*

9,11 *Aν*part add και ante εχουσιν] ወቦሙ ፡ *et-habent*

18,1; 19,1; 20,3 *Aν* add και ante μετα] ወእምድኅረ ፡ *et-post*

20,5 *Aν* add και ante οι λοιποι] ወባዕዳንስ ፡ *et-ceteri-autem*

22,12 *Aν* add και ante ιδου] ወናሁ ፡ *et-ecce.*

An diesen 7 Stellen handelt es sich um den Zusatz και - ወ. Aber aeth geht gerade mit der Konjunktion ወ *et* nicht sparsam um und setzt sie gern an den Anfang eines Abschnittes, so daß aeth auch von sich aus zu den angeführten Lesarten gekommen sein könnte.

8,7 *Aν* add αγγελος post πρωτος] ቀዳሚ ፡ መልአክ ፡ *primus angelus* Da aeth an den Parallelstellen (8,8.10.12; 9,1.13; 11,15) überall መልአክ ፡ *angelus* hinzugesetzt hat, ist es hier eher unter Einfluß der Parallelstellen als in Abhängigkeit von *Aν* eingefügt worden.

9,19 gr : εν τῳ στοματι αυτων εστιν και ταις ουραις αυτων· αι γαρ ουραι αυτων

Aν om (hom) : εν τῳ στοματι αυτων εστιν· αι γαρ ουραι αυτων

aeth : ውስተ ፡ አፉሆሙ ፡ ወአዝናቢሆሙ ፡
in ore-eorum et-caudae-eorum

Mir scheint es, als ob sich die Lücke bei *Aν* nicht mit der Lücke bei aeth decke; denn bei aeth ist και vorhanden, es fehlen aber die Präposition εν, deren Auslassung bei der Vorliebe des Äthiopen für Analogien auffällig ist, und die Adversativpartikel γαρ. Die Auslassung von εν bis γαρ, wie sie aeth aufweist, ist von gr her nicht recht verständlich. Mir kommt es wahrscheinlicher vor, daß aeth einmal vollständig war (ውስተ ፡ አፉሆሙ ፡ ወውስተ ፡ አዝናቢሆሙ ፡

እስመ ፡ ለዝናቢሆሙ ፡ *in ore-eorum et-in caudis-eorum quia caudae-eorum*) und daß erst ein Kopist die Lücke verursacht hat.

10,11 *και λεγουσιν* (*Aν* : *λεγει*) *μοι*] ወይቤለኒ ፡ *et-dixit-mihi*
Hier hat aeth zwar den Singular des Verbums wie *Aν*, aber die äthiopische Verbalform hat perfektivische Bedeutung, d.h. aeth stimmt mit *Aν* nur halb überein. Aeth paßt hier besser zu sa, der aber wieder *και* ausläßt (ⲠⲈϪⲀϤ ⲚⲀⲒ *said he to me*), zu bo^{part} (ⲞⲨⲞϨ ⲠⲈϪⲀϤ ⲚⲎⲒ *and he said to me*), zu arab B (فقال لي *da sagte er mir*) oder zu arab A^{marg} (وقال لي *und sagte mir*). Aeth ist also vielleicht von da her beeinflußt worden.

16,1 *Aν* aeth om *επτα* ante *φιαλας*.
Aber auch sa, sowie bo und arab ABCD, die allerdings dafür *υμων* hinzusetzen, lassen *επτα* aus, sodaß aeth auch von dieser Seite her beeinflußt sein könnte.

16,17 *Aν* (ℵ^{c}) add *αγγελος* post *εβδομος*
aeth (außer E F Q T U) : ሳብዕ ፡ መልአክ ፡ *septimus angelus*
An den Parallelstellen (16,2.3.4.8.10.12) fehlt in den wichtigen älteren Hss überall መልአክ ፡ *angelus*. Ich vermute, daß es auch in 16,17 ursprünglich gefehlt hat und daß es erst später unter Einfluß ähnlicher Stellen (8,7.8.10; 9,1.13; 11,15) oder durch Revision nach bo arab in den Text gekommen ist.

18,2 *εν ισχυρᾳ φωνῃ* (*Aν* add *μεγαλῃ*)] በዐቢይ ፡ ቃል ፡ *in-magna voce*
Daß aeth als Adjektiv hier *μεγαλῃ* verwendet (= sa, bo, arab ABCD), bedeutet noch keine Abhängigkeit von *Aν*. Es handelt sich hier eher um eine Analogie zu ähnlichen Stellen (5,12; 6,10; 7,2.10; 8,13; 10,3; 14,18), wo überall ቃል ፡ *vox* mit ዐቢይ ፡ *magna* verbunden ist.

18,16 *Aν*^{piur} om *και* ante *κεχρυσωμενη εν χρυσιῳ*
aeth : እንተ ፡ ተገብረት ፡ በወርቅ ፡ *quod confectum-est in-auro*
Es muß offen bleiben, ob das Fehlen des *και* auf die Vorlage zurückgeht oder ob es übersehen wurde oder ob es einer Korrektur nach bo (ⲈⲦⲞⲒ Ⲛ̄ⲒⲈⲂ Ⲛ̄ⲚⲞⲨⲂ *sewn with gold*), bzw. arab ACD (القمع بالذهب *eingefaßt mit Gold*) zum Opfer gefallen ist. Im übrigen macht die Wiedergabe von *κεχρυσωμενη εν χρυσιῳ* einen ursprünglichen Eindruck.

18,17 *και πας επι τοπον* (*Aν* : *των πλοιων*) *πλεων*
aeth : ወኵሉ ፡ ኪነት ፡ አሕማር ፡ *et-omnes opifices navium*
Aeth stimmt zwar weder mit *Aν* noch mit den anderen griechischen

Texten genau überein, aber das Wort ለሐማር ፡ *navium* paßt noch am besten zu der *Aν* -Variante *των πλοιων*.

19,10 *και επεσα... προσκυνησαι* (*Aν* : *και προσεκυνησα*) *αυτῳ* aeth: ወወደቁ ፡...ወሰገድኩ ፡ ሎቱ ፡ *et-cecidi ... et-procubui ad-eum*

An allen anderen Stellen, an denen *επεσεν* und *προσεκυνησεν* (oder eine andere Verbalform) stehen, drückt aeth die beiden Verben allein durch ሰገደ ፡ *procumbere* aus (vgl. 4,10; 5,14; 7,11; 11,16; 19,4; 22,8). Nur 19,10 stehen zwei Verba. Es ist also wahrscheinlich, daß es sich an dieser Stelle um eine Korrektur handelt, nicht aber um die ursprüngliche Form.

20,4 *Aν* add *αυτων* post *μετωπον*] ፍጽሞሙ ፡ : *frontem-suam*

Aeth verbindet an allen Stellen ፍጽም ፡ *frons* mit dem Possessivsuffix (vgl. 7,3; 9,4; 13,6; 14,1.9; 17,5; 22,4). An unserer Stelle steht das Suffix entweder in Reminiszenz an die angeführten Stellen oder in Analogie zu dem folgenden እደዊሆሙ ፡ *manibus-suis*.

Es bleiben also nur 5 Stellen, an denen zwischen aeth und *Aν* klare Übereinstimmung herrscht :

4,3 $A\nu^{part}$: *σαρδινῳ* pro *σαρδιῳ*] ሰርዲኖ ፡ *βardīnō*

Aeth transkribiert das Fremdwort in der Form der *Aν*-Familien a (ohne 2186**) b e $f^{2031-2056}$ n^{2429} 1773 2019 P.

4,11 *Aν* : *εισιν* pro *ησαν*] ይሄሉ ፡ *existet*

Die äthiopische Imperfektform paßt besser zu *εισιν* als zu *ησαν*.

13,15 $A\nu^{part}$ trp *ινα* ante *αποκτανθωσιν*] ከመ ፡ ይሙቱ ፡ *ut morerentur*

א **K** (gr C hat infolge hom eine Lücke) lassen *ινα* ganz weg, gr A P f. 1006 2329 2344 2019 f. 2065 haben *ινα* schon vor *οσοι*. Nur die *Aν* -Familien a c e^{2026*} f i^{2074mg} setzen *ινα* vor *αποκτανθωσιν*.

19,3 $A\nu^{part}$ om *αυτης* post *καπνος*] ጢስ ፡ *fumus*

Hier sind es die *Aν -Familien* a b d e^{2057} $f^{2031-2056}$ g h 598, die *αυτης* auslassen.

20,3 *Aν* aeth om *ετι* post *πλανησῃ*

Der Vergleich *Aν* - aeth fällt also vollständig negativ aus : Von 111 vergleichbaren Stellen mit Sonderlesarten des *Aν* sind 19 Stellen mit unsicheren und 5 mit klaren, aber unwesentlichen Übereinstimmungen. Die griechische Vorlage von aeth hat also bestimmt nicht zum *Aν* - Stamm gehört.

Zu dem gleichen Resultat führt der Vergleich mit **K**. Schmid führt 290 Stellen an, an denen **K** Sonderlesarten aufweist. Von diesen ist nur ungefähr die Hälfte (146) mit aeth vergleichbar. Davon wieder zeigen 122 keine Verwandtschaft mit aeth und nur bei 24 Lesarten herrscht Übereinstimmung zwischen **K** und aeth. Davon sind allerdings wieder 14 unsichere Lesarten, die keine volle oder überhaupt keine Beweiskraft haben. Es bleiben dann noch 10 Lesarten mit einer klaren Übereinstimmung. Die unsicheren Lesarten sind :

2,10 **K** add *δη* post *ιδου*] aeth add እስመ ፡ *quia*

Die Übereinstimmung liegt darin, daß beide Texte eine Konjunktion hinzufügen; allerdings passen die beiden Konjunktionen nur ungefähr zueinander.

6,4 **K** aeth om *και* ante *ινα*

18,15 **K** add *και* ante *κλαιοντες*] ወይበክዩኪ ፡ *et-flebunt-te*

21,6 **K** add *και* ante *η αρχη*] aeth^{part} : ወአነ ፡ *et-ego*

Aeth geht, wie schon gesagt, mit ወ *et* nicht gerade gewissenhaft um, so daß aus dem Vorhandensein oder dem Fehlen von ወ *et* kein sicherer Schluß gezogen werden darf. In 18,15 ist der ganze Vers in Unordnung und in 21,6 sind die äthiopischen Hss nicht einig (A B C etc add ወ *et*, C E K etc. om ወ).

6,8 **K** : *και εδοθη αυτῳ* pro *κ. ε. αυτοις*] ወወሀብዎ ፡ *et-dederunt-ei*

Aeth hat zwar *αυτω* wie **K**, bringt aber das Verbum im Aktivum statt im Passivum. Da die Kopten und arab B genau so konstruieren, ist es möglich, daß die Stelle nach kopt oder arab geändert wurde und die Übereinstimmung nicht direkt von **K** herrührt.

7,11 **K** add *αυτου* post *θρονον* (sec.)] መንበሩ ፡ *thronum-eius*

Das äthiopische Possessivsuffix ist sekundär. Die Stelle dürfte ursprünglich ቅድመ ፡ መንበር ፡ ለእግዚአብሔር ፡ *ante thronum Deo* (*τῳ θεῳ*) gelautet haben. Das aber ist wahrscheinlich von einem Kopisten mißverstanden worden. Er hielt das Fehlen des Suffixes für einen Fehler und machte durch Anbringen des Suffixes aus dem Dativ *Deo* die übliche Genitivkonstruktion : ቅድመ ፡ መንበሩ ፡ ለእግዚአብሔር ፡ *ante thronum* <*-eius*> *Dei*.

9,4 **K** add *αυτων* post *μετωπον*] ገጾሙ ፡ *fronte-sua*

Aeth verbindet konsequent ገጽ ፡ *frons* mit dem Possessivsuffix [1]. In 9,4 wirkt vielleicht auch noch der Anklang an das vorhergehende አልቦሙ ፡ *non-habent* mit, das mit demselben Suffix versehen ist.

9,15 *εις την ωραν και* (**K** add *εις την*) *ημεραν*

aeth : ለሰዓት ፡ ወለዕለት ፡ *ad-horam et-ad-diem*

[1] Vgl. S. 86.

K und aeth wiederholen die Präposition. Aber es kann sich hier bei aeth auch nur um eine reine Angleichung an das vorhergehende ለሰዓት ፡ *ad-horam* handeln.

10,11 *επι λαοις και* (**K** add *επι*) *εθνεσιν*

aeth : ለአሕዛብ ፡ ወለሕዝብ ፡ *gentibus et-genti*

Hier geht die Wiederholung der Dativ-Präposition bei aeth viel eher auf Angleichung als auf **K** zurück, da aeth auch bei den folgenden Substantiven (*και γλωσσαις και βασιλευσιν*) die Präposition setzt, während sie bei **K** fehlt.

11,6 **K** trp *τον ουρανον εξουσιαν κλεισαι*

aeth : ሥሉጣን ፡ ላዕለ ፡ ሰማይ ፡ ከመ ፡ ይዕጽዉዎ ፡

potentes super caelum ut claudant-id

Die Übereinstimmung besteht nur darin, daß beide Versionen das Verbum zurücksetzen. Sonst aber weicht aeth von **K** ab.

14,5 **K** trp *και ουχ ευρεθη εν τῳ στοματι αυτων ψευδος*

aeth : ወኢተረክበ ፡ ሐሰት ፡ ውስተ ፡ አፉሆሙ ፡

et-non-inventum-est mendacium in ore-eorum

Aeth kann auch aus stilistischen Gründen (semitische Eigenheit) das Verbum wie **K** an die Spitze gestellt haben. Dem Verbum folgt bei aeth gleich das Subjekt, d.h. aeth geht in der Umstellung über **K** hinaus.

16,4 *εις τους ποταμους και* (**K** add *εις*) *τας πηγας*

aeth : ውስተ ፡ አፍላግ ፡ ወውስተ ፡ አንቀዕት ፡ *in flumina et-in fontes*

Aeth wiederholt wie in 9,15 und 10,11 die Präposition. Wahrscheinlich wieder nur Angleichung.

17,16 *και ηρημωμενην ποιησουσιν αυτην και γυμνην* (**K** add *ποιησουσιν αυτην*)] ወያማስንዋ ፡ ወያዐርቅዋ ፡ *et-perdent-eam et-denudabunt-eam* (= *efficient-eam-nudam*)

Die Kausativform ወያዐርቅዋ ፡ entspricht zwar genau der **K** - Lesart *και γυμνην ποιησουσιν αυτην*, aber aeth hätte die Stelle auch ohne den **K** - Zusatz kaum anders übersetzen können.

21,6 *τῳ διψωντι δωσω* (**K** add *αυτῳ*)

aeth : ለዘጽምአ ፡ እሁቦ ፡ ይስተይ ፡ *qui-sitivit dabo-ei [ut] bibat*

Es ist ungewiß, ob das Suffix bei እሁቦ ፡ *-ei* aus syntaktischen Gründen zur Beziehung auf ለዘጽምአ ፡ *qui-sitivit* oder in Abhängigkeit von **K** gesetzt wurde. Aeth erweitert noch über **K** hinaus durch ይስተይ ፡.

Eine klare Übereinstimmung zwischen **K** und aeth besteht an folgenden Stellen :

1,5 **K** : λουσαντι pro λυσαντι] ወኀፀበክሙ ፡ *et-lavit-vos*

1,10 **K** trp φωνην οπισω μου μεγαλην

aeth : ቃለ ፡ ዐቢየ ፡ እምድኅሬየ ፡ *vocem magnam post-me*

Aeth zieht, genau wie **K**, φωνην vor; aeth muß aber dann das Adjektiv aus syntaktischen Gründen gleich dazu setzen.

2,7 **K** add μου post του θεου] ለእግዚአብሔርየ ፡ *dei-mei*

6,6 **K** aeth om ως

6,11 **K** aeth om εκαστῳ

Die Hss B C E G H K L M N O P Q R* T lassen εκαστῳ aus. Ich halte diese Lesart für älter als die der übrigen Hss. Diese setzen zwar εκαστῳ hinzu, erweitern aber durch αυτων und stimmen dann genau mit bo und arab ABCD überein. Es ist daher anzunehmen, daß der Zusatz εκαστῳ αυτων erst unter bohairischem, bzw. arabischem Einfluß gemacht wurde.

7,14 **K** om αυτας post ελευκαναν] ወአንጽሑ ፡ *et-purificaverunt*

9,6 **K** trp απ αυτων ο θανατος] እምኔሆሙ ፡ መዊት ፡ *ab-eo mori*

18,5 **K** add αυτης post εμνημονευσεν] ወተዘከረ ፡ ላቲ ፡ *et-recordatus-est ad-eam* (= *eius*)

19,11 **K** add καλουμενος ante πιστος] ስሙ ፡ መሃይምን ፡ *nomen-eius Fidelis*

Schmid hält diese **K** - Lesart, die also auch aeth aufweist, für den Urtext.

21,3 **K** : λαος αυτου pro λαοι αυτου] ሕዝቡ ፡ *gens-eius*

Neben **K** haben noch gr P f.1006 611 1854 2050 2053 - 62^{txt} 2329 den Singular, der von Weiß, Bousset und Charles für besser angesehen wird.

Der Vergleich **K** - aeth bringt also nur wenig Übereinstimmendes. Von den 146 vergleichbaren Stellen zeigen 122 überhaupt keine Verwandtschaft mit **K**; von den restlichen 24 Stellen stimmen nur 10 gut mit **K** überein. Also kommt auch **K** als Vorlage für aeth nicht in Betracht.

Schmid zählt dann die Stellen auf, an denen *Aν* und **K** gemeinsam den Lesarten von gr AC ℵ P47 gegenüber stehen. Auch da geht aeth fast nirgends mit *Aν* **K** :

1,15 aeth : ዘአርሰንዎ ፡ *quod-adusserunt* (auf ብርት ፡ ሊባኖስ ፡ *aes Libani* bezogen)]

= (?) gr AC : πεπυρωμενης

= ℵ 2050 2053 - 62 (txt) f. 336 : πεπυρωμενῳ

≠ *Aν* **K** : πεπυρωμενοι

1,18 aeth : ዓለም ፡ *saeculi*] αιωνων
≠ *Aν* **K** ℵ[a] 2329 add αμην
2,5 aeth : እመጽእ ፡ *veniam*] ερχομαι σοι
≠ *Aν* **K** add ταχυ
2,13 aeth : ለአምር ፡ ኀበ ፡ ትነብር ፡ *scio ubi habitas*]
= gr AC ℵ P 1854 2050 2053 2329 : οιδα που κατοικεις
≠ *Aν* **K** add τα εργα σου και post οιδα
3,5 aeth : ከመዝ ፡ *sic*] ουτως
≠ *Aν* **K** ℵ[a] : ουτος
4,3 aeth : ካህናት ፡ *sacerdotes*]
= gr A ℵ f. 2014 2329 : ιερεις
≠ *Aν* **K** : ιρις
4,8 aeth : ወእሉ ፡ ፬እንስሳሁ ፡ *et-haec IV animalia*]
= gr A ℵ P f.104/336 f.172/250 : και τα τεσσερα ζῳα
≠ *Aν* **K** om τα

Der Artikel ist bei aeth ausdrücklich durch das Demonstrativum wiedergegeben.

5,10 aeth : ለመንግሥት : *ad-regnum*]
= gr A ℵ 1611* 1854 f.1678 2050 2329 : βασιλειαν
≠ *Aν* **K** : βασιλεις
9,13 aeth : እምነ ፡ አቅርንተ ፡ *e cornibus*]
= gr A P[47] ℵ 0207 1611 Oik 94 f.1678 : εκ των κερατων
≠ *Aν* **K** add τεσσαρων post των
11,9 aeth : ወመንፈቀ ፡ *et-dimidium*] ≠ *Aν* **K** om και ante ημισυ
12,2 aeth : ወትገዕር ፡ *et-gemit*]
= gr C P[47] ℵ (A trp κραζει και) f.1006 Oik : και κραζει
≠ *Aν* **K** om και
12,18 aeth : ወቆመ ፡ *et-stetit*]
= gr AC P[47] ℵ : και εσταθη
≠ *Aν* **K** : και εσταθην
13,8 aeth : እለ ፡ ኢኮኑ ፡ ጽሑፋን ፡ አስማቲሆሙ ፡ *quorum non-fuerunt scripta nomina-eorum*]
= P[47] ℵ f.1006 1611 2329 : ὡν ... αυτων
≠ (A) C Oik (f. 1678) 1854 2053 : οὗ ... αυτου
≠ *Aν* **K** : ὡν ... om αυτων

Die Stelle paßt im Äthiopischen am besten zu P[47] ℵ etc. (ὡν οὐ γεγραπται τα ονοματα αυτων). ℵ* om οὐ, habet αυτων; ℵ[a] habet οὐ, om αυτων.

16,3 aeth : ካልእ : *alter*]
= gr AC ℵ[a] P : δευτερος
≠ *Aν* **K** : δευτερος αγγελος
16,14 aeth : በዕለት : ዐባይ : *in-die magna*]
= ℵ 61 - 69 f. 1678 2053 - 62 2329 : της ημερας της μεγαλης
~ gr A P[47] f. 1006 1611 : της μεγαλης ημερας
≠ *Aν* **K** : της ημερας εκεινης της μεγαλης
16,17 aeth : እምነ : መቅደሱ : *e sanctuario-eius*]
= gr A P[47] ℵ : εκ του ναου
≠ *Aν* 792 1854 : εκ του ουρανου
≠ **K** : εκ του ναου του ουρανου
19,6 aeth : እግዚአብሔር : *Deus*
≠ *Aν* **K** ℵ[a] add ημων post θεος
20,9 aeth : እምሰማይ : (እምኀበ : እግዚአብሔር :) *e caelo* (*a Deo*)]
= (?) gr A (hiant C ℵ) 94 f.1678 f.2014 : εκ του ουρανου
= (?) **K** : εκ του ουρανου απο του θεου
≠ *Aν* : εκ του θεου απο του ουρανου

Nur die Hss G H* L lauten wie gr A etc., die anderen setzen wie **K** απο του θεου hinzu. Der Zusatz steht in der äthiop. Hs A an der falschen Stelle. Aber gerade wegen dieser unsicheren Stellung ist zu vermuten, daß die Erweiterung in den anderen äthiopischen Hss eine spätere Korrektur ist (vielleicht nach sa, bo oder arab, die alle mit **K** übereinstimmen).

21,2 aeth : እምሰማይ : እምኀበ : እግዚአብሔር : *e-caelo a Deo*]
= gr A ℵ **K** : εκ του ουρανου απο του θεου
≠ *Aν* : απο του θεου εκ του ουρανου
21,20 aeth : አሜቲስጢኖስ : *'amētīßṭīnōß*]
= ℵ* : αμεθυστινος
≠ gr A P 1611 f. 1678 2030 f.172 598 f.2060 : αμεθυστος
≠ *Aν* **K** ℵ[a] : αμεθυσος
22,5 aeth : ብርሃን : ማኅቶት : *lucis candelabri*]
= gr A ℵ f.1006 f.1678 : φωτος λυχνου
≠ *Aν* **K** om φωτος
22,5 aeth : ላዕሌሆሙ : *super-eos*]
= gr A ℵ f.1006 f.1678 2050 2329 94 f.172/250 : επ αυτους
≠ *Aν* **K** om επ
22,14 aeth : እለ : ያነጽሑ : አልባሲሆሙ :
qui purificant vestimenta-sua]

= gr A ℵ f.1006 2053 - 62 f.104 2050 : *πλυνοντες τας στολας αυτων*

≠ *Aν* **K** : *ποιουντες τας εντολας αυτου*

22,21 aeth : ምስለ ፡ ኵልክሙ ፡ *cum omnibus-vobis*]

= gr A : *μετα παντων*

≠ ℵ 2329 : *μετα των αγιων*

≠ *Aν* **K** : *μετα παντων των αγιων*

Es sind ganz wenige Stellen, an denen aeth mit *Aν* **K** geht. Aber es ist da leider nicht immer klar zu ersehen, ob Abhängigkeit vorliegt oder ob aeth zufällig durch eigenmächtige Änderungen die Übereinstimmung mit *Aν* **K** erreicht hat :

4,4 aeth : መናብርት ፡ *throni*]

= *Aν* **K** : *θρονοι*

≠ gr A ℵ f. 1678 2053 f. 172/250 : *θρονους* (prim)

4,4 aeth : ወዲበ ፡ ውእቶን ፡ መናብርት ፡ ይነብሩ ፡ ፳ወ፬ ሊቃናት ፡ *et-supra eos thronos sedent XX-et-IV seniores*]

= *Aν* **K** : *επι τους θρονους* (**K** add *τους*) *κδ' πρεσβυτερους*

≠ gr A 1854 : *επι τους κδ' θρονους πρεσβυτερους*

≠ gr ℵ om hom.

5,1 aeth : እንተ ፡ ውሥጠ ፡ ወእንተ ፡ አፍአሁ ፡ *intus et-foris*

= *Aν*part **K** : *εσωθεν και εξωθεν*

≠ gr A *Aν*rel 61-69 2329 : *εσωθεν και οπισθεν*

≠ gr ℵ : *εμπροσθεν και οπισθεν*

5,13 aeth : ዓለም ፡ አሜን ፡ *saeculi amen*]

= *Aν* **K** f. 336 add *αμην* post *αιωνων*

21,3 aeth : እምሰማይ ፡ *e-caelo*]

= *Aν* **K** : *εκ του ουρανου*

≠ gr A ℵ 94 : *εκ του θρονου*

An diesen Vergleichen mit *Aν* und **K** ist noch folgendes interessant : Die *Aν* **K** - Lesarten sind fast ausnahmslos Korrekturen oder Fehler; aeth jedoch hat die gleichen sekundären Lesarten nur in 5,1 (*εσωθεν και εξωθεν*), 5,13 (add *αμην* post *αιωνων*) [1] und 21,3 (*ουρανου* pro *θρονου*), sonst aber bleibt aeth überall beim besseren Text. In 4,4; 19,11 und 21,3 haben *Aν* und **K** wahrscheinlich den Urtext bewahrt. An diesen Stellen geht aber auch aeth mit ihnen :

4,4 *Aν* **K** aeth : *επι τους θρονους (τους) κδ' πρεσβυτερους*

[1] Schmid hält *αμην* für einen mechanischen Zusatz, den aber aeth nur in 5,13 hat; er fehlt bei aeth in 1,18; 4,9.10; 11,15.

19,11 **K** aeth add *καλουμενος* (= ስሙ ፡ *nomen-eius*) ante *πιστος*
21,3 **K** aeth : *λαος αυτου* pro *λαοι αυτου*

Nur eine, event. zwei Stellen gibt es, an denen *Aν* **K** klar den besseren Text haben, aeth aber mit der fehlerhaften Lesart geht :

4,3 *Aν* **K** : *ιρις*
≠ gr A א aeth : *ιερεις*
20,9 gr A aeth G H* L : *εκ του ουρανου*
K aeth^{rel} : *εκ του ουρανου απο του θεου*
Aν : *εκ του θεου απο του ουρανου*

Diese Stelle ist von beiden Seiten her unklar. Schmid nimmt für den griechischen Text an, daß eine der längeren Lesarten ursprünglich ist und die Lesart bei gr A durch Streichung entstanden ist. In aeth macht *απο του θεου* den Eindruck eines späteren Zusatzes; das würde also bedeuten, daß aeth* hier mit der Korrektur von gr A geht.

Die behandelten Stellen weisen bereits klar in die Richtung, in der die Vorlage von aeth zu suchen ist : zu den beiden anderen Hauptstämmen AC - P^{47} א. Es ist nur sehr zu bedauern, daß gr C und P^{47} bloß in Bruchstücken erhalten sind [1]. Ich halte mich wieder an Schmid und vergleiche zuerst die Stellen, an denen gr A und, soweit vorhanden, gr C Sonderlesarten haben. Auch werde ich gleich vermerken, wo aeth den Urtext vertritt, soweit man das überhaupt erkennen kann.

1,15 aeth : ዘአርሰንዎ ፡ *quod-adusserunt*]
= (?) AC : *πεπυρωμενης* Urtext?
= א : *πεπυρωμενῳ* Urtext?
≠ *Aν* **K** : *πεπυρωμενοι* Korrektur
2,9 aeth = AC P Oik 1611 1854 2329 2344 :
om *τα εργα και* ante *την θλιφιν* Urtext?
2,10 aeth : ኢትፍራህ ፡ ምንተኒ ፡ *ne-timeas aliquid* = *nihil timeas*]
≠ AC Q f.1678 2050 : *μη*
= א *Aν* **K** : *μηδεν* nach Bousset Urtext
2,13 aeth BCE etc. : ወበመዋዕል ፡ *et-in-diebus*]
= gr AC 1611 f. 1678 2050 2053 2329 2344 : *και εν ταις*
dagegen aeth AD etc = א *Aν* **K** om *και*

Hier haben gr AC etc. die ursprüngliche Lesart, der sich die verläßlichen äthiopischen Hss BCE anschließen.

[1] gr C umfaßt 1,2 - 3,19; 5,14 - 7,14; 7,17 - 8,5; 9,16 - 10,11; 11,3 - 16,13; 18,2 - 19.5. P^{47} umfaßt 9,10 - 17,2.

2,13 aeth : ጻድቅየ ፡ *iustum-meum*]
= gr AC 61 - 69 2050 2053 : πιστος μου Urtext
≠ ℵ *Aν* **K** om μου Korrektur
5,9 aeth : ወተሣየጥከ ፡ *et-emisti*]
= gr A : om ημας post ηγορασας

Urtext nach Schmid und den modernen Ausgaben auf Grund der Exegese.

7,9 aeth gr A om και ιδου (gr C om ιδου) Korrektur (nach Schmid)
11,19 aeth : ዘውስተ ፡ ሰማይ ፡ *quod-in caelo*]
= gr AC f. 1006 f. 1678 2329 2351 61 - 69 f.172/250 :
add ὁ ante εν τῳ ουρανῳ Urtext

Der Artikel ist bei aeth durch das Relativpronomen wiedergegeben.

14,6 aeth : ካልእ ፡ መልአክ ፡ *alter angelus*]
= gr AC $ℵ^{c}$ f. 1006 1611 2053 2329 2344 f. 051 : αλλον αγγελον
Urtext
≠ P^{47} ℵ* *Aν* **K** om αλλον
16,3 aeth (außer BH) : ነፍሰ ፡ ሕይወት ፡ *anima vitae*]
= gr AC f. 1006 1611 : ζωης Urtext
≠ P^{47} ℵ *Aν* : ζωσα
≠ **K** om
16,3 aeth : ዘውስተ ፡ ባሕር ፡ *quae-in mari*]
= gr AC 1611 2344 $A\nu^{pc}$: τα εν τῃ θαλασσῃ
= f. 1006 2019 f. 2050 : των εν τῃ θαλασσῃ
≠ P^{47} ℵ *Aν* **K** om τα (των) Korrektur

Aeth drückt den Artikel durch das Relativpronomen aus; nur ist nicht zu ersehen, ob τα oder των in seiner Vorlage stand.

17,8 aeth : የሐውር ፡ *ambulat*]
= gr A 1611 2053 - 62 f.2051 : υπαγει Urtext ?
≠ ℵ *Aν* **K** : υπαγειν

Hätte aeth den von μελλει abhängigen Infinitiv gelesen, dann müßte bei aeth der Subjunktiv stehen.

18,3 aeth ABCDE=gr AC Oik 1611 om οινου Nachlässigkeit
19,12 aeth : ከመ ፡ ነደ ፡ *ut flamma*]
= gr A (C hiat) f. 1006 f. 1678 f. 2028 : ως φλοξ
≠ ℵ *Aν* **K** om ως

Hier muß offen bleiben, ob ως im Urtext stand oder nicht.

19,16 aeth gr A (C hiat) om ετι το ιματιον και Nachlässigkeit

An den folgenden Stellen weicht aeth von gr AC ab. Dabei haben gr AC fast überall den besseren Text. Nur an einer Stelle (2,7) haben gr AC eine Korrektur und aeth den vermutlichen Urtext. Einige Stellen sind allerdings nicht voll beweiskräftig :

1,9 aeth : ወበእንተ ፡ ስምዐ ፡ *et-propter testimonium*]

≠ gr AC Oik f.1006 1611 f.1678 2344 f.2014 f.172/250 : om *δια* ante *την μαρτυριαν*

Daß aeth *δια* vor *την μαρτυριαν* hinzufügt, sagt nichts über die Vorlage aus; denn aeth kann *δια* auch in Angleichung an das vorhergehende *δια τον λογον* (በእንተ ፡ ቃለ ፡) gesetzt haben.

2,2 aeth : ወጻማከ ፡ *et molestiam-tuam*]

≠ gr AC Oik P f. 205 f. 2014 f. 051 1611 598 Compl : om *σου* post *κοπον*

Wieder kann der Zusatz *σου* bei aeth auf Angleichung an das vorhergehende ግብረከ ፡ *opus-tuum* und an das folgende ወትዕግሥተከ ፡ *et-patientiam-tuam* beruhen, braucht also nicht schon in der Vorlage gestanden zu haben.

2,7 aeth om *επτα* ante *εκκλησιας*

≠ gr A add *επτα* ante *εκκλησιας*

≠ gr C add *τας επτα* post *εκκλησιας*

Die Hinzufügung von *επτα* wird als Angleichung an 14,11.20 betrachtet. Aeth hat also hier im Gegensatz zu gr AC den ursprünglichen Text.

3,17 aeth א *Av* K om *οτι* ante *πλουσιος*

≠ gr AC 1611 f. 1678 2329 *Av*pc f. 172/250 add *οτι*

Die Weglassung des *οτι* recit. wird als erleichternde Korrektur angesehen.

7,1 aeth add *και* ante *μετα*

≠ gr AC f. 1006 1854 2053 2351 om *και* ante *μετα*

Hier ist unsicher, ob *και* im griechischen Text ursprünglich ist oder nicht. Aeth setzt an den Parallelstellen (4,1; 7,9; 15,5; 18,1) *και* hinzu. Es muß offen bleiben, ob aeth *και* in der Vorlage fand oder ob es unter dem Einfluß der Parallelstellen erst später hinzugefügt wurde.

13,8 aeth : እለ ፡ ኢኮኑ ፡ ጽሑፈ ፡ አስማቲሆሙ ፡ *quorum non-facta-sunt scripta nomina-eorum*]

≠ gr AC Oik 1854 2344 : *οὗ οὐ* (gr A : *ουαι*) *γεγραπται το ονομα αυτου*

= gr P47 א f.1006 1611 2329 f. 2060 f. 2065 : *ὧν οὐ* (om א) *γεγραπται τα ονοματα αυτων* gr AC haben den ursprünglichen Text, dem sich aeth nicht anschließt.

13,15 aeth *Aν*^{part} trp *ινα* ante *αποκτανθωσιν*.

≠ gr A P f.1006 2329 2344 2019 f. 2065 (hiant C P[47] Oik) : *ινα οσοι ... αποκτανθωσιν*

ινα ist ursprünglich, nur ist es bei einem Teil der *Aν*-Texte verschoben.

14,8 aeth : እምነ : ወይን : *a vino*]

≠ gr AC f.1006 f.1678 2053 2344 f.172/250 : *ἤ εκ του οινου*

Der Ausfall des *ἤ* vor *εκ*, das auch aeth nicht ausdrückt, dürfte auf einem Versehen beruhen.

An den vorhergehenden Stellen standen die Lesarten von gr AC der gesamten übrigen Textüberlieferung gegenüber. Wir können aber auch die Stellen mit heranziehen, an denen *Aν* und **K** mit gr AC gehen. Da ja *Aν* **K** für den äthiopischen Text keine Rolle spielen, können deren Beziehungen zu gr AC außer Acht bleiben. Es ist also noch eine Reihe von Lesarten, bei denen gr AC mit *Aν* **K** gehen, zum Vergleich mit aeth geeignet. Dabei zeigt es sich wieder, daß aeth fast überall auf Seiten des besseren Textes steht; nur an wenigen Stellen herrscht Unsicherheit :

1,7 gr AC **K** aeth : *οψεται* Urtext

≠ ℵ *Aν* 2351 : *οψονται*

1,8 gr AC **K** aeth om *αρχη και τελος* post *το ὦ* Urtext

≠ ℵ* *Aν* add *αρχη και τελος*

1,13 gr AC *Aν* aeth om *επτα* ante *λυχνιων*

≠ ℵ **K** add *επτα*

Schmid hält gegen Bousset die AC*Aν*-Lesart für ursprünglich.

2,7 gr AC *Aν* **K** aeth add *αυτῳ* post *δωσω* Urtext

≠ ℵ Compl om *αυτῳ*

2,16 gr AC **K** add *ουν* post *μετανοησον*] aeth : ወይእዜኒ : *et-nunc-etiam*

≠ ℵ *Aν* om *ουν*

Aeth dürfte *ουν* in seiner Vorlage vorgefunden haben, hat aber dafür irrtümlich *νυν* gelesen.

5,5 gr A (C hiat) P *Aν* **K** aeth om *λυσαι* ante *τας σφραγιδας* Urtext

≠ *Aν*^{d} ℵ add *λυσαι*

5,11 gr A (C hiat) *Aν* aeth om *ως* ante *φωνην*

≠ ℵ **K** add *ως*

Schmid hält die A - Lesart für besser.

6,9 gr AC **K** aeth om *των ανθρωπων* post *ψυχας* Urtext

≠ ℵ *Aν* add *των ανθρωπων*

6,15 gr AC **K** aeth om *πας* ante *ελευθερος* Urtext
≠ ℵ* om *και πας ελευθερος*
8,3 gr AC *Aν* **K** add *το* ante *ενωπιον*] aeth : ዘቅድመ ፡ *quod-ante* Urtext
≠ ℵ om *το*

Das Relativpronomen deutet an, daß aeth *το* gelesen hat.

16,8 gr AC **K** aeth om *αγγελος* post *τεταρτος* Urtext
≠ ℵ *Aν* add *αγγελος*
17,6 gr A (C hiat) *Aν* aeth add *εκ* ante *του αιματος* Urtext
≠ ℵ **K** om *εκ*
17,11 gr A (C hiat) *Aν* aeth (?) : *αυτος* Urtext
≠ ℵ **K** : *ουτος*
18,6 gr AC *Aν* aeth om *αυτης* post *ποτηριῳ* Urtext
≠ ℵ **K** add *αυτης*
19,9 gr A (C hiat) **K** aeth add *του γαμου* post *δειπνον* Urtext
≠ ℵ* *Aν* om *του γαμου*
20,8 gr A (C hiat) *Aν* **K** add *τα* post *τα εθνη* Urtext
= aeth : ለአሕዛብ ፡ እለ ፡ *gentes quae*
≠ ℵ 1854 2329 2053 - 62 61 - 69 f.172 om *τα*

Das Relativpronomen zeigt an, daß aeth *τα* gelesen hat.

22,20 gr A (C hiat) **K** aeth add *αμην* post *ταχυ* Urtext
≠ ℵ *Aν*part om *αμην*

Ich habe nun 40 Stellen mit AC - Lesarten angeführt. An diesen 40 Stellen weicht aeth nur 9-mal von gr AC ab; davon sind 3 Stellen nicht beweiskräftig und unter den restlichen 6 Stellen sind 2, an denen aeth gegen AC wahrscheinlich den ursprünglichen Text bewahrt hat (2,7.10). An 31 Stellen geht aeth mit gr AC. Davon sind wieder 22 Stellen, an denen gr AC die ursprüngliche Lesart aufweisen, an 6 Stellen ist es ungewiß und an 3 Stellen haben gr AC und aeth die schlechtere Lesart. Damit ist nun klar geworden, daß zwischen aeth und gr AC Beziehungen bestehen. Der nächste Schritt ist es, zu untersuchen, ob aeth mit einem der beiden griechischen Texte näher verwandt ist. An folgenden Stellen gehen gr A und C auseinander :

2,8 aeth : ስምርኔስ ፡ *ßemernēß*]
= gr A : *σμυρνης* Urtext
≠ gr C *Aν* **K** : *σμυρνῃ*
2,20 aeth : ብእሲት ፡ *mulier*]
≠ gr A add *σου* post *γυναικα*
= gr C om *σου* Urtext

2,22 aeth : ምግባራ ፡ *actione-sua* (Suffix 3.fem.sing)]
≠ gr A *Aν* 1854 2329 2344 : *των εργων αυτων*
= gr C א **K** : *των εργων αυτης* Urtext

3,7 aeth : ቅዱስ ፡ ወጻድቅ ፡ *sanctus et-iustus*]
≠ gr A א trp *ο αληθινος ο αγιος*
= gr A *Aν* **K** : *ο αγιος ο αληθινος* Urtext

6,4 aeth : እምነ ፡ ምድር ፡ *a terra*]
≠ gr A *Aν*plur om *εκ* ante *της γης*
= gr C א *Aν*part **K** : *εκ της γης* Urtext

6,9 aeth : ወበእንተ ፡ *et-propter*]
≠ gr A 1854 om *δια* post *και* Urtext
= gr C *Aν* **K** : *και δια*

6,17 aeth : መዓቱ ፡ *irae-eius*]
= gr A : *της οργης αυτου* Urtext
≠ gr C א Oik 1611 1854 2329 f.1678 : *της οργης αυτων*

Schmid hält, gestützt auf die Exegese, *αυτου* für richtig.

9,18 aeth : እምነ ፡ እሳት ፡ ወጢስ ፡ ወተይ ፡ *ab igne et-fumo et-sulphure*]
= gr A א **K** : *εκ του πυρος και τ. καπνου και τ. θειου* Urtext
≠ gr C add *εκ* ante *του καπνου*
≠ gr P47 *Aν* add *εκ* ante *του καπνου* und *του θειου*

Trotz seiner Vorliebe für die analoge Wiederholung der Präpositionen schreibt aeth *εκ* nur einmal.

9,21 aethpart : ወእምነ ፡ ዝሙቶሙ ፡ *et-a fornicatione-sua*]
≠ gr A א* f.1678 : *ουτε εκ της πονηριας*
= gr C P47 *Aν* **K** : *ουτε εκ της πορνειας* Urtext

Ein Teil der äthiopischen Hss hat zusätzlich ወርስሐቶሙ ፡ *et-pollutione-sua*. Diese Erweiterung geht auf die Lesart von gr A א* zurück und ist erst über bo und arab in den äthiopischen Text gekommen. Vor ርስሐቶሙ ፡ *pollutione-sua* fehlt die Präposition እምነ ፡ *ab*, die vor den anderen aufgezählten Sünden steht. Damit erweist sich der Zusatz als angeflickt.

10,4 aeth : ፯ ነጐድጓድ ፡ *VII tonitrua*]
= gr A א *Aν* **K** : *αι επτα βρονται* Urtext
≠ gr C om *επτα*

11,17 aeth : እስመ ፡ *quia*]
= gr A om *και* ante *οτι* Urtext
≠ gr C P47 א* add *και*

11,18 aeth : ወዘመኖሙ ፡ *et-tempus*]

= gr A ℵ *Av* **K** : καιρος Urtext
≠ gr C Oik f. 2065 : κληρος
12,3 aeth CFGLMN : ዐቢይ ፡ ቀይሕ ፡ *magna rufa*]
= gr A *Av* : μεγας πυρρος Urtext
≠ gr C P47 ℵ **K** trp πυρρος μεγας
Aeth ABD etc. haben ዐቢይ ፡ ወቀይሕ ፡ *magna et-rufa*. Das eingeschobene και ist sekundär.
12,8 aeth : ወስእኖሙ ፡ *et-non-praevaluit-eis*]
= gr A **K** : και ουκ ισχυσεν
≠ gr C P47 ℵ *Av* : και ουκ ισχυσαν
13,1 aeth G : አስማተ ፡ *nomina*]
= gr A **K** : ονοματα Urtext?
aeth^rel : ስመ ፡ : *nomen*
= gr C P47 ℵ *Av* f. 1006 2329 : ονομα
Hier dürfte der Plural, den aber nur aeth G hat, besser sein. Es ist kaum anzunehmen, daß aeth G hier den richtigen Text bewahrt hat, vielmehr besteht die Wahrscheinlichkeit, daß die G - Lesart eine Reminiszenz an 17, 3 ist (ምሉእ ፡ አስማተ ፡ ፅርፈት ፡ *plena nominibus blasphemiae*)
13,17 aeth : ወከመ ፡ *et-ut*]
= gr A P47 **K** add και ante ινα Urtext?
≠ gr C ℵ* 1611 f. 2014 f. 2044 om και
13,17 aeth : ትእምርተ ፡ ስሙ ፡ *signaculo nominis-eius*]
≠ gr A ℵ *Av* **K** : το χαραγμα το ονομα Urtext
= gr C 792 1773 f. 2044 : το χαραγμα του ονοματος
14,8 aeth : ወድቀት ፡ *cecidit*]
≠ gr A P47 ℵ* *Av* : επεσεν επεσεν Urtext
= gr C ℵ^a **K** om επεσεν sec.
14,10 aeth : ወይትኴነን ፡ *et-iudicabitur*]
≠ gr A f.1006 2019 61 - 69 : και βασανισθησονται
= gr C ℵ *Av* **K** : και βασανισθησεται Urtext?
14,18 aeth : በቃል ፡ <*in-*>voce]
= gr A ℵ* f. 1006 f. 1678 2053 : φωνη Urtext?
≠ gr C P47 *Av* **K** 1611 1854 2329 : κραυγη
Aeth übersetzt 21,4 κραυγη durch ገዓር ፡ *gemitus*. Es ist also zu ververmuten, daß aeth in 14,18 φωνη, das er sonst überall durch ቃል ፡ *vox* übersetzt, vorgefunden hat.
15,3 aeth : አሕዛብ ፡ *gentes*]

= gr A *Aν* **K** : εθνων Urtext
≠ C P47 ℵ* f.1006 1611 194 1778txt αιωνων
16,4 aeth : ወኮነ ፡ *et-factum-est*]
≠ gr A P47 f.1006 1611 1854 2053 - 62 2329 : εγενοντο
= gr C ℵ *Aν* **K** : εγενετο Urtext

Aeth hat trotz dem folgenden Subjekt im Plural አንቅዕት ፡ ማያት ፡ *fontes aquarum*, das er eigenmächtig hinzusetzt, das Verbum im Singular.

18,4 aeth : ፃኡ ፡ *exite*]
= gr A ℵ : εξελθατε und *Aν* : εξελθετε Urtext
≠ gr C Oik **K** 1611 : εξελθε

Aeth hat den Plural (constr. ad sensum), läßt aber das Subjekt (ο λαος μου = ሕዝብየ ፡ *gens-mea*) im Singular, d.h. aeth macht die Korrektur von gr C **K** etc. nicht mit.

18,4 aeth : ሕዝብየ ፡ እምኔሃ ፡ *gens-mea ab-ea*]
≠ gr A **K** trp εξ αυτης ο λαος μου
= gr C ℵ P f. 1678 : ο λαος μου εξ αυτης Urtext

Nur die äthiop. Hs C geht in der Wortstellung mit gr A **K**. Da aber auch bo und arab umstellen, ist es durchaus möglich, daß C von da her beeinflußt ist.

18,18 aeth : ለዛቲ ፡ ሀገር ፡ *huic civitati*]
≠ gr A ℵ *Aν* **K** om ταυτῃ post τῃ πολει Urtext
= gr C 2329 add ταυτῃ
18,22 aeth : ዘኵሉ ፡ ኪን ፡ *omnis artis*]
≠ gr A ℵ om πασης τεχνης
= gr C *Aν* **K** add πασης τεχνης Urtext
18,23 aeth : ወኢቃለ ፡ መርዓት ፡ *et-non-vox sponsae*]
≠ gr A ℵ *Aν* **K** om φωνη ante νυμφης Urtext
= gr C 2329 add φωνη

Der Zusatz gilt als Korrektur. Ob ihn aeth mitmacht, weil er in seiner Vorlage stand, oder in Angleichung an das vorhergehende ወኢቃለ ፡ መርዓዊ ፡ = και φωνη νυμφιου, ist ungewiß.

Die Liste ergibt ein merkwürdiges Bild. Es sind 27 vergleichbare Stellen. An 12 Stellen geht aeth mit gr A gegen gr C und an 15 Stellen mit gr C gegen gr A. Von den 12 Stellen, an denen aeth mit gr A übereinstimmt, sind 9 ursprünglich. Bei zwei Stellen ist es ungewiß, ob gr A den Urtext darstellt, und an 1 Stelle haben gr A und aeth die schlechtere Lesart. Von den 15 zu gr C gehörenden Stellen sind 8 ursprünglich, bei 2 Stellen ist es unklar, ob gr C den Urtext hat, und an 5 Stellen steht bei gr C und aeth die schlechtere Lesart. Die Vorlage von aeth hat also fast gleich viele ursprüngliche Stellen mit gr A und C gemeinsam. Wenn man dann noch dazunimmt, daß von den Stellen, an denen aeth mit gr AC geht, die meisten ursprünglich sind, ja daß sogar unter den zu *Aν* **K** gehörenden Stellen ein paar ursprüngliche sind, dann kann man zu dem Schluß kommen, daß die Vorlage von aeth ein ausgezeichneter Text war, der dem Urtext näher stand als gr A oder gr C. Aber nun kommt der Vergleich mit ℵ, und da ändert sich leider das Bild ein wenig.

Schmid faßt gr P[47] und ℵ zu einem Hauptstamm zusammen. Der Vergleich mit P[47] allein ist unergiebig. [1] Denn erstens enthält P[47] nur die Kapitel 9,10 - 17,2, und zweitens sind nur wenige Stellen vergleichbar. P[47] allein hat nirgends den Urtext bewahrt; die Sonderlesarten sind durchwegs Korrekturen und Freiheiten in der Textbehandlung, die aber aeth nicht mitmacht. Der Vergleich P[47] - aeth fällt also vollständig negativ aus. Ich zitiere folgende Stellen :

9,20 P[47] add *αυτων* post *πληγαις*
$\neq$ aeth : መቅሠፍት : *plaga*
11,12 *εμετρησαν* pro *εθεωρησαν*
$\neq$ aeth : ወርእዮሙ : *et-viderunt-eos*
12,10 *σωτηρια* pro *εξουσια*
$\neq$ aeth : ወሥልጣን : *et-potestas*
12,13 *απηλθεν εκδιωξαι* pro *εδιωξεν*
$\neq$ aeth : ዴገና : *persecuta-est*
12,16 P[47] om *η γη* (sec.)
$\neq$ aeth : ምድር : *terra*
13,4 *προσεκυνησεν* pro *προσεκυνησαν*
$\neq$ aeth : ወሰገዱ : *et-procubuerunt*
13,6 *εν τῳ ουρανῳ* pro *τους εν τῳ ουρανῳ σκηνουντας*
$\sim$ aeth : ዘበሰማይ : *quod-in-caelo*

Die Ähnlichkeit, die hier aeth mit P[47] aufweist, beruht eher auf einer Reminiszenz an andere Stellen (11,19; 14,17; 15,6) als auf Verwandtschaft (vgl. arm *որ յերկինս which is in heaven*).

[1] Vgl. J. Schmid, *Der Apokalypsetext des Chester Beatty Papyrus P[47]*, Byzantinisch-Neugriechische Jahrbücher, Bd. 11, 1934, Athen.

13,11 *λαλει* pro *ελαλει*
= aeth : ወይነብብ ፡ *et-loquitur*

Das äthiopische Imperfekt entspricht zwar besser dem griechischen Präsens als dem Imperfekt, aber die Übereinstimmung ist hier vermutlich unabhängig von P[47] durch Angleichung an das vorhergehende ወይመስል ፡ *et-similis-est* (*ομοια*) und an das folgende ይገብር ፡ *facit* (*ποιει*) zustande gekommen.

13,18 *εστι δε* pro *ο αριθμος αυτου*
≠ aeth : ወኍለቄሁኒ ፡ *et-numeratio-eius-etiam*

14,15 *ο θερισμος* pro *η ωρα θερισαι*
≠ aeth : ሰዓት ፡ ለዐፂድ ፡ *hora ad-demetendum*

16,19 P[47] add *αι* ante *των εθνων*
≠ aeth : አሕዛብኒ ፡ *gentium-etiam*

Hätte aeth *αι* gelesen, so würde er es durch ein Relativpronomen ausgedrückt haben.

Auch die Lesarten, die P[47] mit *Aν* und **K** teilt, sind in aeth nicht vertreten :

9,18 P[47] *Aν* add *εκ* ante *του καπνου* und *του θειου*
≠ aeth : ወጢስ ፡ ወተይ ፡ *et-fumo et sulphure*

14,1 P[47] *Aν* om *το* ante *αρνιον*
≠ aeth : ዝኩ ፡ በግዕ ፡ *ille agnus*

15,8 P[47] **K** add *εκ του* ante *καπνου*
≠ aeth : ጢስ ፡ *fumo*

16,18 P[47] **K** trp *αστραπαι και βρονται και φωναι*
≠ aeth : መብረቅ ፡ ወቃል ፡ ነጐድጓድ ፡ *fulgur et-vox tonitrui*

Das negative Resultat des Vergleiches P[47] - aeth beweist klar, daß zwischen dem Texttyp P[47] und aeth keine Verwandtschaft herrscht.

Anders ist es mit א. Der Vergleich mit א zeigt, daß dieser Texttyp auf die Vorlage von aeth einen gewissen Einfluß, der allerdings nicht von Vorteil war, ausgeübt hat. Zuerst sei festgestellt, daß an den wenigen Stellen, wo א den Urtext hat, aeth mit א geht. Folgende Stellen können zum Vergleich herangezogen werden :

2,10 א *Aν* **K** *μηδεν* pro *μη*
= aeth : ምንተኒ ፡ *ne ... aliquid = nihil*

8,5 א **K** trp *βρονται και φωναι και αστραμαι*
= aeth : ነጐድጓድ ፡ ወፀዓዕ ፡ ወመብረቅ ፡ *tonitruum et-fragor et-fulgur*

13,7 א **K** habent (gr AC *Av* om homoeot) : *και εδοθη αυτῳ ποιησαι πολεμον μετα των αγιων και νικησαι αυτους*
= aeth : ወተውህበ ፡ ሎቱ ፡ ከመ ፡ ይግበር ፡ ጸብአ ፡ ምስለ ፡ ቅዱሳን ፡ ወይማኦሙ ፡
et-datum-est ei ut faceret bellum cum sanctis et-vinceret-eos

13,15 א P^{47} *Aν* **K** : *αυτῳ* (gr AC : *αυτῃ*) post *εδοθη*
= aeth : ሎቱ ፡ *ei* (masc.)

19,13 א* : *περιρεραμμενον*
$א^{a}$: *περιρερανισμενον*
gr P 2019 2329 : *ρεραντισμενον*
gr 161 : *ρεραμμενον*
gr f.1006 792 1678 - 1778^{txt} 2053 2065 f.172 *ερραντισμενον*
= aeth : ዘንዙኅ ፡ *quod-aspersum*

ዘንዙኅ ፡ entspricht einem Part. Perf. Pass. von *ραινω*, bzw. *ραντιζω*. Welche Form in der Vorlage von aeth stand, ist dem äthiopischen Wort nicht anzusehen. Auf keinen Fall war es die Lesart von gr A (C hiat) *Aν* **K** : *βεβαμμενον*.

Aber an allen anderen vergleichbaren Stellen, an denen א (oder א mit *Aν* und **K**) und aeth übereinstimmen, handelt es sich um Korrekturen, bzw. um Fehler :

1,9 א **K** add *δια* ante *την μαρτυριαν*
= aeth : ወበእንተ ፡ ስምዑ ፡ *et-propter testimonium*

በእንተ ፡ *propter* kann auch unabhängig von der Vorlage in Angleichung an das vorhergehende በእንተ ፡ ቃለ ፡ *propter verbum* eingeschoben sein.

1,18 א* (solus) om *και* ante *ο ζων*
= aeth : ዘሕያው ፡ *qui-vivus*

2,9 $א^{c}$ (solus) add *εισιν* post *Σατανας*
= aeth : እሙንቱ ፡ *ii* (=*sunt*)

3,14 א* (solus) add *και* ante *ο μαρτυς*
= aeth : ወውእቱ ፡ ስምዕ ፡ *et-is testis*

3,14 א (solus) add *και* ante *η αρχη*
= aeth : ወውእቱ ፡ እምቅድመ ፡ *et-is* <*ab-*>*ante*

3,17 א *Aν* **K** aeth om *οτι* ante *πλουσιος*

4,10 א (solus) add *και* ante *πεσουνται*
= aeth : ወይሰግዱ ፡ *et-procumbunt*

5,1 א min^{pc} add *και* ante *κατεσφραγισμενον*
= aeth : ወኅትምት ፡ *et-signatus*

5,3 א *Aν*pc **K**pc aeth om *ουδε υποκατω της γης*

5,4 א *Aν*part aeth om *εγω* ante *εκλαιον*

Aeth übersetzt *εκλαιον* irrtümlich mit *fleverunt* statt mit *flevi*. Der Fehler ist nur unter der Voraussetzung möglich, daß *εγω* nicht in der Vorlage stand.

9,2 א **K** aeth om (hom) *και ηνοιξεν το φρεαρ της αβυσσου*

11,11 א *Aν* aeth om *τας* ante *τρεις*

Da aeth vor dem Numerale kein Demonstrativum zur Wiedergabe des Artikels anwendet, kann angenommen werden, daß der Artikel in seiner Vorlage gefehlt hat.

13,3 א **K** : *εθαυμασεν* pro *εθαυμασθη*

= aeth : አንከረቶ ፡ *et-admirata-est-eam* (sc. *bestiam*)

Aeth verbindet das Verbum mit dem Suffix, d.h. er hat die aktive Form gelesen.

13,5 א (solus) add *ὅ θελει* post *ποιησαι*

aeth : ይገብር ፡ ተአምረ ፡ ዘፈቀደ ፡ [*ut*] *faceret signum quod-voluit*

Der Zusatz ተአምረ ፡ *signum* bei aeth ist nur eine sinngemäße Ergänzung zu *ποιησαι*, die auf einer Reminiszenz an 13,13.14; 16,14; 19,20 beruht.

13,8 א P47 f. 1006 1611 1329 : *ων ... ονοματα αυτων*

= aeth : እለ ፡ ... አስማቲሆሙ ፡ *quorum ... nomina-eorum*

15,4 א **K** add *σε* ad *φοβηθῃ*

= aeth : ዘኢፈርሀከ ፡ *qui-non-timuit-te*

17,8 א *Aν* : *ονοματα* pro *ονομα*

= aeth : አስማቲሆሙ ፡ *nomina-eorum*

17,18 א 616 : *βασιλειων* pro *βασιλεων*

= aeth : መንግሥታት ፡ *regna*

18,2 א* **A** aeth om *επεσεν* (sec.)

18,8 אa *Aν*part : *κρινων* pro *κρινας*

= aeth : ዘይትቤቀላ ፡ *qui-puniet-eam*

Aeth übersetzt mit dem Imperfekt, das dem griechischen Part. Präs. besser entspricht als dem Part. Aor.

18,22 א *Aν*part aeth om (hom) *οτι και φωνη μυλου ου μη ακουσθῃ εν σοι ετι*

19,9 א *Aν*part aeth om *και λεγει μοι*

19,12 אa **K**part : *ονοματα* pro *ονομα*

= aeth : አስማት ፡ *nomina*

20,10 א *Aν* aeth om *και* ante *το θηριον*

20,15 א* (solus) ευρεθησεται pro ευρεθη
= aeth : ዘኢይትረከብ ፡ *qui-non-invenietur*
Das äthiopische Imperfekt entspricht dem griechischen Futurum.
21,3 א* 1611 2050 2071 1778^{txt} : εσκηνωσεν pro σκηνωσει
= aeth : ኀደረት ፡ *consedit*
21,5 א *Av* add μοι post λεγει
= aeth : ወይቤለኒ ፡ *et-dixit-mihi*
21,18 א* (solus) : και ην εν δωμασι pro και η ενδωμησις
~ aeth : ወውስተ ፡ ርእስ ፡ *et-in capite*
Die äthiopische Übersetzung hat den gleichen Fehler wie א*, daß nämlich ενδωμησις als zwei Wörter gelesen wird.
21,19 א* *Av*^{part} add και ante οι θεμελιοι
= aeth ; ወመሠረተ ፡ *et-fundamentum*
21,20 א* 2053 : αμεθυστινος pro αμεθυστος
= aeth : አሜቴስጢኖስ ፡ *'amētīßṭīnōß*
22,21 א *Av*^{part} **K** add αμην post παντων υμων
= aeth : ኵልክሙ ፡ አሜን ፡ *omnibus-vobis amen*
Ganz anders verhält es sich, wo א mit gr A und C zusammengeht. Wenn aeth solche Lesarten aufweist, dann handelt es sich in den meisten Fällen um den ursprünglichen griechischen Text, wie an den folgenden Stellen :
1,9 א C P f.1678 1611 2050 : εν Ιησου (gr A : Χριστῳ)
= aeth : ለኢየሱስ ፡ *Jesu*
1,18 א* AC aeth om αμην post αιωνων
2,2 א* AC aeth om ειναι post αποστολους
2,5 א AC aeth om ταχυ post ερχομαι σοι
2,20 א C *Av* aeth om σου post γυναικα
2,22 א C **K** : μετ αυτης pro μετ αυτων
= aeth : ምስሌሃ ፡ *cum-ea*
3,5 א* C : ουτως pro ουτος
= aeth : ከመዝ ፡ *sic*
4,8 א A (C hiat) add τα ante τεσσαρα
= aeth : ወለእሉ ፡ ፬ *et-haec IV*
4,8 א A (C hiat) *Av* aeth : αγιος ter
5,7 א A (C hiat) *Av*^{part} **K** aeth om το βιβλιον post ειληφεν
5,10 א A (C hiat) 1611* 1854 f. 1678 2050 2329 : βασιλειαν pro βασιλεις = aeth : ለመንግሥተ ፡ *ad-regnum*
8,9 א A (C hiat) *Av* : διεφθαρησαν pro διεφθαρη
= aeth : ማሰና ፡ wörtlich *perierunt*

9,18 א A **K** aeth om *εκ* ante *του καπνου* et ante *του θειου*
≠ gr C : add *εκ* ante *του καπνου*
≠ P^{47} *Aν* : add *εκ* ante *του καπνου* et ante *του θειου*
12,2 א C P^{47} Oik f. 1006 2344 2020 - 2080 add *και* ante *κραζει*
= aeth : ወተገዕር : *et-gemit*
12,10 א AC **K** trp *εν τῳ ουρανῳ λεγουσαν*
= aeth : በሰማይ : ዘይብል : *in-caelo quae-dicit*
13,5 א C P^{47} al : *βλασφημιας* pro *βλασφημα* / *βλασφημιαν*
= aeth : ወፅርፈታት : *et-blasphemias*
Schmid hält den Plural *βλασφημιας* für ursprünglich.
14,6 א^{c} AC al add *αλλον* ante *αγγελον*
= aeth : ካልእ : መልአክ : *alter angelus*
≠ א* P^{47} *Aν* **K** om *αλλον*
16,3 א^{a} AC aeth om *αγγελος* post *δευτερος*
16,4 א C *Aν* **K** : *εγενετο* pro *εγενοντο*
= aeth : ወኮነ : *et-factum-est* (siehe S.56).
16,17 א A (C hiat) P^{47} : *εκ του ναου* pro *εκ του ουρανου*
= aeth : እምነ : መቅደሱ : *e sanctuario-eius*
18,4 א A *Aν* : *εξελθατε* / *εξελθετε* pro *εξελθε*
= aeth : ፃኡ : *exite*
18,4 א C P f. 1678 : *ο λαος μου εξ αυτης*
= aeth : ሕዝብየ : እምኔሃ : *gens-mea ab-ea*
≠ gr A **K** : *εξ αυτης ο λαος μου*
18,14 א AC P al : *ευρησουσιν* pro *ευρησεις* / *ευρης*
= aeth : ወኢይረክብዎ : *et-non-invenient-id*
19,5 א AC : *τῳ θεῳ ημων* pro *τον θεον ημων*
= aeth : Dativ
19,8 א A (C hiat) P al : *λαμπρον καθαρον*
= aeth : ብርሃን : ንጹሕ : (*byssum*) *lucis purum*
≠ *Aν* : *καθαρον λαμπρον*
≠ **K** : *λαμπρον και καθαρον*
20,6 א A *Aν* : *μετ αυτου* pro *μετα ταυτα*
= aeth : ምስሌሁ : *cum-eo*
20,11 א A *Aν* trp *μεγαν λευκον*
= aeth : ዐቢየ : ጸዐዳ : *magnum album*
20,12 א A *Aν* trp *τους μεγαλους κ. τ. μεκρους* (**K** : *μικ* ... *μεγ.*)
= aeth : ዐቢይ : ወንኡስ : *magni et-parvi*
20,13 א A *Aν* : *τα εργα αυτων* pro *τα εργα αυτου*
= aeth : ምግባሮሙ : *actionem-suam* (Suffix 3.Plur.)

20,14 ℵ A **K** (*Aν* om) habent *η λιμνη του πυρος*
= aeth : ገሃነም ፡ ዘእሳት ፡ *gehenna ignis*
21,2 ℵ A (C hiat) **K** : *εκ του ουρανου απο του θεου*
= aeth : እምሰማይ ፡ እምኀበ ፡ እግዚአብሔር ፡ *e-caelo a Deo*
≠ *Aν* trp.
21,9 ℵ A (C hiat) P al : *την νυμφην την γυναικα*
= aeth : ለመርዓት ፡ ለብእሲተ ፡ በግዑ ፡ *sponsam mulierem agni*
≠ *Aν* **K** trp.
21,10 ℵ A **K** aeth om *την μεγαλην* post *την αγιαν*
22,1 ℵ A (C hiat) **K** aeth om *καθαρον* post *ποταμον*
22,5 ℵ A (C hiat) P al : *ετι* pro *εκει*
= aeth : እንከ ፡ *ergo, adhuc*
22,5 ℵ A (C hiat) : *φωτος λυχνου και φω[το]ς ηλιου*
= aeth : ብርሃነ ፡ ማኅቶት ፡ ወኢብርሃነ ፡ ፀሐይ ፡ *lucis candelabri et-non-lucis solis*
≠ *Aν* : *λυχνου και φω[το]ς ηλιου*
≠ **K** : *λυχνου και φωτος*
22,13 ℵ A (C hiat) **K** al : [o] *πρωτος και* [o] *εσχατος η αρχη και το τελος*
= aeth : አነ ፡ ቀዳማዊ ፡ ወአነ ፡ ደኃራዊ ፡ ርእስ ፡ ወማኅለቅት ፡ *ego primus et-ego ultimus caput et-finis*
≠ *Aν* trp.
22,14 ℵ A (C hiat) al : *πλυνοντες τας στολας αυτων*
= aeth : እለ ፡ የኀጽቡ ፡ አልባሲሆሙ ፡ *qui purificant vestimenta-sua*
≠ *Aν* **K** : *ποιουντες τας εντολας αυτου*
22,20 ℵ* A **K** aeth om *Χριστου* post *Ιησου*
22,20 ℵ A 1006 1611 1678 aeth om *ναι* ante *ερχου*

Während aeth an allen angeführten Stellen mit dem ursprünglichen Text geht, bringt er in 4,3 denselben Fehler wie ℵ A.

4,3 ℵ A (C hiat) : *ιερεις* pro *ιρις*
= aeth : ካህናት ፡ *sacerdotes*

Bei der folgenden Stelle sind sich die modernen Ausgaben nicht einig, was ursprünglich ist und was nicht. Die meisten nehmen *τεσσαρων* auf, obwohl gewichtige Zeugen es ausgelassen haben. Nur Westcott - Hort und Charles streichen es :

9,13 ℵ A (C hiat) P47 **0207** 1611 Oik 94 f. 1678 aeth om *τεσσαρων* ante *κερατων* (*Aν* **K** habent)

Es bleibt jetzt nur noch zu untersuchen, ob der Einfluß des ℵ-Stammes auf aeth groß oder gering war. Zu diesem Zwecke habe ich die Lesarten, die ℵ allein oder mit *Av* **K** hat und die nicht Urtext sind, zusammengesucht. Es sind 109 vergleichbare sekundäre Lesarten, die ℵ allein aufweist; nur 8 davon finden sich auch bei aeth. 96 vergleichbare sekundäre Lesarten teilt ℵ mit *Av* oder **K** oder einigen anderen Minuskeln; 23 davon tauchen auch bei aeth auf. Es sind also im Ganzen 205 vergleichbare Varianten und nur 31 davon sind in aeth vorhanden [1]. Einige davon sind wenig beweiskräftig (aeth stimmt z.B. mit ℵ an 7 Stellen im Zusatz oder im Wegfall von *και* überein). Das Resultat ist also, daß aeth nur ungefähr ein Siebentel der sekundären Lesarten von ℵ aufweist. Der ℵ - Stamm hat also nur einen bescheidenen Einfluß auf aeth ausgeübt. Ich führe zum Schluß einige der interessantesten sekundären Lesarten des ℵ an, die aber in aeth nicht vertreten sind :

1,1 ℵ* (solus) : *αγιοις* pro *δουλοις*
≠ aeth : ለአግብርቲሁ ፡ *servis-suis*

1,5 ℵ* (solus) : *βασιλειων* pro *βασιλεων*
≠ aeth : ለነገሥት ፡ *regum*

1,8 ℵ* *Av* 1854 2050 add *αρχη και τελος* post *ω*
≠ aeth om.

2,19 ℵ* *Av*pc om *και την διακονιαν*
≠ aeth : ወመልእክትከ ፡ *et-ministerium-tuum*

2,22 ℵ* (solus) : *καλω* pro *βαλλω*
≠ aeth : አገብኣ ፡ *reducam* (= *reiciam*)-*eam*

3,3 ℵ* (solus) : *μετανοησης* pro *γρηγορησης*
≠ aeth : ኢተጋህከ ፡ *non-vigilaveris*

3,14 ℵ* (solus) : *εκκλησιας* pro *κτισεως*
≠ aeth : ዘፈጠረ ፡ *quod-creavit*

5,1 ℵ* (solus) om *βιβλιον γεγραμμενον*
≠ aeth : መጽሐፍ ፡ ጽሑፍት ፡ *liber scriptus*

6,9 ℵ *Av* add *των ανθρωπων* post *ψυχας*
≠ aeth om.

6,14 ℵ (solus) : *βουνος* pro *νησος*
≠ aeth : ወደሰያት ፡ *et-insulae*

6,14 ℵ* (solus) : *ενικησαν* pro *εκινηθησαν*
≠ aeth : ሰሰሉ ፡ *recesserunt*

[1] Siehe Liste S. 58 ff.

7,15 ℵ* (solus) : *γινωσκει* pro *σκηνωσει*
≠ aeth : ወየዐርፍ ፡ *et-commoratur*
10,1 ℵ* (solus) : *η θριξ* pro *ιρις*
≠ aeth om.
10,10 ℵ* (solus) : *και εγεμισθη* pro *επικρανθη*
≠ aeth : አምረረት ፡ *amarum-fecit*
16,11 ℵ minpc om *εκ των ελκων αυτων*
≠ aeth : አጽልዕቲሆሙ ፡ *ulcerum-suorum*
18,9 ℵ* (solus) : *πτωσεως* pro *πυρωσεως*
≠ aeth : እሳታ ፡ *ignis-eius*
20,5 ℵ **K**part om *οι δε λοιποι των νεκρων ουκ ανεστησαν εως τελεσθη τα χιλια ετη*
≠ aeth : ወባዕዳንሰ ፡ ምውታን ፡ ኢይትነሥኡ ፡ እስከ ፡ አመ ፡ ይትፌጸም ፡ ዝንቱ ፡ ፲፻ ዓመት ፡
et-ceteri-autem mortui non-surgent usque dum perficientur hi X x *C anni*

Der Vergleich des äthiopischen Textes mit den griechischen Texten ergibt folgende Resultate :

1) *Aν* und **K** haben auf aeth keinen Einfluß. An drei Stellen (4,4; 19,11 und 21,3), wo *Aν*, bzw. **K** den ursprünglichen Text haben dürfte, geht aeth mit *Aν* **K**.

2) Aeth geht mit gr AC an Stellen, die ursprünglich sind. Aeth vertritt aber auch den Urtext an Stellen, wo gr A und gr C getrennt den ursprünglichen Text bewahrt haben.

3) Aeth zeigt keine Verwandtschaft mit P^{47}.

4) Aeth hat einiges gemeinsam mit dem Text des ℵ- Stammes :

a) Aeth geht mit ℵ, wo die Sonderlesarten des ℵ den Urtext repräsentieren.

b) Aeth geht mit ℵ und gr AC an vielen Stellen, die bis auf eine oder zwei alle ursprünglich sind.

c) Aeth weist an mehreren Stellen dieselben Fehler und Korrekturen wie ℵ auf.

Aus diesem Befund kann folgender Schluß gezogen werden : Die Vorlage von aeth war ein vorzüglicher griechischer Text, der dem Urtext näher stand als jeder der drei Texte gr A, gr C und ℵ für sich. Die Güte der Vorlage ist aber dadurch geringfügig beeinträchtigt, daß in ihr ungefähr ein Siebentel der Fehler und Korrekturen, wie sie ℵ bietet, vertreten ist. Der äthiopische Apk-Text ist also ein textkritisch wichtiger Zeuge, der nicht ignoriert werden darf. Es ist nur sehr zu bedauern, daß wir von aeth die ursprüngliche Fassung nicht mehr haben. Denn das, was uns in den Hss überliefert wurde, ist ein Text, der im Laufe der Jahrhunderte durch die verschiedenartigsten Einflüsse (« Korrekturen » und Revisionen nach anderen Übersetzungen) stark verdorben wurde. Aber auch so verrät aeth noch genug von der außerordentlichen Güte seiner griechischen Vorlage.

V

CHARAKTERISTIK DER ÜBERSETZUNG

Das italienische Sprichwort traduttore — traditore hat auch in Bezug auf den Übersetzer der Apk seine Richtigkeit bewiesen. Es war auch eine schwierige Aufgabe, an die er sich herangewagt hat. Er wollte die Apk aus dem Griechischen in das vom Griechischen so grundverschiedene Äthiopisch übertragen. Da ist es nicht zu verwundern, daß die fertige Übersetzung auch bei besten Sprachkenntnissen und bei bestem Willen Unzulänglichkeiten aufweist. Fest steht, daß der Übersetzer gut griechisch konnte. Als charakteristisches Beispiel für seine guten Griechischkenntnisse erwähne ich 18,13 *και σωματων και ψυχας ανθρωπων*] ወፂዋ ፡ ወነፍሰ ፡ ሰብእ ፡ *et-captivos et-animam hominum.* Aeth übersetzt hier richtig *σωματων* mit ፂዋ ፡ *captivos* (vgl. lat *mancipiorum*), während bo dem Gegensatz *σωμα-ψυχη* erliegt und deshalb **ϹΩΜΑ ΝϾΜ ΨΥΧΗ Ν̄ΡΩΜΙ** *body and soul of man* schreibt. Sa übersetzt die Stelle ganz abweichend : **ϨΙ ΜΑϹΠΟΡΚ̄ ϨΙ ϬΑΜΟΥΛ** (sa^part add **ϨΙ ΒΡ̄ϬΟΟΥΤ**) **ϨΙ ϨΜ̄ϨΑΛ** *and mule-colt and camel (and chariot) and servant.*

Es kommt selten vor, daß aeth eine griechische Konstruktion mißversteht, so in 2, 14 : *οτι εχεις κρατουντας την διδαχην Βαλααμ ος εδιδασκεν τῳ Βαλακ βαλειν σκανδαλον ενωπιον των υιων Ισραηλ φαγειν ειδωλοθυτα και πορνευσαι*

Gr konstruiert : *κρατουντας ... Βαλααμ*
|
ος εδιδασκεν
|
βαλειν
|
φαγειν — πορνευσαι

Aeth übersetzt die Stelle so : እለ ፡ ያጸንዑ ፡ ትምህርቶ ፡ ለበለዓም ፡ መምህሩ ፡ ለባለቅ ፡ ወይወድዩ ፡ ዕቀፍተ ፡ ቅድሜሆሙ ፡ ለደቂቀ ፡ እስራኤል ፡ ከመ ፡ ይብልዑ ፡ ዝቡሐ ፡ ለአማልክት ፡ ወይዜምዉ ።
qui tenent doctrinam Bala'ām doctoris Bālaq et-iniciunt scandalum

ante liberos ut edant mactatum deis et-fornicantur, d.h. aeth konstruiert so : κρατουντας τ.δ. Βαλααμ — βαλειν — πορνευσαι

Βαλααμ	βαλειν	
|	|	
ος εδιδασκεν	φαγειν	

Aeth koordiniert also die Verba κρατουντας — βαλειν — πορνευσαι und subordiniert ος εδιδασκεν unter Βαλααμ und φαγειν unter βαλειν σκανδαλον.

Der Übersetzer gab sich Mühe, ein gutes Äthiopisch zu schreiben, ohne dem griechischen Original allzu sehr wehe zu tun. Dies wurde ihm durch zwei Momente erleichtert : 1) Die Sprache der Apk ist ein Griechisch, das ein starkes semitisches Kolorit zeigt, und 2) Das Äthiopische ist geschmeidiger als so manche andere semitische Sprache. Die Wortstellung ist nicht an so feste Regeln gebunden wie z.B. im klassischen Arabisch. Trotzdem aber stellt der Übersetzer gern das Verbum an die Spitze, wie es die semitischen Sprachen lieben, und weicht damit, den semitischen Stilregeln zuliebe, vom Original auch da ab, wo er ohne Härte die griechische Wortfolge hätte beibehalten können; z.B. 2,2.8.12.18; 3,1.7.14 και τῳ αγγελῳ της εν ... γραψον] ወጸሐፍ ፡ ሎቱ ፡ ለመልአክ ፡ *et-scribe ei angelo...*

Ferner verwendet der Übersetzer gemäß dem semitischen Sprachgebrauch lieber das Aktiv als das Passiv, auch wenn ihm die passende Passivform zur Verfügung gestanden hätte [1]. Auch die Kopten verwenden aktive Formen zur Wiedergabe des griechischen Passivs. Das heißt nun aber nicht, daß jedes äthiopische Aktiv, das für ein griechisches Passiv steht, auf sa oder auf bo zurückgeht. Es handelt sich nur um eine stilistische Eigenheit, mit der der Übersetzer dem äthiopischen Sprachgeist gerecht werden will.

Eine weitere stilistische Eigenheit sind die vielen Angleichungen, daß nämlich eine einmal gewählte Wortform oder Konstruktion beibehalten wird, auch wenn die Vorlage eine andere Übersetzung verlangt hätte. Sie beruhen auf einer Art Trägheitsgesetz. Es ist nur schwer zu entscheiden, ob diese oder jene Angleichung noch vom Übersetzer oder erst von einem späteren Kopisten stammt. Als Beispiele zitiere ich folgende Stellen :

2,19 σου τα εργα και την αγαπην και την πιστιν και την διακονιαν και την υπομονην σου

ግብረከ ፡ ወተፋቅሮተከ ፡ ወሃይማኖተከ ፡ ወመልእክተከ ፡ ወትዕግሥተከ ፡

[1] Siehe S. 79

opus-tuum et-dilectionem-tuam et-fidem-tuam et-ministerium-tuum et-patientiam-tuam

Gr hat nur beim ersten und letzten Glied *σου* hinzugesetzt, aeth aber verbindet alle fünf Substantiva mit dem Possessivsuffix.

2,22 *βαλλω αυτην εις κλινην*

ኣገብኣ ፡ ውስተ ፡ ምስካባ ፡

reducam-eam in cubile-eius

Daß aeth **ምስካብ** ፡ *cubile* mit dem Possessivsuffix verbindet, ist eine Angleichung an das vorhergehende suffigierte Verbum.

6,3 *του δευτερου ζῳου*

ካልእ ፡ እምውስተ ፡ እንስሳሁ ፡ *alterum ex animalibus*

6,5 *του τριτου ζῳου*

ሣልስ ፡ እምነ ፡ እንስሳሁ ፡ *tertium ex animalibus*

6,7 *του τεταρτου ζῳου*

ራብዕ ፡ እምነ ፡ እንስሳሁ ፡ *quartum ex animalibus*

Aeth schiebt in Angleichung an 6,1, wo **እምነ** ፡ *ex* allerdings zu Recht besteht (*ενος εκ των τεσσαρων ζῳων*), auch an den Parallelstellen die Präposition ein.

16,4 *εις τους ποταμους και τας πηγας*

ውስተ ፡ ኣፍላግ ፡ ወውስተ ፡ ኣንቀዕት ፡ *in flumina et-in fontes*

Aeth wiederholt die Präposition; das bedeutet aber noch nicht, daß aeth die **K**-Lesart *και εις τας πηγας* vorgefunden hat.

21,16 *το μηκος και το πλατος και το υψος αυτης*

ኑኃ ፡ ወግድማ ፡ ወቆማኒ ፡

longitudo-eius et-latitudo-eius et-altitudo-eius-etiam

Während gr *αυτης* nur einmal hat, verbindet aeth jedes Substantiv mit dem Possessivsuffix.

Der äthiopische Text läßt spüren, daß sich der Übersetzer um eine treue Wiedergabe des Originals bemüht hat. Er übersetzt an vielen Stellen genau, ja wortwörtlich: er drückt den griechischen Artikel durch das Demonstrativpronomen oder durch das Possessivsuffix aus [1], er hält sich im allgemeinen an die griechische Wortstellung und ahmt die griechische Satzkonstruktion nach [2]. Freilich ist er manchmal zu Umschreibungen gezwungen, wenn ihm die entsprechende äthiopische Vokabel fehlt; so z.B. 1,8; 11,17; 15,3;

[1] Siehe S. 94.

[2] Siehe S. 26.

16,7.14; 19,6.15; 21,22 : *παντοκρατωρ*] ዘኵሉ ፡ ይመልክ ፡ (oder ትመልክ ፡) *qui-omne possidet* (oder *possides*)

6,11 *οι συνδουλοι αυτων*] እለ ፡ ከማሆሙ ፡ አግብርተ ፡ እግዚአብሔር
qui ut-ii servi Dei

19,10 *συνδουλος σου ειμι*] አነ ፡ ገብር ፡ ከማከ ፡
ego servus ut-tu

22,9 *συνδουλος σου*] ገብረ ፡ ለጋእዝቲከ ፡ አነ ፡
servus dominorum-tuorum ego

21,21 *διαυγης*] ዘይጸድል ፡ እንተ ፡ ውስጡ ፡
quod-splendorem-emittit per interiorem-eius

Wo dem Übersetzer die Wiedergabe der griechischen Verbalformen Schwierigkeiten macht, da hilft er sich geschickt durch Ersatzkonstruktionen. Das trifft vor allem bei den griechischen Partizipien und Infinitiven zu. Die Partizipia übersetzt er gewöhnlich durch Relativsätze, manchmal auch durch Temporalsätze, [1] und die Infinitive durch Finalsätze [2]. Kommen im griechischen Text Wörter vor, die er nicht umschreiben kann oder die er vielleicht gar nicht kennt, dann hilft er sich mit Transkriptionen, die er, wie ich schon gezeigt habe [3], sehr korrekt durchführt.

Das bisher Gesagte könnte den Eindruck erwecken, als sei die äthiopische Apk eine sklavische Übersetzung aus dem griechischen Text. Das ist jedoch durchaus nicht der Fall. Der Übersetzer erlaubte sich auch viele Freiheiten in der Wiedergabe seines Textes. Auf keinen Fall arbeitete der Übersetzer nach dem Grundsatz, daß ein griechisches Wort immer nur durch dasselbe äthiopische Wort wiedergegeben werden müßte. Er wechselte ständig mit den Ausdrücken. So ist z.B. in 13,12.13 das Verbum *ποιειν* nebeneinander auf drei verschiedene Arten übersetzt : 1) durch ገብረ ፡ *facere* :

πασαν ποιει] ይገብር ፡ ኵሎ ፡ *facit omne*

ποιει σημεια] ወገብረ ፡ ተአምረ ፡ *et-fecit signa*

2) durch ረሰየ ፡ *efficere* :

ποιει την γην] ወይሬስይ ፡ ለምድር ፡ *et-efficit terram*

3) durch das Kausativ :

ποιη ... καταβαινειν] ከመ ፡ ያውርድ ፡ *ut demitteret.*

Ebenso verhält es sich mit *εγενετο, — νοντο* in 16,18 :

[1] Siehe S. 85.
[2] Siehe S. 85.
[3] Siehe S. 17.

εγενοντο αστραπαι] ወኮነ ፡ መብረቅ ፡ *factum-est fulgur*
και σεισμος εγενετο μεγας] ወመጽአ ፡ ዐቢይ ፡ ድልቅልቅ ፡ *et-vēnit magnus terraemotus*
οιος ουκ εγενετο] ዘኢኮነ ፡ ከማሁ ፡ *qui-non-factus-est talis*
αφ ου ... εγενετο] እምአመ ፡ ተፈጥረ ፡ *ex-quo creatus-est*
Noch mehr Abwechslung herrscht bei *εχειν*, für das im Äthiopischen kein eigenes Verbum vorhanden ist. Der Übersetzer drückt *εχειν* auf 10 verschiedene Weisen aus :

1) durch በ-/ አልቦ ፡ (die häufigste und übliche Art) :
2,7.11 etc. *ο εχων ους*] ዘቦ ፡ እዝነ ፡ *qui-habet aurem*
4,8 *και αναπαυσιν ουκ εχουσιν*] ወአልቦሙ ፡ ዕረፍተ ፡ *et-non-habent requiem*

2) durch das Suffix :
3,1 *ονομα εχεις*] ስምከ ፡ *nomen-tuum*
3,8 *μικραν εχεις δυναμιν*] ውኁድ ፡ ኀይልከ ፡ *minima virtus-tua*

3) durch ሀሎ ፡ *existere* + ኀበ ፡ *apud* :
1,18 *εχω τας κλεις*] ኀቤየ ፡ ሀሎ ፡ መረኁት ፡ *apud-me existit clavis*
2,15 *εχεις και συ*] ሀለዉ ፡ ኀቤከ ፡ *existunt apud-te*

4) durch ሀሎ ፡ *existere* + በ'' *in-* :
12,17 *εχοντων την μαρτυριαν Ιησου*] ይሄልዉ ፡ በጽድቁ ፡ ለኢየሱስ ፡ *et-existent in-iustitia Iesu*

5) durch ምስለ ፡ *cum* :
12,12 *εχων θυμον μεγαν*] ምስለ ፡ ዐቢይ ፡ ሐምዙ ፡ *cum magno furore-suo*

6) durch አጽንዐ ፡ *tenere* :
6,2 *εχων τοξον*] ቀስተ ፡ ያጽንዕ ፡ *arcum tenet*
6,5 *εχων ζυγον*] መዳልወ ፡ ያጽንዕ ፡ *stateram tenet*

7) durch ጸረ ፡ *portare* :
7,2 *εχοντα σφραγιδα*] ወይጸውር ፡ ማኅተመ ፡ *et-portat sigillum*
14,6 *εχοντα ευαγγελιον*] ወይጸውር ፡ ወንጌለ ፡ *et-portat evangelium*

8) durch ረከበ ፡ *invenire* :
20,6 *ο εχων μερος*] ዘረከበ ፡ ክፍለ ፡ *qui-invēnit portionem*

9) durch ein besonderes Verbum :
2,3 *και υπομονην εχεις*] ወተዐገሥከ ፡ *et-patiens-fuisti*
2,10 *και εξετι θλιψιν*] ወተሐመሙ ፡ *et-tribulati-sitis*
12,2 *και εν γαστρι εχουσα*] ወፅንስት ፡ ይእቲ ፡ *et-praegnans ea*
14,18 *ο εχων εξουσιαν*] ዘውእቱ ፡ ሥሉጥ ፡ *qui-is (=est) potens*
16,2 *τους εχοντας το χαραγμα*] እለ ፡ ተጽሕፉ ፡ ትእምርተ ፡ *qui scripti-sunt signaculo*

10) εχειν wird übergangen :

14,14 εχων επι της κεφαλης αυτου στεφανον χρυσουν] አክሊለ ፡ ወርቅ ፡ ዲበ ፡ ርእሱ ፡ *et-corona auri supra caput-eius*

19,16 εχει ... ονομα γεγραμμενον] ወጽሑፍ ፡ ስም ፡ *et-scriptum...nomen*

Da kann von Steifheit oder Eintönigkeit keine Rede mehr sein. Überhaupt bemüht sich der Übersetzer, gerade das Wort zu finden, das ihm der Situation am besten angepaßt zu sein scheint. So unterscheidet er bei der Übersetzung von φωνη zwischen ቃል ፡ *vox* — ፀዓዕ ፡ *fragor* — ድምፅ ፡ *strepitus* : ቃል ፡ *vox* ist das übliche Wort. ፀዓዕ ፡ *fragor* verwendet er für den Plural φωναι in der Bedeutung von *Geschrei*; so in 4,5 (~ 8,5) αστραπαι και φωναι και βρονται] መብረቅ ፡ ወፀዓዕ ፡ ወነጐድጓድ ፡ *fulgur et-fragor et-tonitruum.* ድምፅ ፡ *strepitus* steht für φωνη in der Bedeutung von *Lärm* in 9,9 και η φωνη των πτερυγων ως φωνη αρματων πολλων] ወድምፀ ፡ እገሪሆሙ ፡ ከመ ፡ ድምፀ ፡ ሰረገላት ፡ ብዙኅ ፡ *et-strepitus pedum-eorum ut strepitus curruum multorum.*

Wo gr einen allgemeinen Ausdruck hat, da wendet aeth gleich den speziellen an. Das trifft z.B. bei αδικειν zu. Das Wort kommt in der Apk in 8 Versen vor und ist jedesmal anders übersetzt :

7,2 αδικησαι την γην] ይቅሥፍዋ ፡ ለምድር ፡ (*ut*) *percuterent terram*

11,5 αδικησαι αυτους] ይስሕጦሙ ፡ (*ut*) *noceret-eis*

In 9,4 steht አማሰነ ፡ *perdere,* also ein stärkerer Ausdruck : ινα μη αδικουσιν τον χορτον] ከመ ፡ ኢያማስኑ ፡ ሣዕረ ፡ *ut non-perderent herbam*

In 9,10 finden wir ein Verbum, das speziell den Schaden der Skorpione nennt, nämlich ነደፈ ፡ *pungere*, und in 9,19 ist der Schaden der Schlangen gemeint; deshalb steht ነሰከ ፡ *mordere* :

9,10 αδικησαι τους ανθρωπους] ይነድፍዎሙ ፡ ለሰብእ ፡ *pungunt homines*

9,19 αδικουσιν] ይነስኩ ፡ *mordent*

In 22,11 verwendet aeth für αδικειν das Verbum ገፍዐ ፡ *opprimere*
ο αδικων αδικησατω] ወለዘገፍዐኒ ፡ ይገፍዕዎ ፡ *et-qui oppressit-etiam oppriment-eum*

Die Übersetzung interpretiert allerdings die Stelle falsch. Auch in 2,11 und 6,6 haben wir es mehr mit einer Interpretation als mit einer Übersetzung zu tun :

2,11 ου μη αδικηθῃ εκ του θανατου του δευτερου] ኢይመውት ፡ ዳግመ ፡ ሞተ ፡ *non-morietur secundam mortem*

6,6 μη αδικησῃς (sc. το ελαιον και το οινον)] ኢየዐብሩ ፡ *non-arescent*

Gerade die letzten Beispiele zeigen, daß aeth sehr weitherzig mit dem griechischen Text umgehen kann. Freilich ist jede Übersetzung in einem gewissen Sinn schon Kommentar; sie verrät, wie der Übersetzer eine Stelle aufgefaßt hat. Aeth enthält ebenfalls eine Reihe kommentarhafter Stellen. Nur besteht dabei die Wahrscheinlichkeit, daß eine solche erklärende Wiedergabe erst durch einen späteren Bearbeiter verursacht wurde und nicht schon im Urtext zu finden war. Als Beispiele für eine interpretierende Übersetzung nenne ich 1,18 und 3,18 :

1,18 *ο ζων και εγενομην νεκρος και ιδου ζων ειμι*] ዘሕያው ፡ ወአንሰ ፡ ኮንኩ ፡ ከመ ፡ በድን ፡ ወይቤለኒ ፡ ናሁ ፡ ሕያው ፡ አነ ፡

Den ganzen Satz spricht doch *ο πρωτος και ο εσχατος ο ζων*, der gestorben war, und siehe er lebt. Aeth interpretiert anders und macht dies klar durch den Einschub der Adversativpartikel ሰ *-autem* und des Verbums ወይቤለኒ ፡ *et-dixit-mihi*. Dadurch erreicht er, daß *και εγενομην νεκρος* ausgeklammert wird und sich nun auf den Verfasser bezieht. Wahrscheinlich kam es ihm unlogisch vor, daß *ο ζων* von sich sagen sollte *και εγενομην νεκρος*. Seine interpretierende Übersetzung lautet also *qui-vivus. (Et-ego-autem factus-sum ut corpus-mortuum). Et-dixit-mihi : Ecce vivus ego...*

3,18 *συμβουλευω σοι αγορασαι παρ εμου χρυσιον ... ινα πλουτησῃς και ιματια λευκα ινα περιβαλῃ και μη φανερωθῃ η αισχυνη της γυμνοτητος σου και κολλυριον εγχρισαι τους οφθαλμους σου ινα βλεπῃς*] ወይእዜኒ ፡ እብለከ ፡ ትንሣእ ፡ እምኔየ ፡ ወርቀ ፡ ዚአየ ፡ ከመ ፡ ትብዐል ፡ ብየ ፡ ወልብሰኒ ፡ ዘዚአየ ፡ ትልበስ ፡ ዘንጹሕ ፡ ከመ ፡ ትትከደን ፡ ዕርቃነከ ፡ ወበፈውሰ ፡ ዚአየ ፡ ትትኰሐል ፡ አዕይንቲከ ፡ ከመ ፡ ትርአይ ።

Der Übersetzer, bzw. der Emendator arbeitet einen Gegesatz heraus. Die Interpretation der Stelle beginnt schon in V. 17 : *et-dicis dives ego et-dives-factus-sum... et-tutemet scis* (om *ουκ*) [1] *quod pauper et-egenus tu et-nudus et-caecus tu* [2] V. 18 *et-nunc-autem* [3] *dico-tibi* [4] [*ut*] *sumas ab*<*-apud-*>*me aurum meum... ut dives-fias per-me* (Gegensatz zu *pauper et-egenus* in V. 17) *et-vestimentum-etiam quod-meum induas quod-purum ut operias-tibi nuditatem-tuam* (Gegensatz zu *nudus*

[1] Deutsch müßte man vielleicht sagen : « und dabei weißt du doch ganz genau, daß.. »

[2] Umstellung der beiden letzten Adjektiva, weil in Vers 18 auch zuerst die Nackheit und dann die Blindheit kommt.

[3] Das Enklitikon ኒ hat die Doppelbedeutung *-etiam* und *-autem*.

[4] Statt *συμβουλευω σοι* als Gegensatz zu V 17 : « du sagst », deshalb in V 18 « ich aber sage dir ».

in V 17) *et-<in-> medicamine meo oblinas-tibi ocutos-tuos ut videas* (Gegensatz zu *caecus* V 17). Die Herausarbeitung der Gegensätze wurde durch die Verwendung des betonten Possessivpronomens erreicht. Der Vers ist außerdem stark schematisiert.

Kleinere interpretierende Zusätze, die aber von späterer Hand stammen, sind z.B. überall dort zu finden, wo *Geist* als *Heiliger Geist* aufgefaßt wird. So ist in 2,7.11.17.29; 3,6.13.22; 4,5; 14,13; 22,17 *πνευμα* durch መንፈስ ፡ ቅዱስ ፡ *spiritus sanctus* wiedergegeben und in 5,6 steht መንፈሱ ፡ ለእግዚአብሔር ፡ *spiritus Dei* für *τα επτα πνευματα*. In 20,4 wird der Menschensohn als Richter eingeführt : *και εκαθισαν επ αυτους και κριμα εδοθη αυτοις*] ወነበረ ፡ ላዕሌሆሙ ፡ ወልደ ፡ እጓለ ፡ እመሕያው ፡ ወአግብአ ፡ ሎሙ ፡ ፍትሐ ፡ *et-sedit super-eos filius hominis et-tradidit-eis sententiam-judicialem*. Die größeren interpretierenden Einschübe in 12,16; 14,1 und 20,13 stammen sicher von einem späteren Bearbeiter und können dem Übersetzer nicht angelastet werden :

12,16 aeth add post *αυτου* ወኢያእመረ ፡ ከመ ፡ ተውህበ ፡ ላቲ ፡ ክንፍ ፡ *et-non-sciit quod data-est ei ala.*

14,1 *εχουσαι το ονομα αυτου* (sc. *του αρνιου*) *και το ονομα του πατρος αυτου γεγραμμενον επι των μετωπων αυτων* aeth add (zur Vervollständigung der Trinität : Lamm — Vater — Hl. Geist) : ወቅዱስ ፡ መንፈሱ ፡ *et-sancti spiritus-eius.*

20,13 Das Meer, der Tod und die Unterwelt gaben die Toten heraus aeth add ወአግብአት ፡ ምድርኒ ፡ እለ ፡ ሀለዉ ፡ ውስቴታ ፡ ምውታነ ፡ *et-reduxit terra-etiam qui existunt in-ea mortuos.*

Zu den Freiheiten in der Übersetzung muß es gerechnet werden, wenn in aeth für ein negiertes griechisches Wort ein positiver Ausdruck steht; so z.B. in

9,20 *ουκ απεκτανθησαν*] ድኅነ ፡ *salvus-factus-est*
14,4 *οι ουκ εμολυνθησαν*] እለ ፡ ንጹሓን ፡ እሙንቱ ፡ *qui puri sunt*
21,1 *και η θαλασσα ουκ εστιν ετι*] ወባሕርኒ ፡ ተስዕረት ፡ እንከ ፡ *et-mare-etiam cessavit ergo*

Natürlich bleibt noch eine Reihe von Stellen, wo man nicht erkennen kann, warum aeth gerade so übersetzt hat, obwohl er den griechischen Text genau hätte wiedergeben können; z.B.

1,20 *μυστηριον*] ፍካሬ ፡ *explanatio*

Das Wort *μυστηριον* kommt noch in 10,7; 17,5.7 vor; da aber ist es gut durch das Lehnwort ምስጢር ፡ *meßṭīr* übersetzt.

2,5 *ποθεν πεπτωκας*] በበይነ ፡ ምንት ፡ ወድቀ ፡ *ob quid cecideris*
Aeth hat statt des lokalen Frageadverbs den kausalen Ausdruck *weswegen*.

2,25 *αχρις οὗ αν ηξω*] እስከ ፡ አመ ፡ እሣሀል ፡ *usque quando miserebor*
Nur aeth hat diese abwegige Wiedergabe, hinter der vielleicht eine sa'idische Lesart steckt [1].

14,4 *παρθενοι γαρ εισιν*] በከመ ፡ ተወልዱ ፡ እሙንቱ ፡ *sicut nati-sunt ii* (= *sunt*)
Der Grund für die Umschreibung ist nicht ersichtlich. Aeth hätte die Stelle leicht wörtlich übersetzen können [2].

14,16 *εβαλεν*] አልዐለ ፡ *elevavit*
Sonst ist *εβαλεν* gewöhnlich durch አውረደ ፡ *demisit* wiedergegeben. Warum aeth hier abweicht, ist nicht zu ersehen.

20,5 *ουκ εζησαν ... αναστασις*] ኢይትነሥኡ ፡ ... ሕይወት ፡ *non-surgent ... vita*
Eine merkwürdige Verdrehung : für « leben » hat aeth « auferstehen » und für « Auferstehung » steht « Leben ».

20,6 *εν τῃ αναστασει τῃ πρωτῃ*] በይእቲ ፡ ዕለት ፡ እንተ ፡ ትቀድም ፡ መጺአ ፡ *in-eo die qui praeveniet veniendo.*
Aeth liefert aus unersichtlichen Gründen eine Umschreibung.

Ganz unerklärlich ist die Erscheinung, daß aeth die Verba *ειδον* und *ηκουσα* zu umgehen sucht. Das geschieht auf verschiedene Weise :

1) *ειδον*, bzw. *ηκουσα* wird einfach ausgelassen :

6,1.12 *και ειδον οτε ηνοιξεν*] ወሶበ ፡ ፈትሐ ፡ *et-postquam solvit*

9,16 om *ηκουσα τον αριθμον αυτων*

9,17 *και ουτως ειδον τους ιππους εν τῃ ορασει*] ወከመዝ ፡ ርእየተ ፡ አፍራሲሆሙ ፡ *et-sic visus equorum-eorum*

15,5 *και μετα ταυτα ειδον και ηνοιγη*] ወእምድኅረ ፡ ዝንቱ ፡ ተርኅወ ፡ *et-post hoc patefactum-est*

17,6 *και ειδον την γυναικα μεθυουσαν*] ወስክርት ፡ ይእቲ ፡ ብእሲት ፡ *et-inebriata ea mulier*

In 13,2 und 14,2 ist der Relativsatz ausgelassen :

13,2 *και το θηριον ὃ ειδον ην ομοιον*] ወይመስል ፡ ውእቱ ፡ አርዌ ፡ *et-similis-est ea bestia*

[1] Siehe S. 122 und Neutestamentliche Aufsätze S. 120.

[2] Die R_2-Texte bringen eine gute Korrektur nach arab, die auch gr gerecht wird : እስመ ፡ ደናግል ፡ እሙንቱ ፡ *quia virgines ii* (= *sunt*).

14,2 *και η φωνη ἥν ηκουσα ως κιθαρῳδων*] ወከመ ፡ ቃለ ፡ መሰናቍት ፡ *et-ut vox cithararum*

2) Die Konstruktion wird geändert : *ειδον*, bzw. *ηκουσα* wird ausgelassen und das von ihnen abhängige Partizip wird zum Hauptverbum gemacht; zuweilen wird እምዝ ፡ *deinde* eingeschoben.

6,1 *και ηκουσα ... λεγοντος*] ወይቤለኒ ፡ *et-dixit-mihi*
9,1 *και ειδον αστερα ... πεπτωκοτα*] ወረደ ፡ ኮከብ ፡ *descendit stella*
10,1 *και ειδον αλλον αγγελον ... καταβαινοντα*] ወእምዝ ፡ ወረደ ፡ ካልእ ፡ መልአክ ፡ *et-deinde descendit alter angelus*
13,1 *και ειδον θηριον ... αναβαινον*] ወወፅአ ፡ አርዌ ፡ *et-exiit bestia.*
Ähnliche Stellen sind noch 13,11; 14,1; 16,1.5; 18,1; 19,11.17; 20,1.

3) *Ειδον*, bzw. *ηκουσα* wird durch ein anderes passendes Verbum ersetzt :

6,8 *και ειδον και ιδου ιππος χλωρος*] ወወፅአ ፡ ፈረስ ፡ ሐመልሚል ፡ *et-exiit equus viridis*
14,2 *και ηκουσα φωνην*] ወመጽአ ፡ ቃል ፡ *et-vēnit vox*
Ähnliche Stellen sind 14,6.13.14; 16,13; 18,4; 19,19; 20,12.

4) Aeth wählt eine reflexive oder passive Verbalform :

15,1 *και ειδον αλλο σημειον*] ወአስተርአየ ፡ ... *et-apparuit...*
Hier ist der Text vielleicht an 12,1.3 angeglichen.
19,1 *μετα ταυτα ηκουσα ως φωνην*] ወእምድኅረ ፡ ዝንቱ ፡ ተሰምዐ ፡ ቃል ፡ *et-post hoc audita-est vox*

Dieser letzte Punkt läßt vermuten, daß es nicht um das Verbum, sondern um die 1. Person Sing. geht. Wahrscheinlich soll durch die Unterdrückung von *ειδον* und *ηκουσα* erreicht werden, daß dem Text die persönliche Note genommen wird. Ein Grund für diese eigenartige Einstellung ist nicht zu erkennen. Auch ist nicht zu ersehen, ob die 1. Person schon vom Übersetzer gemieden wurde oder erst von einem späteren Bearbeiter.

Nicht jedes *ειδον* oder *ηκουσα* ist unterdrückt. Es gibt eine Reihe von Stellen, wo es übersetzt ist. Nur ist nicht mehr festzustellen, ob ርኢኩ ፡ *vidi* und ሰማዕኩ ፡ *audivi* ursprünglich sind oder ob sie erst durch einen Korrektor in den Text gekommen sind. Sie stehen in 5,2.6; 15,2; 16,7; 17,3; 19,6; 20,4.11; 21,1.3. In 6,1 ist die Übersetzung von *ηκουσα* sicher Korrektur :

6,1 *και ηκουσα ενος ... ζωων λεγοντος ως φωνη βροντης ερχου*] ወይቤለኒ ፡ ፩ ... እንስሳሁ ፡ ነዓ ፡ ርኢ ፡ ወሰማዕኩ ፡ ቃሎ ፡ ከመ ፡ ነጐድጓድ ፡
et-dixit-mihi I ... animalibus age! vide! et-audivi vocem-eius ut tonitruum.

Aeth läßt zuerst *ηκουσα* aus und macht dafür *λεγοντος* zum Hauptverbum (**ወይቤለኒ :** *et-dixit-mihi*). Auch *ως φωνῃ βροντης* wurde ausgelassen, wurde aber später von einem Korrektor zugleich mit dem fehlenden *ηκουσα* am Schluß des Verses in abgeänderter Form nachgetragen.

17,6 *και εθαυμασα ιδων αυτην θαυμα μεγα*] **ወአንከርክዎ : ሶበ : ርኢክዎ : ዐቢየ : ተደመምኩ :** *et-admiratus-sum-eam postquam vidi-eam magne obstupui.*

Auch bei dieser Stelle, die auf keinen Fall mehr ursprünglich ist, geht es um die 1. Person. Sie zeigt große Ähnlichkeit mit sa (**ⲀⲨⲰ Ⲛ̄ⲦⲈⲢⲒⲚⲀⲨ ⲈⲢⲞⲤ ⲀⲒⲢ̄ϢⲠⲎⲢⲈ** *and when I had seen her I wondered*), könnte also von daher beeinflußt sein.

In einigen Versen ist *λεγει μοι* (oder *ειπεν μοι*) ausgelassen. Vielleicht ist der Grund hierfür derselbe wie für die Unterdrückung von *ειδον* und *ηκουσα*, daß man nämlich dem Apk-Text den persönlichen Charakter nehmen wollte. Nur ist bei der Auslassung von *λεγει μοι* ebensowenig eine Konsequenz zu spüren wie beim Ausfall von *ειδον* und *ηκουσα* :

17,15 *και* (*λεγει μοι*) *τα υδατα*] **ወዝንቱ : ማያት :** *et-hae aquae*

21,6 (*και ειπεν μοι*) *γεγοναν*] **ዘይከውን :** *quod-erit*

ዘይከውን :, das noch V 5 zugezählt ist und diesem neuen Zusammenhang angepaßt wurde, dürfte ursprünglich die Übersetzung von *γεγοναν* gewesen sein.

22,10 *και* (*λεγει μοι*) *μη σφραγισῃς*] **ወኢትኅትም :** *et-ne-signes*

Der Text der Apk ist also alles andere als einheitlich. Die Übersetzung ist einerseits wörtlich und peinlich genau, anderseits wieder großzügig und sehr frei. Sie ist an manchen Stellen treffend im Ausdruck, ja wie z.B. 8, 11 außerordentlich prägnant : *των ανθρωπων απεθανον εκ των υδατων οτι επικρανθησαν*] **ሰብእ : ዘሞተ : እምነ : ምረሩ : ለማያት :** *homines qui-mortui-sunt ab amaritudine aquarum.* An anderen Stellen wieder wirkt sie kommentarhaft. Aber ich glaube, daß viel von dem, was von der griechischen Vorlage abweicht, durch Bearbeitungen entstanden ist, sei es, daß die Korrektoren ihre eigenen Gedanken in den Text hineingeschrieben haben, oder sei es, daß sie nach anderen Vorlagen den Text verbessern wollten, ihn aber dadurch verdarben.

VI

ÜBERSETZUNGSTECHNIK

Da aeth einwandfrei aus einem griechischen Text übersetzt ist, muß nun noch darauf eingegangen werden, wie der Übersetzer die griechische Grammatik behandelt hat. Das indogermanische Griechisch und das semitische Äthiopisch sind ja zwei grundverschiedene Sprachen. Dem Formenreichtum der griechischen Grammatik steht die verhältnismäßig formenarme äthiopische Grammatik gegenüber. Auch in der Syntax bestehen zwischen den beiden Sprachen große Differenzen. Freilich ist das Griechisch der Apk einfach und zeigt keine allzu große Differenziertheit; trotzdem aber stellt es den Übersetzer vor manche Schwierigkeit, wenn er den Text sinngetreu und korrekt von einer Sprache in die andere übertragen will. Die Frage lautet nun : Was sagen die einzelnen grammatischen Formen über die Arbeit des Übersetzers aus?

1. *Das Verbum.*

Das Verbum bringt für eine Übersetzung vom Griechischen ins Äthiopische die größten Schwierigkeiten mit sich. Es fehlt dem äthiopischen Verbum, wie überhaupt dem semitischen Verbum, die differenzierte Tempusbezeichnung, die das griechische Verbum entwickelt hat. Dafür hat das äthiopische Verbum durch die Ausbildung der Verbalstämme Ausdrucksmöglichkeiten gewonnen, wie sie das griechische Verbum nicht im gleichen Maße besitzt. Auch in der Verwendung des genus verbi, des Partizips und des Infinitivs bestehen zwischen der griechischen und der äthiopischen Auffassung große Unterschiede. Trotzdem aber kann gesagt werden, daß der Übersetzer im allgemeinen die bestehenden Schwierigkeiten gut gemeistert hat.

a) Tempus.

Zur Wiedergabe der griechische Tempora hält sich der Übersetzer im allgemeinen an folgende Regeln :

griechisches Präsens, Futurum, Perfektum mit präsent. Sinn = äthiopisches Imperfektum;

z.B. 2,16 *ερχομαι ... και πολεμησω*] እመጽእ ፡ ወእጸብኦሙ ፡ *veniam et-bellabo-cum-eis*

8,2 οἱ ... εστηκασιν] እለ ፡ ይቀውሙ ፡ *qui stant*

griech. Aorist, Perfektum = äthiop. Perfektum;

z.B. 12,4 εστηκεν] ቆመ ፡ *stetit*

12,18 και εσταθη] ወቆመ ፡ *et-stetit*

14,8 ηκολουθησεν ... επεσεν ... πεποτικεν]

ተለዎ ፡ ... ወድቀት ፡ ... አስተየት ፡

secutus-est-eum *cecidit* *bibendum-dedit*

griech. Imperfektum = teils äthiop. Perfektum,

= teils äthiop. Imperfektum;

z.B. 10,4 ημελλον] ወፈቀድኩ ፡ (Perf.) *et-volui*

15,8 εδυνατο] ይክል ፡ (Imperf.) *potest*

18,19 εκραζον] ይጸርኁ ፡ (Imperf.) *clamant*

Natürlich kommen Abweichungen von diesen Gleichungen vor. Es handelt sich dann entweder um falsche Interpretationen oder um Angleichungen an benachbarte Verben oder um Korrekturen nach anderen Übersetzungen; z.B.

1,12 και επιστρεψας ειδον] ወሶበ ፡ ተመየጥኩ ፡ ናሁ ፡ እሬኢ ፡

et-postquam conversus-sum ecce video

Aeth geht in eine lebhaftere Darstellung über und gebraucht deshalb das Imperfektum statt des zu erwartenden Perfektum.

19,3 και ο καπνος αναβαινει] ወዐርገ ፡ ጢስ ፡ *et-ascendit* (*Perf.*) *fumus*

Das Perfektum ist hier Angleichung an die vorhergehenden Perfekta ኰነና ፡ *iudicavit,* አማሰነት ፡ *perdidit,* ተበቀለ ፡ *vindicavit* und an das folgende Perfektum ወሰገዱ ፡ *et-procubuerunt.*

21,23 εφωτισεν] የበርህ ፡ *illuminat*

Das äthiopische Imperfektum ist hier entweder eine Angleichung an die benachbarten Imperfekta ኢትፈቅድ ፡ *non-indiget,* የብርሁ ፡ *illuminent,* ወየሐውሪ ፡ *et-ambulabunt* und የመጽኡ ፡ *afferent* oder es geht auf sa'idischen Einfluß zurück (ⲣ̄ⲟⲩⲟⲉⲓⲛ *is enlightening*).

22,9 και λεγει μοι] ወይቤለኒ ፡ *et-dixit-mihi*

Aeth steht hier in Einklang mit kopt und arab, die ebenfalls ein Tempus der Vergangenheit haben.

b) Genus verbi.

Das Äthiopische hat die Fähigkeit, das griechische Aktiv und Passiv wiederzugeben. Für das Passiv steht dem Äthiopen die III-Form zur Verfügung. Trotzdem aber gibt es einige Abweichungen von dem Schema : griech. Aktiv = äthiopisches Aktiv und griechisches Passiv = äthiopisches Passiv.

Es kommt nämlich an 3 Stellen vor, daß in aeth eine passive Form statt der zu erwartenden aktiven Form steht :
7,3 *αχρι σφραγισωμεν*] አስከ ፡ ይትኀተሙ ፡ *donec signabuntur*
Das äthiopische Passiv dürfte auf arab CD zurückgehen (حتى توسموا *bis besiegelt werden*). Die arabische Lesart fußt wahrscheinlich auf einer bohair. Variante (bo B : **ϢⲀⲦⲞⲨⲦⲈⲂ** *until they seal*), die der arabische Übersetzer passiv auffaßt. Ein äthiopischer Revisor hat sich die arabische Wiedergabe zu eigen gemacht.
12,6 *ινα εκει τρεφωσιν αυτην*] ከመ ፡ ትትዐቀብ ፡ በህየ ፡ *ut servaretur ibi*
Die äthiop. Lesart ist eine Übernahme aus 12,14, wo das Passiv zurecht besteht.
19,1 *ηκουσα*] ተሰምዐ ፡ *audita-est*
Aeth verwendet hier wahrscheinlich deshalb das Passiv, weil er die 1. Person vermeiden will [1].

Sehr häufig dagegen kommt es vor, daß im äthiopischen Text das Aktiv für ein griechisches Passiv gesetzt ist. In den meisten Fällen beruht das auf der Vorliebe der semitischen Sprachen für die Aktivkonstruktionen. Es könnte aber auch auf koptischen Einfluß hindeuten. Denn den koptischen Dialekten fehlt eine eigene Passivform. Sie behelfen sich gewöhnlich in der Weise, daß sie das Verbum in die 3. Pers. Plur. des Aktivs setzen; dabei wird das logische Subjekt des Passivs zum grammatikalischen Objekt des Aktivs [2]. Die arabischen Übersetzer haben meistens die Umwandlung richtig verstanden und in ihrem Text wieder das Passiv verwendet. Sollte also ein äthiopisches Aktiv, das für ein griechisches Passiv steht, auf einer Revision beruhen, dann kann hierfür nur eine koptische Vorlage in Betracht kommen. Als Beispiele nenne ich

11,1 *και εδοθη μοι*] ወመጠወኒ ፡ *et-porrexit-mihi*
Aeth = sa **ⲀⲨⲰ ⲀϤϮ ⲚⲀⲒ** *and he gave to me,*
≠ arab ABCD وأعطيت *et datus sum* (*mir wurde gegeben*)

19,13 *κεκληται*] ሰመዩ ፡ *et-nominaverunt*
Aeth = sa **ⲀⲨⲘⲞⲨⲦⲈ** *they called*
≠ bo **ⲀⲨⲘⲞⲨϮ ⲈⲢⲞϤ** *they are calling him*
≠ arab A (يدعا) BCD يدعى *wird gerufen*

[1] Siehe S. 76.
[2] G. Steindorff, *Lehrbuch der koptischen Grammatik*, Chicago, 1951, § 404.

20,12 ηνοιχθησαν ... ηνοιχθη ... εκριθησαν
ከሠቱ ፡ ... ከሠተዋ ፡ ... ተኰነኑ ፡
aperuerunt ... *aperuerunt* ... *iudicati-sunt*

Bei ηνοιχθησαν aeth = gr **K** ηνοιξαν
= sa ΑΥΠΡ̄Ϣ ... ЄΒΟΛ *they spread out*
= bo ΑΥΟΥΩΝ *they opened*
≠ arab فُتِحَتْ *wurde geöffnet*

Hier bestehen drei Möglichkeiten zur Erklärung der äthiopischen Aktivform : entweder hat aeth aus freien Stücken das Aktiv gewählt (am wahrscheinlichsten) oder in der Übersetzungsvorlage fand sich die **K** -Lesart oder es liegt koptischer Einfluß vor.

Bei ηνοιχθη aeth = sa ΑΥΟΥΩΝ *they opened*
≠ bo ΑϤΟΥΩΝ *he opened*
≠ arab A B (فُتِحَتْ) CD فُتِحَ *wurde geöffnet*

Bei εκριθησαν aeth = gr (passiv)

Diese letzte Stelle zeigt, wie inkonsequent aeth in der Wiedergabe des griechischen Passivs ist.

An einigen Stellen kommt es vor, daß aeth ein griechisches Passiv durch ein Intransitiv übersetzt; z.B.

8,7.8 εβληθη] ወረደ ፡ *descendit*
12,9 εβληθη] ወድቀ ፡ *cecidit*; εβληθησαν] ወድቁ ፡ *ceciderunt*
13,15 ινα αποκτανθωσιν] ከመ ፡ ይሙቱ ፡ *ut morerentur*
18,1 εφωτισθη] በርሀት ፡ *luxit*

An drei Stellen übersetzt aeth das Passiv durch eine IV-Form (kausativ-reflexiv) :

11,19 και ωφθη ወአስተርአየት ፡ *et-apparuit* (= *ließ sich sehen*)
12,1.3 ωφθη] አስተርአየ ፡ *apparuit*

c) Modus.

Die Wiedergabe der griechischen Modi bereitete dem Übersetzer keine Schwierigkeiten. Dem griechischen Indikativ und Imperativ entsprechen im Äthiopischen ebenfalls Indikativ und Imperativ. Für den griechischen Konjunktiv steht dem Übersetzer der äthiopische Subjunktiv zur Verfügung. Von diesem Schema wird nur selten abgewichen [1].

[1] Selbstverständlich gelten jene Fälle nicht als Abweichungen, wo der äthiopische Übersetzer infolge der syntaktischen Beziehungen oder infolge der gewählten Konjunktion in der Anwendung des Modus gebunden war.

10,9 *λαβε και καταφαγε και πικρανει ... εσται*
ንሥኣ ፡ ወብልዓ ፡ ወለትምረራ ፡ ... ለትኩንከ ፡
sume-eum et-comede-eum et-amarus-sit ... fiat-tibi
Die beiden griechischen Imperative sind wieder durch Imperative übersetzt, aber statt der beiden Futurformen finden man bei aeth die durch ለ verstärkten Subjunktive. Der Grund für die Abweichung dürfte darin liegen, daß aeth durch die Subjunktive die beiden vorausgehenden Imperative fortsetzen wollte.

14,10 *πιεται*] ይስተይ ፡ *bibat*
Die Abweichung geht auf eine falsche Interpretation zurück : aeth faßt das griechische Futurum imperativisch auf (*er soll trinken*).

18,20 *ευφραινου επ αυτῃ ουρανε*] ለይትፌሣሕ ፡ ላዕሌሃ ፡ ሰማይ ፡
gaudeat super-eam caelum
Aeth konstruiert hier unpersönlich : statt der direkten Anrede des Himmels mit Imperativ und Vokativ steht der Subjunktiv in der 3. Pers. Sing. und der Nominativ.

d) Numerus.

In Bezug auf den Numerus ist bei den Verben nichts Auffallendes zu bemerken. Es kommt wohl vor, daß aeth den Singular hat, wo in gr der Plural steht, und umgekehrt, aber man muß dabei auch die sehr weitherzig ausgelegten Kongruenzregeln des Äthiopischen in Betracht ziehen.

9,18 *απεκτανθησαν το τριτον των ανθρωπων*] ሞተ ፡ ሣልስተ ፡ እዴሃ ፡ ለእጓለ ፡ እመሕያው ፡ *mortua-est tertia pars hominum.*
Aeth macht die griechische constructio ad sensum nicht mit.

e) Person.

Die äthiopischen Verba stimmen im allgemeinen mit den griechischen Verben in der Person gut überein. Wenn Differenzen vorkommen, dann handelt es sich gewöhnlich um eine abweichende Interpretation. Ob die Abweichungen schon der Übersetzer verursacht hat oder erst ein späterer Bearbeiter, läßt sich nirgends mit Sicherheit feststellen.

2,24 *υμιν δε λεγω τοις λοιποις ... οσοι ουκ εχουσιν ... οιτινες ουκ εγνωσαν*]
ወለክሙኒ ፡ እብል ፡ ለእለ ፡ ተረፍክሙ ፡ ... ለእለ ፡ አልብክሙ ፡ ... ለ
እለ ፡ ኢታአምርዋ ፡
et-vobis-etiam dico qui restitistis ... qui non-habetis... qui non-scitis
Aeth setzt also die drei Verba in die 2. Pers. Plur. und wechselt erst bei *ως λεγουσιν* (ዘይብሉ ፡ *quod-dicunt*) in die 3. Pers. über.

19,10 *τῳ θεῳ προσκυνησον*] ወባሕቱ ፡ ለእግዚአብሔር ፡ ንስግድ ፡ ኵልነ ፡
attamen ad-Deum procumbamus omnes-nos

Die äthiopische Auffassung ist nur aus dem Zusammenhang zu verstehen. Vorausgeht *και λεγει μοι · ὁρα μη* (d.h. *mich darfst du nicht anbeten, denn*) *συνδουλος σου ειμι*... Dann folgt der Befehl : *Bete Gott an*! Bei aeth aber schließt sich hier der sprechende Engel mit ein : *Aber wir alle wollen Gott anbeten.*

f) Verbalstämme.

Das Schema der äthiopischen Verbalstämme übertrifft an Systematik das aller anderen semitischen Sprachen. Der Übersetzer verwendet die verschiedenen Stämme auch gut, um die Bedeutung der griechischen Verba wiederzugeben. So gebraucht er den II. Stamm (Kausativ) zur Übersetzung von *ποιειν* (oder *διδοναι*) + Infinitiv, z.B. :

13,13 *ινα.. ποιῃ.. καταβαινειν*] ከመ ፡ ያውርድ ፡ *ut demitteret*

16,6 *εδωκας πειν*] አስተይኮሙ ፡ *du ließest sie trinken*

17,16 *ηρημωμενην ποιησουσιν*] ይማስንዋ ፡ *perdent-eam*

Der III-Stamm dient zur Wiedergabe des griechischen Passivs[1] und zur Übersetzung von reflexiven Verben; z.B.

6,15 *εκρυψαν εαυτους*] ተኀብኡ ፡ *se-absconderunt*

8,6 *ετοιμασαν αὑτους*] ተደለዉ ፡ *se-praeparaverunt*

Durch die III$_3$-Form wird das griechische *αλληλους* ausgedrückt, wobei በበይናቲሆሙ ፡ *se-/sibi-invicem* meist noch pleonastisch hinzugesetzt wird; z.B.

6,4 *ινα αλληλους σφαξουσιν*] ከመ ፡ ይትቃተሉ ፡ በበይናቲሆሙ ፡
ut se-occiderent invicem

11,10 *και δωρα πεμψουσιν αλληλοις*] ወይጸገዉ ፡ በበይናቲሆሙ ፡ አምኃ ፡
et-largientur donum sibi-invicem

In der Anwendung der Verbalstämme kommen nur wenig Besonderheiten vor; sie beruhen entweder auf einer abweichenden Interpretation oder auf einem Schreibfehler im Text; z.B.

6,8 *αποκτειναι*] ከመ ፡ ያስተቃትሎሙ ፡
ut ad-mutuam-caedem-impelleret-eos

Die IV$_3$-Form hat kausativ-reziproken Sinn. Aeth interpretiert also : (*Man gab ihm die Macht*), *daß er sie dazu bringe* (= kausativ), *sich gegenseitig* (= reziprok) *zu töten.*

[1] Siehe S. 79.

9,9 *τρεχοντων*] ዘያረውጹ ፡ *quos-currere-faciunt*
Die II-Form (kausativ) ist fehlerhaft. Der ganze Vers ist nicht in Ordnung. Die ursprüngliche Form dürfte hier die I_1-Form ዘይረውጹ ፡ *qui-currunt* gewesen sein.

10,9 *και πικρανει σου την κοιλιαν*] ወለትምረሩ ፡ ለከርሥከ ፡
et-amarus-sit ventri-tuo

Die I_1-Form hat intransitiven Sinn (*amarescere, amarum esse*) [1], der griechische Text verlangt aber eine transitive Form (II_1-Form). Deshalb vermute ich hier einen Schreibfehler (ወለታምርሩ ፡ *et-amarum reddat ventrem-tuum*).

11,19; 12,1.3 *ωφθη*] አስተርአየ[ት] ፡ *apparuit*
Aeth drückt hier das griechische Passiv durch die IV_1-Form aus (kausativ-reflexiv : *ließ sich sehen = zeigte sich = erschien*).

16,15 *ινα μη … και βλεπωσιν*] ከመ ፡ … ወኢያስተርኢ ፡
ut … et-non-appareat

Aeth bevorzugt eine unpersönliche Ausdrucksweise.

17,12 *οιτινες βασιλειαν ουπω ελαβον*]
እሙንቱ ፡ እለ ፡ ዓዲ ፡ ኢጸንዐት ፡ መንግሥቶሙ ፡
ii quorum adhuc non-firmum-fuit regnum-eorum

Ich vermute hier einen Fehler in der Anwendung der Verbalstämme. Setzt man nämlich statt der I_1-Form (*non-firmum-fuit*) die II_1-Form, dann bekommt der Satz den richtigen Sinn: እ'' ፡ እለ ፡ ዓዲ ፡ ኢያጽንዑ ፡ መ'' ፡ *ii qui adhuc non-tenunerunt regnum-suum.*

g) Partizip.

Das Griechische ist ganz im Gegensatz zum Äthiopischen reich an Partizipialformen. Der Übersetzer konnte daher nicht die griechischen Partizipia einfach durch äthiopische ersetzen. Er mußte sich in den meisten Fällen auf andere Weise helfen. Nur für die griechischen Partizipia Perf. Pass. stand ihm als ungefähr gleichwertig die qetūl-Form des Verbums zur Verfügung, die er dann auch fast überall anwendete, wo er ein griechisches Partizip Perf. Pass. vorfand; z.B.

1,13 *και περιεζωσμενον*] ወቅኑት ፡ *et-praecinctus*
3,2 *σου εργα πεπληρωμενα*] ግብረከ ፡ ፍጹመ ፡ *opus-tuum perfectum*
21,2 *ητοιμασμενην*] ድሉት ፡ *parata*
κεκοσμημενην] ስርጉት ፡ *ornata*

[1] Vgl. A. Dillmann, *Lex. Linguae Aethiop.* Sp. 165.

Für die anderen griechischen Partizipia verwendet der Übersetzer in der Regel Relativsätze. Dies ist immer der Fall, wenn es sich um ein substantiviertes Partizip handelt; z.B.

2,1 ο περιπατων] ዘየሐውር ፡ *qui-ambulat*

2,14.15 κρατουντας] እለ ፡ የጸንዑ ፡ *qui tenent*

Handelt es sich um ein attributiv gebrauchtes Partizip, dann steht im äthiopischen Text in der Regel ebenfalls ein Relativsatz, in dem das Relativpronomen zuweilen ausgelassen wird. Seltener wird das Verbum durch ወ *et* oder eine andere Konjunktion angeschlossen; z.B.

3,10 εκ της ωρας ... της μελλουσης] እምነ ፡ ሰዓት ፡ ... እንተ ፡ ሀለወት ፡ *ab hora ... quae necesse-est*

5,2 και ειδον αγγελον ισχυρον κηρυσσοντα] ወርኢኩ ፡ መልአከ ፡ ዐቢየ ፡ ይጸርኅ ፡ *et-vidi angelum magnum clamat*

6,14 ως βιβλιον ελισσομενον] ከመ ፡ ክርታስ ፡ ዘይጠውም ፡ *ut charta quae-complicatur*

7,1 ειδον δ' αγγελους εστωτας] ርኢኩ ፡ ፬ መላእክተ ፡ ይቀውሙ ፡ *vidi IV angelos stant*

7,9 περιβεβλημενους] ወይለብሱ ፡ *et-induunt*

Griechisches Partizip = äthiop. Temporalsatz :

1,12 και επιστρεψας ειδον] ወሶበ ፡ ተመየጥኩ ፡ ናሁ ፡ እሬኢ ፡ *et-postquam conversus-sum ecce video*

8,10 αστηρ μεγας καιομενος] ኮከብ ፡ ዐቢይ ፡ እንዘ ፡ ይነድድ ፡ *stella magna dum flagrat*

14,2 κιθαριζοντων] ሶበ ፡ ይሰነቅዉ ፡ *cum citharizant*

14,6 αλλον αγγελον πετομενον] ካልእ ፡ መልአከ ፡ እንዘ ፡ ይሠርር ፡ *alter angelus dum volat*

18,18 βλεποντες] ሶበ ፡ ርእዩ ፡ *postquam viderunt*

Griechisches Partizip = äthiop. Kausalsatz :

12,12 ειδως] እስመ ፡ የአምር ፡ *quia scit*

Griechisches Partizip = äthiop. Finalsatz :

13,5 στομα λαλουν] አፈ ፡ ከመ ፡ ይንብብ ፡ *os ut loqueretur*

Hier kann allerdings auch ein Lesefehler vorliegen (λαλειν statt λαλουν), denn mit ከመ ፡ *ut* + Subjunktiv sind gewöhnlich die Infinitive übersetzt. Auch bohairischer oder arabischer Einfluß ist nicht ausgeschlossen (bo : ⲈⲬⲰ *to say*, arab ABCD : يتكلم *daß er rede*).

h) Infinitiv.

Um den griechischen Infinitiv wiederzugeben, hat der Übersetzer zwei Möglichkeiten, die in der Apk auch beide ausgenützt werden. Er kann entweder ebenfalls den Infinitiv schreiben oder er drückt den Infinitiv durch einen Finalsatz aus (mit oder ohne ከመ ፡ *ut*); z.B.

3,10 *πειρασαι*] ከመ ፡ ታመክሮሙ ፡ *ut probes-eos*
3,21 *δωσω αυτῳ καθισαι*] አሁብ ፡ ይንበር ፡ *dabo-ei* [*ut*] *habitet*
13,17 *δυνηται αγορασαι η πωλησαι*] ዘይክል ፡ ሠይጦ ፡ ወተሣይጦ ፡
qui-potest vendere et-emere

2. *Das Substantiv.*

Die Wiedergabe der griechischen Substantiva bereitete dem Übersetzer in grammatikalischer Hinsicht wenig Schwierigkeiten. Er konnte sowohl den Numerus als auch den Kasus genau wiedergeben. Treten in Bezug auf den Numerus Abweichungen auf, dann sind dies nur Differenzen stilistischer Art. Aeth liebt es, griechische Plurale durch Substantiva im Singular auszudrücken. Entweder betrachtet er das äthiopische Wort als Kollektivum oder er zeigt durch ein Possessivsuffix an, daß das Wort als Plural aufzufassen ist; z.B.

4,5 *αστραπαι και φωναι και βρονται*] መብረቅ ፡ ወፀዓዕ ፡ ወነጐድጓድ ፡
fulgur et-fragor et-tonitruum
6,9 *τας ψυχας των εσφαγμενων*] ነፍሶሙ ፡ ለእለ ፡ ተቀትሉ ፡
animam-eorum <sc> qui occisi-sunt
7,3 *επι των μετωπων αυτων*] ውስተ ፡ ፍጽሞሙ ፡
intra frontem-suam (*-eorum*).

So auch in 9,4; 14,1; 22,4. ፍጽም ፡ *frons* steht immer im Singular, ganz gleich, ob in gr ein Singular oder ein Plural ist; aus dem beigefügten Possessivum ersieht man, welcher Numerus gemeint ist.

Auch der umgekehrte Fall ist häufig, daß nämlich aeth einen griechischen Singular durch den Plural übersetzt. Wahrscheinlich wurde das griechische Wort als Kollektivum aufgefaßt; z.B.

6,14 *και παν ορος και νησος*] ወአድባርኒ ፡ ወደሰያት ፡ ... ኵሉ ፡
et-montes-etiam et-insulae ... omnes
7,1 *μητε επι παν δενδρον*] ወኢውስተ ፡ ዕፀታት ፡
et-non-in arboribus

παν bleibt unübersetzt, dafür aber steht das Substantiv im Plural.

Wenn hie und da die griechischen Kasus im äthiopischen Text nicht richtig wiedergegeben sind, dann handelt es sich fast immer um Fehler, die entweder schon der Übersetzer gemacht hat oder die erst später durch Abschreiber in den Text gekommen sind; z.B.

8,8 *ως ορος μεγα πυρι καιομενον εβληθη εις την θαλασσαν*
ወረደ ፡ ውስተ ፡ ባሕር ፡ እሳት ፡ ዐቢይ ፡ ዘመጠነ ፡ ደብር ፡ እንዘ ፡ ይነድድ ፡
descendit in mare ignis magnus <qui-> dimensione montis dum flagrat

Der Übersetzer hat das *ι* bei *πυρι* übersehen und dadurch ist *πυρ* zum Subjekt des Satzes geworden [1].

16,9 *και εκαυματισθησαν οι ανθρωποι καυμα μεγα*] ወውዕየ ፡ ሰብእ ፡ በዐቢይ ፡ ሐሩር ፡ *et-combusti-sunt homines <in-> magno aestu*

Aeth macht aus *καυμα μεγα* einen Instrumental (vgl. *Av* i 94 *καυματι μεγαλῳ*).

16,11 *εκ των πονων αυτων και εκ των ελκων αυτων*]
እምነ ፡ ሕማመ ፡ አጽልዕቲሆሙ ፡
e tribulatione ulcerum-morum

Der Fehler ist nur so zu erklären, daß der Übersetzer *αυτων και εκ* irrtümlich übersprungen hat.

17,5 *μυστηριον, Βαβυλων η μεγαλη*] ምስጢሬ ፡ ለባቢሎን ፡ ዐባይ ፡
mysterii Babylonis magnae

Aeth verknüpft fälschlich *μυστηριον* und *Βαβυλων* in einer Genitivkonstruktion.

Den griechischen Vokativ gibt aeth gewissenhaft wieder. Eine Ausnahme macht nur 18,20, wo der Vokativ *ουρανε* durch den Nominativ ሰማይ ፡ *caelum* ersetzt ist. Der Fehler liegt hier schon beim Verbum: aeth hat statt der 2. Pers. des Imperativs (*ευφραινου*) die 3. Pers. des Subjunktivs (ለይትፌሣሕ ፡ *gaudeat*) [2].

3. *Das Adjektiv.*

Es fällt auf, daß zuweilen ein griechisches Adjektiv durch ein äthiopisches Substantiv ersetzt ist; das übergeordnete Substantiv tritt dann in den stat. constructus; z.B.

19,8 *βυσσινον λαμπρον*] ሜላተ ፡ ብርሃን ፡ *byssum lucis*
13,2 *εξουσιαν μεγαλην*] ዕበየ ፡ ሥልጣኑ ፡ *magnitudinem potestatis-suae*
19,9 *ουτοι οι λογοι αληθινοι*] ዝንቱ ፡ ቃል ፡ ጽድቅ ፡ *hoc verbum iustitiae*
22,16 *ο αστηρ ο λαμπρος*] ኮከበ ፡ ብርሃን ፡ *stella lucis*

Die prädikativ gebrauchten Adjektiva *gerecht* und *wahr* sind aus unbekannten Gründen durch Substantiva ersetzt :

[1] Siehe S. 30.
[2] Siehe S. 82.

16,7; 19,2 *αληθιναι και δικαιαι αι κρισεις σου* (19,2 *αυτου*)]
ጽድቅ ፡ ወርትዕ ፡ ኵነኔከ ፡ (19,2 ኵነኔሁ ፡)
iustitia et-rectitudo iudiciumtuum (19,2 *-eius*)

4. *Das Numerale.*

Die Wiedergabe der Zahlwörter stellt an den Übersetzer keine besonderen Anforderungen. Abweichungen vom griechischen Text finden sich nur an folgenden Stellen :

5,11 *μυριαδες μυριαδων και χιλιαδες χιλιαδων*
፻፻ ወአእላፍ ፡ ወአእላፈ ፡ አእላፋት ፡
C x *C et-myriades et-myriades myriadum*

Das Äthiopische hat kein eigenes Wort für *tausend*, denn እልፍ ፡ *'elef*, das in den anderen semitischen Sprachen *tausend* bedeutet, heißt im Äthiopischen *zehntausend.* Aeth kann also *χιλιαδες χιλιαδων* nicht wörtlich ausdrücken. Der Übersetzer hilft sich mit verschiedenen Pluralformen von እልፍ ፡. Allerdings variieren hier die Hss sehr stark, so daß man die ursprüngliche Lesart nicht mehr feststellen kann.

14,20 *σταδιων χιλιων εξακοσιων*] ፲ወ ፮ ምዕራፍ ፡ *X et-VI stadia*
Hier muß ፻ *C* (oder ምእት ፡ *centum*), das irrtümlich ausgefallen ist, ergänzt werden.

21,16 *δωδεκα χιλιαδων*] ፲ ወ ፪፻ *X et-II* x *C* (= 1200)
Die Zahl ist falsch wiedergegeben; es müßte ፻፻ ወ ፳፻ *C* x *C et XX* x *C* heißen.

5. *Die Pronomina*

Im Gebrauch der Pronomina treten zahlreiche Differenzen zwischen gr und aeth auf. Aeth setzt Pronomina dort, wo sie bei gr fehlen, und umgekehrt, sie fehlen bei aeth, wo man sie nach gr erwarten könnte. An anderen Stellen wieder bringt sie aeth in einer anderen Form, als der griechische Text vermuten läßt. Der Grund für die Abweichung liegt meistens beim Übersetzer oder beim Kopisten. Nur an ganz wenigen Stellen ist die Revision nach einer anderen Version für die Differenz verantwortlich.

a) Personalpronomina.

Pronomina im Nominativ.

Die Formen der 1. und 2. Person werden nicht allzu häufig gebraucht. Es kommen nur አነ ፡ *ego,* አንተ ፡ *tu* (masc.), ለሊከ ፡ *tutemet,* und ንሕነ ፡ *nos* vor. Sie stehen als Subjekt in Nominalsätzen. In Verbalsätzen werden sie nur dann gebraucht, wenn auf ihnen eine besondere Betonung liegt. Denn im allgemeinen zeigt das äthiopische Verbum durch seine Formen die Person deutlich genug an. Der äthiopische Text geht in Bezug auf diese Pronomina bis auf wenige Ausnahmen genau mit gr. Auftretende Differenzen haben ihren Grund entweder in einer abweichenden Interpretation oder in der Syntax; z.B.

1,18 *και εγενομην νεκρος*] ወአንሰ ፡ ኮንኩ ፡ ከመ ፡ በድን ፡ ወይቤለኒ ፡
et-ego-autem factus-sum ut corpus [*mortuum*] *et-dixit-mihi*

Aeth enthält hier eine starke Interpretation, die gerade durch den Einschub von አንሰ ፡ *ego-autem* und ወይቤለኒ ፡ *et-dixit-mihi* sichtbar wird [1]. Die erklärenden Zusätze stammen wahrscheinlich nicht vom Übersetzer.

2,9 *εκ των λεγοντων Ιουδαιους ειναι εαυτους*] ለእለ ፡ ይብሉ ፡ አይሁድ ፡ ንሕነ ፡ *qui dicunt Iudaei nos* (= *sumus*)

3,9 *των λεγοντων εαυτους Ιουδαιους ειναι*]
እለ ፡ ይብሉ ፡ ርእሶሙ ፡ አይሁድ ፡ ንሕነ ፡
qui dicunt ipsi Iudaei nos (= *sumus*)

Aeth kann den griechischen acc. c. infin. nicht nachahmen und geht in die direkte Rede über. Sa macht es ähnlich, läßt aber an beiden Stellen *εαυτους* unberücksichtigt, aeth dagegen nur in 2,9 (sa : **ϪЄ ΑΝΟΝ ϨЄΝ ΙΟΥΔΑΙ** *that we are Jews*). Die Überstimmung von aeth mit sa bedeutet aber noch nicht, daß aeth hier von sa beeinflußt sein müßte; denn aeth kann auch von sich aus zu seiner Wiedergabe gekommen sein.

3,17 *και ουκ οιδας*] ወለሊከ ፡ ታአምር ፡ *et-tutemet scis*

Die Fehlübersetzung gehört zu der abweichenden Interpretation, die hier in den Text hineingearbeitet wurde [2].

Aeth verwendet für das Personalpronomen der 3. Person folgende Formen : ውእቱ ፡ (masc. sing.), ይእቲ ፡ (fem. sing), ውእቶሙ ፡ und እሙንቱ ፡ (masc. plur.), ውእቶን ፡ und እማንቱ ፡ (fem. plur.). Diese Formen stehen entweder für die betonte 3. Person des Personalpronomens und entsprechen dann dem griechischen *αυτος* oder sie fungieren als Kopula. In diesen beiden Fällen ist ihre Anwendung durchaus dem griechischen Text gemäß; z.B.

[1] Siehe S. 73.
[2] Siehe S. 73.

18,6 ως και αυτη απεδωκεν] በከመ ፡ ይእቲ ፡ ተበቀለት ፡ *sicut ea punivit*
22,13 εγω το αλφα και το ω] አነ ፡ ውእቱ ፡ አልፋ ፡ ወኦ ፡
ego is (=*sum*) *'alfā et-ō*

Dieselben Formen werden auch vor einem Substantiv als Ersatz des bestimmten Artikels gebraucht oder sie dienen als Ansatz für Relativsätze, entsprechen also dem deutschen *derjenige, welcher*... Da sind sie echte Demonstrativa und wechseln in den Hss auch mit den Formen der anderen Demonstrativpronomina [1].

Pronomina im Kasus obliquus - Suffixe.

Der Kasus obliquus der Personalpronomina wird in der Apk fast ausschließlich durch Suffixe ausgedrückt. Nur an einer Stelle findet sich die betonte Akkusativform ኪያሃ ፡, durch die das normale Verbalsuffix verstärkt wird :

17,16 και αυτην κατακαυσουσιν] ወኪያሃሰ ፡ ያውዕይዋ ፡
et-eam-ipsam-autem comburent-eam

Aeth hält sich in der Verwendung der Verbalsuffixe nicht starr an das griechische Original. So stehen die Suffixe sehr oft als sinngemäße Ergänzung (besonders bei den Formen von λεγειν); z.B.

1,11 λεγουσης] ወይቤለኒ ፡ *et-dixit-mihi*
2,1 λεγει] ይቤለከ ፡ *dixit-tibi*
4,10 λεγοντες] ወይብልዎ ፡ *et-dicunt-ei*
5,7 και ειληφεν] ወተመጠዎ ፡ *et-accepit-eum* (sc. *librum*)
14,19 και εβαλεν] ወወደዮ ፡ *et-iniecit-id* etc.

An zwei Stellen vermißt man das Suffix :

2,5 ερχομαι σοι] እመጽእ ፡ *veniam*
10,4 και μη αυτα γραψῃς] ወኢትጽሐፍ ፡ *et-ne-scribas*

Es kommt auch vor, daß die äthiopischen Suffixe mit den griechischen Pronomina in der Person nicht übereinstimmen. Der Grund für die Abweichung ist nicht immer ersichtlich; so z.B.

1,5.6 τῳ αγαπωντι ημας και λουσαντι ημας εκ των αμαρτιων ημων εν τῳ αιματι αυτου και εποιησιν ημας]
ውእቱ ፡ ዘአፍቀረክሙ ፡ ወኀፀበክሙ ፡ እምኀጣውኢክሙ ፡ በደሙ ፡ ወ ረሰየክሙ
is qui-dilexit-vos et-lavit-vos a-peccatis-vestris in sanguine-suo et-effecit-vos

In diesen beiden Versen sind sowohl die Personal- als auch die Possessivsuffixe in die 2. Pers. gesetzt. Die Differenz kann nur auf einem

[1] Siehe S. 94.

Hörfehler beruhen, da *ημας* und *υμας* nach den itazistischen Aussprecheregeln gleich lauten.

3,4 *μετ εμου*] ምስሌከ ፡ *tecum*

Hier ist kein Grund für die Abweichung erkennbar.

12,12 *ευφραινεσθε ουρανοι και οι εν αυτοις σκηνουντες ουαι την γην και την θαλασσαν οτι κατεβη ο διαβολος προς υμας*
ተፈሥሑ ፡ ሰማያት ፡ ወእለ ፡ ይነብሩ ፡ ውስቴቶን ፡ አሌላ ፡ ለምድር ፡ ወለባሕር ፡ እስመ ፡ ወረደ ፡ ሰይጣን ፡ ውስቴቶን ፡
gaudete caeli et-qui habitant in-eis, Vae terrae et-mari quia descendit βayṭān in-ea

Der Fehler beruht auf einem Mißverständnis : ተፈሥሑ ፡ *gaudete* kann auch als 3. Pers. Plur. Perf. angesehen werden. Ein späterer Interpret dürfte also den Vers so aufgefaßt haben : *gavisi-sunt caeli.* Dazu paßt dann *προς αυτας* besser als *προς υμας*. Außerdem geht dieselbe Form ውስቴቶን ፡ *in eis* schon einmal voraus.

18,22.23 *εν σοι*] ወስቴታ ፡ *in ea* (dreimal)

18,24 *και εν αυτῃ*] በላዕሌኪ ፡ *in-<super->te*

Εν σοι bezieht sich auf Babylon, das in gr direkt angesprochen wird. Nur aeth und arab B bleiben in der 3. Person. Erst innerhalb des Verses 23 geht aeth auf die 2. Pers. Sing. Fem. über und stimmt dann mit gr überein (*οι εμποροι σου*] ሠየጥኪ ፡ *mercatores-tui*). In Vers 24 setzt gr die 3. Pers. Sing. Fem. (*εν αυτῃ*). Jetzt aber bleibt aeth (በላዕሌኪ ፡ *in-<super->te*) und arab B (فيك *in dir*) bei der 2. Pers. Sing. Fem. Da hier große Übereinstimmung zwischen aeth und arab B herrscht, kann angenommen werden, daß die Abweichung von gr unter arabischem Einfluß zustande gekommen ist.

b) Possessivpronomina.

Auch in der Verwendung der Possessivpronomina passen aeth und gr nicht immer genau zueinander. Aber das liegt zum großen Teil im Wesen der beiden Sprachen begründet. Das Äthiopische gehört zu den Sprachen, die gern das Possessivpronomen gebrauchen, während das Griechische damit bedeutend sparsamer umgeht. Daraus ergibt sich schon, daß aeth viel häufiger ein Possessivpronomen anbringt, wo gr keines hat, als umgekehrt, daß nämlich bei aeth das Possessivum fehlt, während es bei gr steht.

Zur Übersetzung der Possessiva hat das Äthiopische zwei Möglichkeiten. Es verwendet entweder die selbständigen Formen ዘሊየ ፡, ዘሊከ ፡ etc. (seltener und gewöhnlich nur, wenn betont) und die

Possessivsuffixe. Von beiden Möglichkeiten macht aeth Gebrauch. ዚአ'' ፡ etc. steht nur an drei Stellen. In 4,11 und 21,24 ist der Gebrauch normal :

4,11 *και δια το θελημα σου*] ወበፈቃድ ፡ ዚአከ ፡ *et-in-voluntate tua*
21,24 *δια του φωτος αυτης*] በብርሃኑ ፡ ዚአሃ ፡ *in-luce eius*

Anders in 3,18, wo gr kein Possessivpronomen hat, aeth aber die betonten Formen verwendet, um einen Gegensatz herauszuarbeiten [1] :

χρυσιον] ወርቅ ፡ ዚአየ ፡ *aurum meum*
και ιματια] ወልብሰኒ ፡ ዘዚአየ ፡ *et-vestimentum-etiam <quod->meum*
και κολλυριον] ወበፈውስ ፡ ዚአየ ፡ *et-<in->medicamine meo*

In allen anderen Fällen wird das Possessivverhältnis durch die Suffixe ausgedrückt. Auch da stimmt aeth mit gr nicht immer genau überein. Am häufigsten ist der Fall, daß aeth ein Possessivsuffix hat, wo bei gr kein entsprechendes Pronomen steht, weil das Besitzverhältnis selbstverständlich ist; z.B.

1,13 *προς τοις μαστοις*] ውስተ ፡ ሐቌሁ ፡ *intra sinum-suum*
1,14 *και αι τριχες*] ወሥዕርቱ ፡ *et-capillus-eius*
2,22 *βαλλω αυτην εις κλινην*] አግብኣ ፡ ውስተ ፡ ምስካባ ፡
reducam-eam intra cubile-eius

Aus diesem Beispiel ist auch zu ersehen, daß die Angleichung [2] bei der Verwendung der Suffixe eine große Rolle spielt : wenn ein vorhergehendes Wort (ein Verbum wie in 2,22 oder ein Substantiv) ein Suffix bei sich hat, dann nehmen die folgenden Wörter auch gern das Suffix an; z.B.

1,9 *ο αδελφος υμων και συγκοινωνος εν τῃ θλιψει και εν τῃ βασιλειᾳ και υπομονῃ*] እኁክሙ ፡ ወሱታፌክሙ ፡ በሕማምክሙ ፡ ወበመንግሥትክ ሙ ፡ ወበትዕግሥትክሙ ፡
frater-vester et-particeps-vester in-tribulatione-vestra et-in-regno-vestro et-in-patientia-vestra

Daß aeth das Possessivpronomen in einer anderen Person als gr aufweist, kommt nur in 1,5 vor und beruht auf einem Hörfehler, da *ημων* und *υμων* gleich ausgesprochen wurden [3] :

εκ των αμαρτιων ημων] እምኅጣውኢክሙ ፡ *a-peccatis-vestris*

[1] Siehe S. 73.
[2] Siehe S. 69.
[3] Siehe S. 90.

c) Demonstrativpronomina.

Das Äthiopische hat für das Demonstrativpronomen eine ganze Reihe von Formen zur Verfügung :

einfache Form	ዝ
n-t-Form	ዝንቱ ፡
k-Form	ዝኩ ፡
k-t-Form	ዝክቱ ፡

Dazu kommen noch die Formen von ውእቱ ፡, die auch als 3. Pers. des Personalpronomens verwendet werden[1]. Der Übersetzer der Apk hat von den Formen des Demonstrativs reichlich Gebrauch gemacht. Die Hss sind sich in den Formen nicht immer einig; an manchen Stellen trifft man eine ganze Auswahl davon an. Spätere Bearbeiter haben eben oft die Formen geändert :

4,4 *επι τους θρονους*]	B H I R^c^ ውእቶን ፡ (Q ውእትን ፡)
	R* ውእቶሙ ፡
	A C E G K L M S T ውእቱ ፡
	F N U እሉ ፡
	D J V W X Y Z እሙንቱ ፡
9,14 *τῳ εκτῳ αγγελῳ*	A D H J P U ለዝኩ ፡
	B C E F G I L M N Q R S ለዝክቱ ፡
	K T V W X Y Z ለዝንቱ ፡
13,14 *τῳ θηριῳ*	A F G H L M N P W X Z ለዝክቱ ፡
	B D E I K Q S ለዝንቱ ፡
	C J R T U Y ለውእቱ ፡
	V ለዝኩ ፡

Einig sind sich die Hss nur darin, daß ein Demonstrativ gesetzt ist. Welche Form die ursprüngliche ist, das ist nicht mehr herauszufinden.

In der Apk sind die Demonstrativa in einer dreifachen Funktion verwendet :

1) als echte Demonstrativa (selbständig und attributiv). In dieser Funktion geben sie die Formen des griechischen *οὗτος* wieder :

2,24 *την διδαχην ταυτην*] ዛንተ ፡ ትምህርተ ፡ *hanc doctrinam*
7,15 *δια τουτο*] በበይነ ፡ ዝንቱ ፡ *ob hoc*
20,6 *επι τουτων*] ላዕለ ፡ እሉ ፡ (oder እልክቱ ፡) *super hos* (oder *illos*)
22,18 *του βιβλιου τουτου*] ዝንቱ ፡ መጽሐፍ ፡ *huius libri*

[1] Siehe S. 89.

Das Neutrum Plur. *ταυτα* wird durch den Singular wiedergegeben; z.B. 1,19; 4,1 u.a. *μετα ταυτα*] አምድኅረ ፡ ዝንቱ ፡ *post hoc* (oder irgendeine andere entsprechende Form des Demonstrativs).
21,7 *ταυτα*] ለዝንቱ ፡ (W X Y Z ለእሉ ፡ *haec*) *hoc*
22,16.20 *ταυτα*] ዘንተ ፡ *hoc*
2,1.8; 3,1.7 etc. *ταδε*] ከመዝ ፡ *ut-hoc* = *sic*
Sinngemäß gut übersetzt.

An zwei Stellen ist *ουτοι* unübersetzt geblieben. Ein Grund dafür ist nicht ersichtlich. Der Sinn der Stelle hat durch die Auslassung nicht gelitten:
17,13 *ουτοι μιαν γνωμην εχουσιν*] ወ ፩ ምክርሙ ፡
et-I consilium-suum
17,14 *ουτοι ... πολεμησουσιν*] ወይጸብኦሙ ፡ *et-bellum-gerent*

2) als Ansatz für Relativsätze in der Bedeutung *derjenige, welcher.* Die Konstruktion ውእቱ ፡ (ዝንቱ ፡) ዘ'' *is* (*hic etc.*) *qui* ... dient vor allem zur Wiedergabe der substantivisch gebrauchten griechischen Partizipia, für die das Äthiopische keine entsprechende Form hat; z.B.
4,9 *τῳ καθημενῳ*] ለዝንቱ ፡ ዘይነብር ፡ *huic qui-sedet*
21,15 *ο λαλων*] ወዝክቱ ፡ ዘይትናገር ፡ *et-ille qui-colloquitur*

3) als Ersatz für den fehlenden bestimmten Artikel.

d) Artikel.

Das Äthiopische hat zum Unterschied vom Griechischen keinen Artikel, um die Determination auszudrücken. በግዕ ፡ kann also einem griechischen *αρνιον* oder *το αρνιον* entsprechen. Der Übersetzer, der den griechischen Text gut und genau wiedergeben wollte, empfand diesen Mangel und versuchte, Abhilfe zu schaffen. Er hat da, wo es ihm wichtig erschien, die Determination ausgedrückt, u.zw. entweder durch Beifügung eines Demonstrativpronomens (gewöhnlich ውእቱ ፡ *is* oder durch Anfügung eines Suffixes, das sich aber auf das zu determinierende Wort selbst bezieht [1] (በግዑ ፡ nicht *το αρνιον αυτου*, sondern nur *το αρνιον*). Diese Methode der Determination kommt nur bei በግዕ ፡ *agnus* (5,13; 6,16 etc.), መንበር ፡ *thronus* (7,9.10; 8,3 etc.), መቅደስ ፡ *sanctuarium* (14,17; 15,5.6.8 etc.) und ሀገር ፡ *civitas* (21,14.19.21) vor. Wenn im äthiopischen Text ein Substantiv ohne ein solches Determinationsmittel

[1] Siehe F. Praetorius, *Grammatica Aethiopica*, Karlsruhe 1886, § 38.

steht, so heißt das noch nicht, daß in der Vorlage der Artikel gefehlt hat; wenn aber das äthiopische Substantiv ein determinierendes Demonstrativpronomen oder Suffix bei sich hat, dann kann daraus geschlossen werden, daß in der Vorlage der Artikel stand.

Durch die häufige Verwendung des Demonstrativs als Determinationsmittel bekommt der Stil der äthiopischen Apk einen überladenen Charakter, da in manchen Versen fast vor jedem Substantiv ein Demonstrativum steht; z.B.

1,20 *και τας επτα λυχνιας*] ወዝ ፯ መኃትው ፡ *et-haec-VII candelabra*
οι επτα αστερες] ዝንቱ ፡ ፯ ኮከብ : *hae-VII stellae*
αι λυχνιαι αι επτα] ወእሉንቱኒ ፡ ፯ መኃትው ፡ *et-haec-etiam VII candelabra*

5,8 *και οτε ελαβεν το βιβλιον τα τεσσερα ζῳα και οι εικοσι τεσσαρες πρεσβυτεροι επεσαν ενωπιον του αρνιου*] ወሶበ ፡ ተመጠዎ ፡ ለይእቲ ፡ መጽሐፍ ፡ ሰገዱ ፡ ሎቱ ፡ ቅድሜሁ ፡ ለውእቱ ፡ በግዕ ፡ እልክቱ ፡ ፳ ወ ፬ ሊቃናት ፡ ወእልክቱኒ ፡ ፬ እንስሳሁ ፡
et-postquam accepit eum librum procubuerunt ad-eum ante eum agnum illi XX-et-IV seniores et-illa-etiam IV animalia

Dieser Artikelersatz spricht klar dafür, daß aeth unbedingt aus einer Sprache mit Artikel übersetzt sein muß[1]; er hilft uns aber auch bei der Bestimmung der Textfamilie, zu der die Vorlage von aeth gehört hat; z.B. :

4,8 gr A ℵ P f. 104/336 f. 172/250 *και τα τεσσαρα ζῳα*
gr *Aν* **K** om *τα*
aeth ወለእሉ ፡ ፬ እንስሳሁ ፡ *et-haec IV animalia*

In aeth steht das Demonstrativ እሉ ፡ *haec*, d.h. der Übersetzer hat in der Vorlage den Artikel gelesen (aeth = gr A ℵ etc. ≠ *Aν* **K**).

14,1 gr *το αρνιον* (gr P[47] *Aν* om *το*)
aeth ዝኩ ፡ በግዕ ፡ *ille agnus*

Aeth stimmt also nicht mit gr P[47] *Aν* überein.

In gr kommt eine ganze Reihe von Attributen (Adjektiva, Partizipia, Präpositionalausdrücke u.ä.) vor, die mit wiederholtem Artikel dem übergeordneten Substantiv nachgestellt sind. Diesen nachgestellten Artikel, der den Sinn eines Relativpronomens hat, drückt der Übersetzer auch durch ein Relativpronomen aus. Aus dem Vorhandensein oder Fehlen des Relativums kann man ersehen, ob in der griechischen Vorlage der Artikel stand oder nicht; z.B.

[1] Siehe S. 13, 19 und 69.

1,4 *ταις επτα εκκλησιαις ταις εν τῃ Ασιᾳ*]
ለሰብዑ ፡ አብያተ ፡ ክርስቲያናት ፡ እለ ፡ ውስተ ፡ እስያ ፡
septem ecclesiis quae in Asia
5,5 *ο λεων ο* (om א f. 1006 1611 f. 1678 2329) *ων εκ της φυλης*]
አንበሰ ፡ ዘእምነገደ ፡ ይሁዳ ፡ *leo qui-e-tribu Juda*
8,3 *το θυσιαστηριον το χρυσουν το* (om א 2329) *ενωπιον του θρονου*
ምሥዋዐ ፡ ወርቅ ፡ ዘቅድመ ፡ መንበሩ ፡
altare auri quod ante thronum-eius

e) Relativpronomina.

In der Verwendung der Relativpronomina weicht aeth nicht vom üblichen Sprachgebrauch ab. Der Übersetzer verwendet sie, wo gr ein Relativpronomen hat oder wo er ein griechisches Partizip durch einen Relativsatz wiedergeben muß. Sie stehen ferner auch zur Bezeichnung des Genitivs (besonders bei Stoffnamen) und, wie schon erwähnt [1], zur Wiedergabe des Artikels bei nachgestellten Attributen.

Die indefinitiven Relativa *ητις, οιτινες* etc. werden einfach durch die gewöhnlichen Relativpronomina wiedergegeben; z.B.
1,12 *ητις ελαλει*] ዘይትናገር ፡ *quae-colloquitur*
2,24 *οιτινες ουκ εγνωσαν*] ለእለ ፡ ኢታአምርዋ ፡ *qui non-scitis*
11,8 *ητις καλειται*] እንተ ፡ ስማ ፡ *cuius nomen*
Eine Ausnahme macht nur 1,7, wo statt des zu erwartenden Relativpronomens allein auch noch das Demonstrativum mit dem beigefügten Enklitikon ኒ *-etiam* hinzugesetzt ist :
και οιτινες αυτον εξεκεντησαν] ወእልክቱኒ ፡ እለ ፡ ወገዕዎ ፡
et-illi-etiam qui contuderunt-eum

Eine Besonderheit ist noch erwähnenswert : Steht im griechischen Text ein Relativsatz, der eine Erklärung des übergeordneten Substantivs bringt, dann liest man bei aeth statt des zu erwartenden Relativpronomens das Demonstrativpronomen; z.B. [2].
4,5 *επτα λαμπαδες ,.. ἅ εισιν*] ሰብዑ ፡ መኃትው ፡ ዝውእቱ ፡
septem candelabra hic-is (= *est*)
5,6 *και οθφαλμους επτα οι εισιν*] ወ ፯ አዕይንተ ፡ ዝውእቱ ፡
et-VII oculos hic-is (= *est*)
5,8 *κιθαραν και φιαλας … αι εισιν*] ጽዋዓተ ፡ … ወመሰንቆ ፡ … ወዝውእቱ ፡
phialas … et-citharam … et-haec-ea

[1] Siehe S. 95.
[2] Vgl. dagegen Kol 3,5 *ητις εστιν*] ዘውእቱ ፡ *quod-id* (=*est*).

Ein Teil der Hss hat ወዝንቱ ፡ ውእቱ ፡ *et-haec ea* (=*est*)
21,17 *μετρον ανθρωπου ο εστιν*] በእመተ ፡ ሰብእ ፡ ዝውእቱ ፡
per-cubitum hominum hoc-id (= *est*).

f) Reflexiv-, Interrogativ- und Indefinitivpronomina.

Diese Pronomina sind in aeth den Regeln der äthiopischen Grammatik entsprechend angewendet.

6. *Das Adverbium.*

Bezüglich der Adverbia ist nicht viel zu bemerken. Es kommt nicht selten vor, daß in aeth Lokal- oder Temporaladverbia eingeschoben sind. Dies dürfte aber kaum schon der Übersetzer gemacht haben, sondern wahrscheinlich durch spätere Bearbeiter geschehen sein :
3,18 *συμβουλευω σοι*] ወይእዜኒ ፡ እብለከ ፡ *et-nunc-etiam dico-tibi*
Der Zusatz hilft mit, den Gegensatz zu v. 17 herauszuarbeiten :
V 17 *du sagst* ... v. 18 *und ich sage dir jetzt*... [1]
9,19 *εχουσαι*] ወቦሙ ፡ ህየ ፡ *et-habent illic*
Auch እምዝ ፡ *deinde* wird gern eingeschoben (11,19; 13,6.11; 14,16; 15,8 u.a.), besonders dann, wenn *ειδον* ausgefallen ist [2] (14,1.6; 16,13; 19,11 u.a.)
Eine Verlesung liegt wahrscheinlich in 2,15; 13,18 und 17,9 vor, wo die griechischen Adverbia durch Relativpronomina übersetzt sind :
2,15 *ουτως εχεις και συ*] ወእሉ ፡ ሀለዉ ፡ ኀቤከ ፡ *et-hi existunt apud-te*
Aeth übersetzt, als hätte er *τουτους* statt *ουτως* gelesen. Es ist nur nicht leicht einzusehen, wie man die beiden Wörter hätte verwechseln können. Wendet man aber das zu 4,5; 5,6.8; 21,17 Gesagte an, wo statt eines Relativpronomens das Demonstrativum gesetzt ist [3], dann könnte man vielleicht auch annehmen, daß der Übersetzer *οὕς* statt *οὕτως* gelesen hat; das aber ist eher verständlich.
13,18 *ὧδε η σοφια εστιν*] ወዘሰ ፡ ጠቢብ ፡ ውእቱ ፡
et-qui-autem sapiens is (= *est*)
Es ist nicht ausgeschlossen, daß aeth ᾧ δέ gelesen hat und deshalb das Relativpronomen statt des Adverbiums gesetzt hat.
17,9 *ὧδε ὁ νους*] ለዘቦ ፡ ልብ ፡ *cui-adest cor* = *qui-habet cor*
Hier kann man es als sicher annehmen, daß aeth ᾧ δέ gelesen hat.

[1] Siehe S. 73.
[2] Siehe S. 76.
[3] Siehe S. 96.

7. *Die Konjunktionen.*

In Bezug auf die Konjunktionen herrscht nicht immer Übereinstimmung zwischen gr und aeth. Sehr häufig sind in aeth Konjunktionen vom Übersetzer oder von einem späteren Bearbeiter hinzugefügt worden. Das trifft besonders auf ወ *et* und auf die Enklitika ኒ *-etiam*, ሂ *-quoque*, ሰ *-autem* zu. Auch እንከ ፡ *ergo*, ወባሕቱ ፡ *attamen*, ዓዲ ፡ *adhuc* und እስመ ፡ *quia* werden zuweilen eingeschoben. Zwar entspricht die Einfügung dieser Konjunktionen in den meisten Fällen dem Sinn der Stelle, trotzdem aber ist damit fast immer auch schon eine gewisse Interpretation gegeben, so besonders bei ሰ *-autem* und ወባሕቱ ፡ *attamen*, die einen Gegensatz ausdrücken, und bei እስመ ፡ *quia*, das der Stelle einen kausalen Sinn gibt; z.B.

2,10 ιδου] እስመ ፡ ናሁ ፡ *quia ecce*
2,11 ο νικων] ወዘሰ ፡ ሞአ ፡ *et-qui-autem vicerit*
3,2 γινου γρηγορων] ተገሀ ፡ እንከ ፡ *vigila ergo*
7,3 λεγων] fast alle Hss ወባሕቱ ፡ ይቤሎሙ ፡ *attamen dixit-eis*
11,1 και τους προσκυνουντας] ወእለሂ ፡ ይሰግዱ ፡ *et-*[*eos-*] *qui-quoque procumbunt*
11,6 και εξουσιαν εχουσιν] ወዓዲ ፡ ሥሉጣን ፡ እሙንቱ ፡ *et-adhuc potentes ii* (= *sunt*)
15,4 τις] ወመኑ ፡ *et-quis*
18,3 της γης] ምድርኒ ፡ *terrae-etiam* (zweimal)
20,6 ουκ εχει] እስመ ፡ አልቦ ፡ እንከ ፡ *quia non-habet ergo*

Sehr selten kommt es vor, daß aeth eine griechische Konjunktion unübersetzt läßt; so z.B. in

14,13 τα γαρ εργα αυτων ηκολουθει μετ αυτων] ወተለዎሙ ፡ ግብሮሙ ፡ *et-sequetur-eos opus-eorum*
16,14 εισιν γαρ πνευματα] እሙንቱ ፡ መንፈስ ፡ አጋንንት ፡ *ii* (= *sunt*) *spiritus daemoniorum*

Dagegen trifft man es viel häufiger an, daß aeth eine griechische Konjunktion anders als erwartet übersetzt. Das kann natürlich an der Interpretation liegen, kann aber auch auf einem Irrtum beruhen :

11,3 και δωσω ... και προφητευσουσιν] ወእኤዝዞሙ ፡ ... ከመ ፡ ይተነበዩ ፡ *et-praecipio ... ut prophetent*

Aeth macht von και δωσω, das er interpretierend übersetzt, προφητευσουσιν abhängig. Hier liegt vielleicht sa'idischer (ЄТРЄҮПРОФНТЄҮЄ *for to prophesy*) oder arabischer (arab ABCD ان يتنبيا *daß sie prophezeien*) Einfluß vor.

12,11 *και ουκ ηγαπησαν*] እስመ ፡ ኢያብደሩ ፡ *quia non-praetulerunt*
16,9.11 *και εβλασφημησαν*] (ወ)እስከ ፡ ይፀርፉ ፡ *(et-)donec blasphemabunt*
16,10 *και εμασωντο*] እስከ ፡ ይማጽሩ ፡ *donec masticabunt*
Hier ist ohne ersichtlichen Grund die Konjunktion *donec* eingesetzt.
20,6 *αλλ εσονται*] እስመ ፡ ይከውኑ ፡ *quia erunt*
20,10 *και βασανισθησονται*] ከመ ፡ ይደየኑ ፡ *ut damnarentur*

Ein Irrtum liegt an folgenden Stellen vor :
2,16 *μετανοησον ουν*] ወይእዜኒ ፡ ነስሐ ፡ *et-nunc-etiam poenitentiam-age*
Aeth hat wahrscheinlich *νυν* statt *ουν* gelesen (vgl. arab A الآنَ *jetzt*).
10,7 *ως ευηγγελισεν*] ዘአሰፈዎሙ ፡ *quod-promisit* (oder *qui-*)
Aeth scheint hier *ος* statt *ως* gelesen zu haben.
18,23 *οτι ... επλανηθησαν*] እለ ፡ አስሐትኪዮሙ ፡ *quos seduxisti*
Aeth hat *οἵ* statt *οτι* gelesen.

8. *Präpositionen.*

Im allgemeinen kann gesagt werden, daß aeth die griechischen Präpositionen gut und genau wiedergibt. Wo Differenzen auftreten, da liegt dies entweder am abweichenden äthiopischen Sprachgebrauch oder am Einfluß einer anderen Übersetzung; z.B.
1,2 *ος εμαρτυρησεν τον λογον ... οσα ειδεν*
ዘኮነ ፡ ስምዐ ፡ በእንተ ፡ ቃለ ፡ ... ላዕለ ፡ ኵሉ ፡ ዘርእየ ፡
qui-factus-est testimonium propter verbum ... super omne quod-vidit
Der Ausdruck ስምዐ ፡ *testimonium* bedingt die beiden Präpositionen በእንተ ፡ *propter* und ላዕለ ፡ *super.*
3,18 *εκ πυρος*] በእሳት ፡ *in-igne*
Aeth geht mit sa (ϨⲚ̄ ⲞⲨⲔⲰϨⲦ̄ *in fire*), bo (ϧⲈⲚ ⲞⲨⲬⲢⲰⲘ *in a fire*) und arab CD (بالنار *in dem Feuer*).
5,9 *και ᾳδουσιν ῳδην*] ወይዜምሩ ፡ በመዝሙር ፡ *et-psallunt in-psalmo*
Aeth umgeht den inneren Akkusativ im Gegensatz zu 14,3, wo aeth den inneren Akkusativ nachahmt: *και ᾳδουσιν ῳδην*] ወየኀልዩ ፡ ማኅሌተ ፡
et-cantant canticum
7,17 *το ανα μεσον του θρονου*] ዘቅድመ ፡ መንበሩ ፡ *qui-ante thronum-eius*
Aeth verwendet hier die gleiche Präposition wie bo (ⲘⲠⲈⲘⲐⲞ *before*) arab A (قدام *vor*) und arab BCD (امام *vor*).
8,7 *μεμιγμενα εν αιματι*] ምስለ ፡ ደም ፡ ድሙር ፡ *cum sanguine mixtus*
ድሙር ፡ *mixtus* kann mit ምስለ ፡ *cum* oder mit በ *in-*, *per-* (vgl. 15,2) verbunden werden. Daß nun hier im Gegensatz zu gr ምስለ ፡ *cum* statt

des zu erwartenden በ *in-* steht, könnte saʿidischen Einfluß andeuten (ⲘⲚ̄ ⲞⲨⲤⲚⲞϤ *with blood*)[1].

11,15 εν τῳ ουρανῳ] እምሰማይ ፡ *e-caelo*
Hier liegt eine Angleichung an 11,12 vor, wo እምሰማይ (= εκ του ουρανου) zu Recht besteht.

20,4 και τας ψυχας] በእንተ ፡ ነፍሶሙ ፡ *propter animam-eorum*
Aeth ersetzt den absoluten Akkusativ durch einen Präpositionalausdruck (vgl. bo : ⲈⲐⲂⲈ ⲚⲒⲮⲨⲬⲎ *concerning the souls* und arab CD : لاجل الانفس *wegen der Seelen*).

9. *Interjektionen.*

An Interjektionen treten in der Apk nur አሌ ፡ (ουαι), እወ ፡ (ναι), ናሁ ፡ (ιδου) und ነዓ ፡ ንዑ ፡ (ερχου, δευρο, δευτε) auf. አሌ + Suffix *vae* steht in 8,13; 18,10.16.19 zweimal (8,13 gr ohne *Av* dreimal, *Av* zweimal; 8,16 **K** einmal) und in 12,12 einmal (= gr). In der Verwendung von እወ ፡ *utique*! stimmt aeth mit gr überein (14,13; 16,7; 22,20). Mit ነዓ ፡ *age*! ist in 6,1.3.5.7 und 22,20 ερχου übersetzt; in 17,1 und 21,9 steht es für δευρο und in 19,17 findet sich ንዑ ፡ *agite*! für δευτε. In 22,17 bleibt ερχου unübersetzt; die Stelle ist allerdings ganz verdorben.

Auch in der Verwendung von ናሁ ፡ *ecce* geht aeth in den meisten Fällen mit gr. Nur an zwei Stellen setzt aeth allein eigenmächtig ናሁ ፡ *ecce* ein :

1,12 ειδον] ናሁ ፡ እሬኢ ፡ *ecce video*
Aeth geht in das Imperfekt über und erreicht dadurch eine lebhaftere Darstellung, die durch das hinzugesetzte ናሁ ፡ *ecce* noch gesteigert wird[2].

3,11 ερχομαι ταχυ] ወናሁ ፡ እመጽእ ፡ ፍጡነ ፡ *et-ecce veniam cito*
Zwar haben auch ein paar *Av*- und **K**- Hss ιδου, aber in aeth dürfte es sich um eine Reminiszenz an 22,7 handeln.

ናሁ ፡ *ecce* fällt auch ein paarmal aus, gewöhnlich dort, wo auch ειδον weggelassen ist[3]; so in 6,8; 14,1; 19,11. In 7,9 ist es ohne ersichtlichen Grund weggefallen.

10. *Syntax.*

Das Griechisch der Apk ist in syntaktischer Beziehung sehr einfach;

[1] Siehe S. 120 und J. Hofmann in *Neutestamentl. Aufsätze* S. 122.
[2] Siehe S. 79.
[3] Siehe S. 75.

der Übersetzer hatte also mit den Satzkonstruktionen kaum Schwierigkeiten. Es sind nur ein paar Besonderheiten erwähnenswert :

Das Äthiopische ist in der Anwendung der Kongruenzregeln sehr großzügig. Die Grammatik der Apk macht darin keine Ausnahme. Suffixe, Adjektiva, Demonstrativ- und Relativpronomina stimmen sehr oft mit ihrem Beziehungswort nicht überein; die maskulinen Formen werden bevorzugt. Dazu ein paar Beispiele :

1,4 *των επτα πνευματων α ενωπιον*]
፯ መንፈስ ፡ (sing.) ዘ (masc. sing.) ቅድመ ፡ *VII spiritibus qui-ante*

5,8 *φιαλας γεμουσας*] ጽዋዓት ፡ (fem. plur) ዘ (masc. sing.) ምሉእ ፡ (masc. sing.) *phialas quae-plenae*

14,3 *ῳδην καινην … την ῳδην*] ማኅሌተ ፡ (fem. sing.) ሐዲስ ፡ (m. sg.) …
ለይእቲ ፡ (f. sg.) ማኅሌት ፡ *canticum novum* … (*sc*) *id canticum*

Das Attribut zu ማኅሌት ፡ *canticum* ist im selben Vers zuerst maskulin, dann feminin.

Aeth weicht in der Satzkonstruktion öfters von gr ab. So kommt es vor, daß aeth ein griechisches Substantiv oder einen Präpositionalausdruck durch eine Verbalkonstruktion wiedergibt; z.B.

16,14 *εις τον πολεμον*] ይትቃተሉ ፡ [*ut*] *se-invicem-impugnent*

Aeth verwendet einen Finalsatz, bei dem ከመ ፡ *ut* ausgelassen ist. (Nur die Hs B hat ከመ ፡ *ut*).

18,2 *και φυλακη παντος πνευματος ακαθαρτου*]
ኀበ ፡ ይነብር ፡ ኵሉ ፡ ጋኔን ፡ ርኩስ ፡
ubi habitat omne daemonium immundum

18,6 *κατα τα εργα αυτης*] ዘከመ ፡ ገብረት ፡ *quomodo egit*

20,12 *κατα τα εργα αυτων*] በከመ ፡ ገብሩ ፡ *sicut egerunt*

21,8 *τοις δε δειλοις και απιστοις και εβδελυγμενοις και φονευσιν και πορνοις και φαρμακοις και ειδωλολατραις*] ወእለሰ ፡ ይፈርህዎ ፡ እንዘ ፡ የአምኑ ፡ ወያጌምኑ ፡ ርእሶሙ ፡ ወይቀትሉ ፡ ወይዜምዉ ፡ ወይገብሩ ፡ ሥራየ ፡ ወያመልኩ ፡ አማልክተ ፡
et-qui-autem timent-eum dum credunt et-contaminant se-ipsos et-occidunt et-fornicantur et-faciunt veneficium et-colunt deos

Der Anfang ist verdorben. Es sollte ወእለሰ ፡ ይፈርሁ ፡ ወኢየአምኑ ፡ *et-qui-autem timent et-non-credunt* heißen.

Auch der umgekehrte Fall, daß nämlich aeth eine griechische Verbalkonstruktion durch ein Substantiv oder einen Präpositionalausdruck wiedergibt, kommt vor; so z.B.

2,14 *ος εδιδασκεν*] መምህሩ ፡ *doctoris*

8,11 *εκ των υδατων οτι επικρανθησαν*] እምነ ፡ ምረሩ ፡ ለማያት ፡
ab amaritudine aquarum

Es wurde schon erwähnt, daß vielfach Partizipia durch Relativsätze (zuweilen auch durch andere Nebensätze) und Infinitive durch Finalsätze übersetzt sind [1].

Nicht immer einwandfrei sind in aeth die verschiedenen Satzarten wiedergegeben. Ein Teil der Abweichungen rührt sicher von späterer Hand her, aber die meisten gehen doch wohl auf den Übersetzer selbst zurück. In aeth sind Hauptsätze zu Nebensätzen und umgekehrt Nebensätze zu Hauptsätzen geworden; z.B.

1,9 *εγενομν εν τῃ νησῳ*] ወእንዘ ፡ ሀሎኩ ፡ ውስተ ፡ ደሴት ፡
et-dum sum in insula

Hier dürfte die Konjunktion ein späterer Zusatz sein.

2,20 *και διδασκει και πλανᾳ ... πορνευσαι*] ወትሜህር ፡ በዘታስሕቶሙ ፡
ወታዜምዎሙ ፡ *et-docet in-quo-seducit-eos et-fornicari-facit*

Der beigeordnete Satz *και πλανᾳ* ist in aeth dem Verbum *διδασκει* untergeordnet und der dem Verbum *διδασκει* untergeordnete Infinitiv ist als ወታዜምዎሙ ፡ *et-fornicari-facit* beigeordnet.

An mehreren Stellen beginnt aeth einen Satz, der in gr Hauptsatz ist, mit ሶበ ፡. Es ist anzunehmen, daß dieses eingeschobene ሶበ ፡ ursprünglich als Adverb aufgefaßt wurde (= arab ثم *dann*), gleich dem an anderen Stellen eingefügte እምዝ ፡ *deinde* [2]. Später aber sah man es als Konjunktion eines Temporalsatzes an, d.h. aus dem ursprünglichen Hauptsatz wurde irrtümlich ein Nebensatz, der einem folgenden mit *και* angeschlossenen Satz untergeordnet wurde; z.B.

8,7 *και ο πρωτος αγγελος εσαλπισεν και εγενετο*]
ወሶበ ፡ ጠቅዐ ፡ ቀዳማዊ ፡ መልአክ ፡ ኮነ ፡
Et-postquam buccinavit primus angelus facta-est

Die Hss E N T, die allerdings sehr unzuverlässig sind, haben ወኮነ ፡ *et-facta-est*; vielleicht ist das noch eine Andeutung der ursprünglichen Koordination. So wie in 8,7 ist auch an den Parallelstellen (8,8.10.12; 9,1.13; 11,15) konstruiert [3]. In 18,3 wurden ganz ungerechtfertigt Relativsätze gebaut :

[1] Siehe S. 85.

[2] Siehe S. 97.

[3] Andere Beispiele für die Umwandlung von Hauptsätzen in Nebensätze durch Einführung von Konjunktionen (እስመ ፡ *quia*, ከመ ፡ *ut*, እስከ ፡ *donec*) sind schon auf S. 98 erwähnt, und Beispiele für die Umwandlung von Relativsätzen in Hauptsätze durch Verwendung des Demonstrativpronomens sind auf S. 96 angeführt.

και οι βασιλεις … επορνευσαν] እለ ፡ ዘመዉ ፡
et-reges… qui fornicati-sunt

και οι εμποροι … επλουτησαν] ወሠየጠ ፡ … እለ ፡ ብዕሉ ፡
et-mercatores… qui divites-facti-sunt

Auch andere Sätze werden gern zu Relativsätzen gemacht; so z.B. die Kondizionalsätze, die mit *ει τις* (*εαν τις*) beginnen. Der Übersetzer schreibt entweder richtig እመቦ ፡ ዘ ፡" *si-adest qui-*; so z.B.

3,20 *εαν τις ακουσῃ*] እመቦ ፡ ዘሰምዐ ፡ *si-adest qui-audierit*

oder er beginnt mit den Relativpronomen, setzt aber das Verbum in die Verbalform, die im Kondizionalsatz stehen müßte; so z.B.

14,9 *ει τις προσκυνει*] ዘሰገደ ፡ *qui-procubuit*

Das äthiopische Verbum hat die Perfektform die auch bei እመ ፡ *si* stehen würde. Vielleicht läßt sich aus dieser Konstruktion auch das Perfektum ዘሞአ ፡ *qui-vicerit* bei der Übersetzung des Part. Präs. *νικων* in 2,7.11.17.26; 3,5.12.21; 21,7 verstehen: Der Übersetzer unterlegt dem Relativsatz einen kondizionalen Sinn, so als ob er im griechischen Text *ει τις νικησει* gelesen hätte; dafür hätte er auch das Verbum im Perfekt verwendet.

In 10,7 wird in aeth ein Temporalsatz zu einem Relativsatz:

αγγελου οταν μελλῃ σαλπιζειν] መልአክ ፡ ዘሀለዎ ፡ ይጥቅዕ ፡
angeli cui-necesse-est<-ei> [ut] buccinet

Die Umwandlung des Kausalsatzes in einen Relativsatz in 18,23 beruht wahrscheinlich nur auf einem Lesefehler : aeth hat *οἵ* statt *ὅτι* gelesen [1].

In 19,15 wird ein Finalsatz in einen Relativsatz verwandelt :

ινα εν αυτῃ παταξῃ] በዘቦቱ ፡ ይቀሥፎሙ ፡ *<in->quo percutit*

11. *Sprachliche Härten der Apk* [2].

Bei der Behandlung der Übersetzungstechnik muß auch auf die Frage eingegangen werden, wie der Übersetzer mit den zahlreichen sprachlichen Härten, den Semitismen und den ausgesprochenen Solözismen der griechischen Vorlage fertig geworden ist.

Am leichtesten hatte es der Übersetzer mit den Semitismen, da ja das Äthiopische als semitische Sprache denselben Regeln unterworfen war wie die Sprache des semitisch denkenden Verfassers der Apk. Der Übersetzer konnte also die in der Apk auftretenden Semitismen

[1] Siehe S. 99.
[2] Siehe dazu J. SCHMID, *Die alten Stämme*, S. 239.

mit Leichtigkeit nachahmen. Was also im griechischen Text als Härte empfunden wurde, das war in aeth korrekt, so die pleonastische Hinzufügung des Personal- oder Possessivpronomens in Relativsätzen; z.B.

2,7.17 *τῷ νικωντι δωσω αυτῷ*] ለዘሞአ ፡ እሁቦ ፡
[ei-] qui-vicerit dabo-ei

3,8 *ἣν ουδεις δυναται κλεισαι αυτην*] ዘአልቦ ፡ ዘይክል ፡ ዐጺዎታ ፡
quod-non-adest qui-potest claudere-id

7,2 *οις εδοθη αυτοις*] እለ ፡ ተውህበ ፡ ሎሙ ፡ *quibus datum-est eis*

20,11 *οὗ απο του προσωπου*] እምዘ ፡ ... እምቅድመ ፡ ገጹ ፡
ab-[eo-] qui ... ab<-ante> facie-eius

Die griechischen Hss f. 1006 2053-62 2329 2031-2056 f. 2060 fügen *αυτου* hinzu. Aber aus aeth kann noch nicht geschlossen werden, daß in seiner Vorlage auch *αυτου* nach *προσωπου* vorhanden gewesen sein muß, denn für aeth ist die Ausdrucksweise mit dem Possessivsuffix normal.

Andere sprachliche Härten wieder sind durch die Art, wie der griechische Text wiedergegeben wurde, bzw. werden mußte, von selbst verschwunden :

3,12 *της καινης Ιερουσαλημ ἡ καταβαινουσα*] ሐዲስ ፡ ኢየሩሳሌም ፡
እንተ ፡ ተወርድ ፡ *novae Ierusalem quae descendet*

und alle ähnlichen Fälle, wo das griechische Partizip schlecht mit seinem Beziehungswort übereinstimmt.

2,2 *τους λεγοντας ... και ουκ εισιν*] እለ ፡ ይብሉ ፡ ... ወኢኮኑ ፡
qui dicunt... et-non-facti-sunt

7,14 *οι ερχομενοι ... και επλυναν ... και ελευκαναν*
እለ ፡ መጽኡ ፡ ... ወኀፀቡ ፡ ... ወአንጽሑ ፡
qui venerunt... et-laverunt... et-purificaverunt

ebenso andere Stellen, an denen ein griechisches Partizip durch ein Verbum finitum weitergeführt wird. In gleicher Weise verschwinden natürlich Kongruenz- und Kasusfehler; so z.B.

1,4 *απο ο ων*] እምኀበ ፡ ዘሀሎ ፡ *ab<-apud> [eo] qui-existit*

10,8 *η φωνη ην ηκουσα ... λαλουσαν και λεγουσαν*]
ወውእቱ ፡ ቃል ፡ ዘሰማዕኩ ፡ ... ተናገረ ፡ ... ወይቤለኒ ፡
et-ea vox quam-audivi ... collocuta-est ... et-dixit-mihi

Hier hat der Übersetzer zweierlei erreicht : er hat den Kongruenzfehler umgangen und hat dem Satz, der als Prädikat nur zwei Partizipia hat, ein Verbum finitum als richtiges Prädikat gegeben.

Der griechische Text hat statt des Dativus instrumentalis oft *εν* mit dem Dativ. Aeth übersetzt hier mit በ'' *in-*, *per-*, wie er auch den griechischen Instrumental übersetzt hätte; z.B.

5,2 *κηρυσσοντα εν φωνῃ μεγαλῃ*] ይጸርኅ ፡ በቃል ፡ ዐቢይ ፡
clamat <in->voce magna

Vgl. 5,12 *λεγοντες φωνῃ μεγαλῃ*] ወይብሉ ፡ በቃል ፡ ዐቢይ ፡
et-dicunt<in->voce magna

18,16 *κεχρυσωμενη εν* (om gr A **K**) *χρυσιῳ*] እንተ ፡ ተገብረት ፡ በወርቅ ፡
quod confectum-est in-auro

Wo sich aber der Fehler nicht von selbst behob, da versuchte aeth zu glätten; z.B.

2,26; 3,21 *ο νικων ... δωσω αυτῳ*] ለዘሞአ ፡ ... እሁቦ ፡
[*ei*]- *qui-vicerit... dabo-ei*

Aeth vermeidet den Nominativus pendens und übersetzt, als hätte er *τῳ νικωντι* gelesen.

4,4 *θρονους ... κδ' πρεσβυτερους καθημενους περιβεβλημενους ... στεφανους*]
መናብርት ፡ ... ይነብሩ ፡ ፳ ወ ፬ ሊቃናት ፡ ወይለብሱ ፡ ... አክሊላት ፡
throni ... sedent XX et-IV seniores et-induunt ... coronae

Die absoluten Akkusative sind verschwunden, der Satz hat Subjekt und Prädikat.

Aus all dem über die Übersetzungstechnik Gesagten ersieht man, daß der Übersetzer mit bestem Willen und besten Sprachkenntnissen gearbeitet hat. Leider ist sein Text nicht auf uns gekommen. Er wurde im Laufe der Jahrhunderte unabsichtlich durch die menschliche Unzulänglichkeit der Kopisten und absichtlich (wenn auch bona fide) durch eigenmächtige « Verbesserungen » und durch Revisionen nach anderen Übersetzungen immer mehr verdorben. Von den Revisionen nach arab, bo und sa soll nun im folgenden Kapitel die Rede sein.

VII

AUSSERGRIECHISCHE EINFLÜSSE AUF AETH

Wie schon öfter erwähnt, ist der aus dem Griechischen übertragene äthiopische Apk-Text nicht so geblieben, wie er aus der Hand des Übersetzers hervorgegangen war. Zu viele Einflüsse haben auf aeth eingewirkt. Die Äthiopier hatten nicht den Ehrgeiz, den Text unverfälscht weiterzugeben. Im Gegenteil, sie versuchten immer wieder, ihn durch Revisionen nach anderen Texten «besser» zu machen. Das Ergebnis dieser korrigierenden Arbeit war ein Text, der wie ein Sammelbecken anmutet. Man hat den Eindruck, als hätte man in Äthiopien alle Apk-Übersetzungen, mit denen man im Laufe der Jahrhunderte in Berührung gekommen war, zur Verbesserung des äthiopischen Textes heranziehen wollen. Außer Lesarten aus allen vier Gruppen des griechischen Textes findet man in aeth auch noch lateinische, syrische und sogar armenische Varianten, die aber entweder reine Zufallstreffer sind oder über arab in den Text hineingeraten sind [1]. Wirklich umgestaltend hat nur arab auf aeth eingewirkt, doch sind auch aus sa und bo teils direkt, teils indirekt über arab koptische Lesarten übernommen worden. Auf diese Einflüsse soll wegen ihrer großen Bedeutung für den heutigen Apk-Text in den folgenden Abschnitten näher eingegangen werden.

Arab als Revisionsvorlage [2].

Es ist von Vorteil, mit dem arabischen Einfluß zu beginnen. Die arabischen Apk-Übersetzungen haben als letzte auf aeth eingewirkt. Die arabischen Varianten sind noch sehr deutlich zu erkennen, besonders in den Hss S - Z und im 1. Kapitel der Hs F. Sie sind so zahlreich, daß man mit Recht von einer Revision nach arab sprechen kann. Nur zeigen die Varianten auch, daß der Vg-Text *zweimal* nach arab korrigiert wurde. Denn die Hss S T U weisen andere Varianten auf als die Hss (F) V W* X Y Z [3], z.B.

[1] Siehe S. 20 ff.

[2] Vgl. J. Hofmann, *Der arab. Einfluß*, OrChr 43(1959) S. 24 ff. und OrChr 44(1960) S. 25 ff.

[3] Siehe S. 14, Anm. 3.

9,9 των πτερυγων αυτων] እገሪሆሙ ፡ *pedum-earum*
R_1 ክነፊሆሙ ፡ R_2 አክናፊሆሙ ፡ *alarum-earum*
R_1 und R_2 unterscheiden sich in der Pluralform.

12,4 Vg om ενωπιον της γυναικος της μελλουσης τεκειν]
R_1 ቅድመ ፡ ብእሲት ፡ *ante mulierem*
R_2 አንጻረ ፡ ይእቲ ፡ ብእሲት ፡ እንተ ፡ ትፈቅድ ፡ ትለድ ፡
coram ea muliere quae vult [ut] pariat

13,5 ποιησαι] ይግበር ፡ ተአምረ ፡ ዘፈቀደ ፡
[ut] faceret signum quod-voluit
R_1 ይግበር ፡ ጸብአ ፡ *[ut] faceret bellum*
R_2 ይጽባእ ፡ *[ut] bellaret*
R_1 läßt ይግበር ፡ *faceret* von Vg noch gelten und ergänzt es durch ጸብአ ፡ *bellum*, R_2 wählt ein eigenes Verbum. Die Lesart geht über arab auf bo (ϾΒΩΤϹ = πολεμησαι) zurück.

20,1 την κλειν της αβυσσου] መራኁተ ፡ ፀሐይ ፡ *clavem solis*
R_1 መራኁተ ፡ መዓሙቅ ፡ *clavem profundi*
R_2 መራኁተ ፡ ቀላይ ፡ *clavem abyssi* u.a.
Die beiden Hss-Gruppen STU (= R_1) und F V W X Y Z (= R_2) stammen aus verschiedenen Zeiten. S T U sind Hss des 15. und 16. Jh., während F V W X Y Z dem 17. und 18. Jh. angehören. Die erste Revision muß also spätestens anfangs des 15. Jh., wahrscheinlich aber schon im 14. Jh. stattgefunden haben. Die zweite Revision erfolgte vermutlich im 16. Jh., da die aus dem 16. Jh. stammende Hs D schon Varianten der zweiten Revision aufweist; z.B.

1,15 Vg ከመ ፡ ብርት ፡ *ut aes*
D^c F V X ከመ ፡ ርስነ ፡ ብርት ፡ *ut ustio aeris*
D ist also schon nach einem R_2-Text korrigiert.

4,9 Vg ስብሐተ ፡ ወክብረ ፡ *gloriam et-honorem*
D J X ዘንተ ፡ ስብሐተ ፡ ወዘንተ ፡ ክብረ ፡
hanc gloriam et-hunc honorem
Die Beifügung des Demonstrativs geht über arab auf bo zurück.

8,6 Vg ከመ ፡ ይጥቅዑ ፡ *ut buccinarent*
D F J R^c W X Y Z add ቦሙ ፡ *<in->eis*
= arab B add بها *damit* u.a.

Die erste Revision fällt also in die Literaturperiode des ʿAmda Ṣeyōn (13. Jh. bis Anfang des 15. Jh.) [1] In dieser Zeit lebten die Beziehungen zum koptischen Patriarchat, die durch den Einbruch des

[1] I. Guidi, *Storia d. letteratura* S. 8 und S. 25.

Islams in Ägypten unterbrochen worden waren, wieder auf. In Ägypten war das Koptische durch das Arabische aus dem öffentlichen Leben verdrängt worden. Der bohairische Dialekt blieb nur als Kirchensprache bei den christlichen Ägyptern in Geltung. Das Saʿidische hatte jede Bedeutung verloren, wenn es sich auch als gesprochener Dialekt in Oberägypten länger hielt als das Bohairische in Unterägypten [1]. Die hl. Schriften wurden, um sie dem Volk verständlich zu machen, aus dem Bohairischen ins Arabische übersetzt, oder es wurde ihnen eine arabische Parallelübersetzung beigegeben. Diese Art von Literatur fand in der Periode des ʿAmda ßeyōn in Äthiopien Eingang. Man verglich die hl. Schriften mit den arabisch geschriebenen Vorlagen und korrigierte sie danach. Das geschah auch mit der Apk. Das Ergebnis war ein Text, wie er von den Hss S T U repräsentiert wird (= R_1).

Dasselbe Spiel wiederholte sich dann 150 - 200 Jahre später im 3. Abschnitt der 2. großen Periode (Anfang des 16. Jh. bis 18. Jh.) [2] Es war eine furchtbare und fruchtbare Zeit. In sie fällt die Mohammedanerinvasion unter Ahmed Grañ mit ihren entsetzlichen Verwüstungen und Zerstörungen (16. Jh.). Nach ihr erfolgte ein Aufblühen des kulturellen Lebens. Man mußte sich mit dem Islam auseinandersetzen, da viele Bewohner zur Lehre Mohammeds übergetreten waren. Einer der führenden Köpfe jener Zeit war Enbaqom (Habakuk), der unter Kaiser Claudius (1540 - 1559) als Mamher auf Dabra Libanos lebte und der es versuchte, die zum Islam abgefallenen Landsleute wieder zum christlichen Glauben zurückzubringen. Diesen Enbaqom nennen die Hss X Y Z in ihrem Schlußsatz als den Übersetzer der Apk : ተጽሕፈ ፡ ዝንቱ ፡ መጽሐፍ ፡ አቡቀለምሲስ ፡ ወተተርጐመ ፡ እምዐረብ ፡ ለቅብጥ ፡ ወእምቅብጥ ፡ ለግዕዝ ፡ በእደ ፡ እንባቆም ፡ ምስኪን ፡ መምህር ፡ ዘደብረ ፡ ሊባኖስ ፡ *scriptus-est hic liber 'abūqalamßīß et-translatus-est ex-arabo in-coptum et-ex-copto in-geʿez <in-> manu 'enbāqōm miseri doctoris montis Libani.*

Der Satz enthält zwei Fehler :

1) Enbaqom war nicht der Übersetzer; denn die Apk wurde nicht neu übersetzt, sondern der ursprüngliche Vg-Text wurde nur stellenweise geändert. Enbaqom kann höchstens die Revision durchgeführt

[1] W.C. Till, *Koptische Gramm.* S. 38.

[2] I. Guidi, *Storia d. letteratura* S. 9.

haben. Aber auch das ist unsicher, denn die Bemerkung steht nur in den aus dem 18. Jh. stammenden Hss X Y Z, wurde also ca. 200 Jahre nach Enbaqom geschrieben. Vielleicht hat man dem berühmten Mann die Umgestaltung des Textes zugeschrieben, so wie man dem Frumentius später die Bibelübersetzung angedichtet hat [1].

2) Die Reihenfolge der Vorlagen ist vertauscht : es müßte heißen *ex-copto in-arabum et-ex-arabo in geʿez.*

In zwei Punkten aber sagt der Satz die Wahrheit :

1) Die zweite Revision fällt in die Zeit des Enbaqom (16. Jh.).

2) Die koptische und die arabische Apk haben aeth beeinflußt.

Daß es sich sowohl bei R_1 als auch bei R_2 nicht um eine Neuübersetzung, sondern nur um eine Revision handelt, geht aus der Tatsache hervor, daß der Vg-Text weitgehend unberührt blieb. Er wurde nur dort geändert, wo der Text der Revisionsvorlage sehr weit vom Vg-Text abwich oder wo sich die Korrektur leicht durchführen ließ, z.B. durch Einsetzen einer anderen Vokabel oder durch Verwendung einer anderen grammatikalischen Form. Wo aber der Text der Vorlage noch ungefähr mit dem Vg-Text in Einklang stand, blieb dieser unangetastet. So sind z.B. durch die 1. Revision im 1. Kapitel die Verse 2, 3, 4, 6, 11, 12, 13, 15, 16, 18 und 19 überhaupt nicht oder nur ganz geringfügig geändert; und durch die 2. Revision sind im 1. Kapitel die Verse 2, 3, 7, 14, 15 und 16 fast ganz unberührt geblieben [2].

Es steht fest, daß sowohl die erste als auch die zweite Revision nach einer arabischen Vorlage durchgeführt wurde, u.zw. handelt es sich dabei um einen arabischen Text, der aus bo übersetzt wurde. G. Graf [3] hat die nach bo übersetzten arabischen Apk-Texte untersucht und konstatiert, daß es davon 4 Rezensionen gibt :

A, herausgegeben von Erpe [4], eine fast wörtliche Übersetzung nach bo.

B, ebenfalls eine Neuübersetzung, aber nicht so genau wie A, mit saʿidischen Varianten und manchen selbständigen Änderungen.

C, ein Mischtext : eine Tochterrezension von B mit Varianten von A.

[1] Siehe S. 10.

[2] Vgl. J. Hofmann, *Der arab. Einfluß*, OrChr 43(1959) S. 39 Anm. 13 - 16 und OrChr 44(1960) S. 26 Anm. 50.

[3] G. Graf, *Arabische Übersetzungen der Apokalypse*, Biblica 10, Rom. 1929, S. 170 ff.

[4] Thomas van Erpe, *Novum D.N. Jesu Christi Testamentum*, Arabice (Leiden 1616).

D, wenig verbreitet, vielleicht von syrischer Seite beeinflußt [1].

Die Vg wurde nun zweimal nach einem Text, der zu einer der angeführten Rezensionen gehört, revidiert. Der arabische Text der Waltonschen Polyglotte (arab Wp) und der Text der Britischen Bibelgesellschaft (arab Bg) kommen als Revisionsvorlagen nicht in Betracht, da beide nach gr übersetzt sind. Die Vorlage von R_1 und R_2 muß ein mit bo verwandter arabischer Text gewesen sein, da die meisten der neuen Varianten sowohl in bo als auch in arab A B C D, nicht aber in arab Wp oder arab Bg vertreten sind; z.B. :

1,17 Vg (= gr arab Wp Bg) ውስተ ፡ እገሪሁ ፡ *in pedes-eius*
R_1 (= bo arab ABCD) ታሕተ ፡ እገሪሁ ፡ *sub pedes-eius*
2,23 Vg (= gr arab Wp) ምግባሪክሙ ፡ *actionem-vestram*
R_1 (= bo arab ABCD) ምግባሩ ፡ *actionem-eius*
4,9 Vg (= gr arab Wp Bg) ስብሐተ ፡ ወክብረ ፡ ወአኰቴተ ፡
gloriam et-honorem et-gratiarum-actionem
R_2 (= bo arab CD) ዘንተ ፡ ስብሐተ ፡ ወዘንተ ፡ ክብረ ፡ ወዘንተ ፡
አኰቴተ ፡
hanc gloriam et-hunc honorem et-hanc gratiarum-actionem
7,6 Vg (= gr arab Wp Bg) ምናሴ ፡ *Manasse*
R_1R_2 (= bo arab ABCD) ዳን ፡ *Dan*

Nicht ausgeschlossen ist, wenigstens für R_1, daß dem Revisor der arabische Paralleltext zu bo A vorgelegen hat. Darauf könnte die Stelle 3,7 in den Hss ST hindeuten, wo es als Zusatz zu dem Städtenamen ፊላድልፍያ ፡ *fīlādelfeyā* heißt ብሂል ፡ መፍቀሬተ ፡ አኃው ፡ *significans amator fratrum.* Arab bo A übersetzt den Städtenamen ähnlich in einer Glosse : محب الاخوة *the love of the brothers.*

Bo selbst kommt schon aus zeitlichen Gründen nicht einmal mehr für die erste Revision als Vorlage in Frage [2]. Außerdem gibt es in

[1] Folgende Vertreter der arabischen Apk standen mir zur Verfügung : NT, arabisch, Text der Walton'schen Polyglotte (= arab Wp). — NT, arabisch, Ausgabe der Brit. Bibelgesellschaft (= arab Bg). — Für Rezension A : Hs Univ. Leiden 217 Scaliger (Goeje 2369). Die Hs ist die Vorlage für die Ausgabe von Th.v. Erpe. — Für die Rezension B : Hs Brit. Mus. Suppl. arab 16 (Orient 1329). — Für die Rezension C : Hs Brit. Mus. Add. 7086, Cureton 17. und Med. Laur. Pal. (Florenz) or. 410. — Für die Rezension D : Lugd. Bat. Univ. Nr. 2380 (Cod. 252 Scaliger)Leiden. Die Hs weicht nur in den ersten 5 Versen von Cureton 17 (Rezension C) ab; von 1,6 an sind beide Hss identisch, so daß man die Leidener Hs 252 Scaliger kaum als Vertreterin einer eigenen Rezension zählen kann. — Arabischer Paralleltext zu bo A (arab bo A).

[2] Siehe S. 116.

beiden Revisionen eine Reihe von Varianten, die nur aus arab, nicht aber aus bo erklärbar sind; z.B.

1,9 S : በጥሞስ : *baṭmōß*
bo : ΠΑΘΜΩ arab AB : بطمس (*baṭmos*)

Die Transkription des griechischen π durch äthiopisches በ *ba* ist nur aus arab erklärbar.

1,13 Vg : ልብስ : ጶዴር : *vestimento pōdēr*
bo : ΠΟΤΗΡΙΟΝ
R₂ : ድርዓ : : (*derʿā*) *throrace*
arab CD (~ AB) : درعا (*dirʿan*) *Panzer*

R₂ verwendet ein Wort, das mit arab in der Etymologie genau übereinstimmt.

3,12 Vg (= bo) አሬስዮ : *efficiam-eum*
XYZ : አሁብ : ወአሬስዮ : *dabo-ei et-efficiam-eum*
arab B : انا اعطيه *ich gebe ihm*

XYZ haben neben die Vg-Lesart noch die Variante von arab B gesetzt.

4,4 Vg : ሊቃናት : *seniores*
R₂ : ካህናት : *sacerdotes* = arab كهنا *Priester*
4,11 Vg : ይሄሉ : *existet* (plur)
R₂ : ኮኑ : *factum-est* (plur) = arab : كانت *war*

R₂ und arab stimmen in der Etymologie der verwendeten Verba überein.

9,17 Vg (= bo) : ቦሙ : *habent*
R₂ : በላዕሌሆሙ : *<in->super-eos*
arab : عليهم *über ihnen*
12,7 Vg (= bo) : ምስለ : መላእክቲሁ : *cum angelis-suis*
R₂ : ምስለ : ሐራሁ : *cum militibus-suis*
arab B : مع جنوده *mit seinen Soldaten*
14,17 Vg : ወይጸውር : *et-portat*, bo (= gr) : ЄΟΥΟΝ *having*
R₂ : ምስሌሁ : *cum-eo*
arab AB : معه *mit ihm*
17,5 Vg (= bo) : ምስጢሬ : *mysterii*
R₂ : እከዩ : *malitiae-eius*
arab B : شرّ *Schlechtigkeit*

In arab B ist سرّ *Geheimnis* mit شرّ *Schlechtigkeit* verwechselt.

18,18 Vg (= bo) : ለዛቲ : ሀገር : ዐባይ : *ad-hanc civitatem magnam*

S : ኦሀገር ፡ ዐቢይ ፡ *o civitas magna*
arab B : ايتها المدينة العظمى

Nur Hs S und arab B setzen den Vokativ; u.a.

Freilich gibt es auch ein paar Stellen, an denen R_1 und R_2 (selten) nur mit bo, nicht aber mit einem meiner arabischen Texte übereinstimmen; z.B. 9,2 *και ο αηρ* bo : ΝΕΜ ΠΙΑΗΡ *and* (= *with*) *the air*
S : ምስለ ፡ አየር ፡ *cum aëre* arab : والجو *und die Luft*
Die arabischen Texte haben richtig (= gr) ΝΕΜ, das *und* und *mit* bedeuten kann, durch *und* wiedergegeben, während Hs S *mit* hat. Der gleiche Fehler begegnet uns auch in 21,22 :
Vg (= gr) : ወበግዑ ፡ *et-agnus*
bo : ΝΕΜ ΠΙϨΙΗΒ *and* (= *with*) *the lamb*
S : ምስለ ፡ በግዑ ፡ *cum agno*, arab B : والخروف *und das Lamm*

8,7 Vg : ወወረደ ፡ *et-descendit*
~ arab A (B om) : ووقع *und fiel*
~ arab CD : ووقعا *und beide fielen*; aber
R_2 : ወአውረዶሙ ፡ *et-demisit-eos*
~ bo : ΟΥΟϨ ΑΥϨΙΤΟΥ *and they cast them*
17,9 *ὀρη* = bo : ǸΤΩΟΥ *mountains* = arab : جبال *Berge*
R_1 (Hs S) : ትውልድ ፡ *generatio*

Die Lesart bei S setzt voraus, daß ǸΤΩΟΥ *Berge* mit ǸϪΩΟΥ *Geschlechter* verwechselt wurde.

Allerdings ist es sehr wahrscheinlich, daß die nur mit bo übereinstimmenden Varianten doch über einen arabischen Text in R_1 und R_2 eingedrungen sind. Wir kennen eben leider die spezielle Hs nicht, auf die sich die Revisoren gestützt haben. Man kann ja nicht einmal angeben, nach welcher Rezension die Revisionen durchgeführt wurden. In der Hs S, die am reinsten den Text der R_1 repräsentiert [1], gehen von ca. 200 Stellen 20 ganz oder ungefähr mit arab A, 30 mit arab B, 30 mit arab C, 20 mit arab AB, 50 mit arab BC und 50 mit arab ABC; z.B. einige Varianten der R_1 :

[1] Hs T ist ein Mischtext aus Vg und R_1. T geht an vielen Stellen entweder mit S allein oder kompiliert die Lesarten von S mit Vg. Hs U zeigt erst vom 7. Kap. an arabischen Einfluß, der sich gegen Ende der Apk immer mehr verstärkt. Auch da sind die Lesarten von S oft neben die Vg-Lesarten gestellt. Vgl. J. Hofmann, *Der arabische Einfluß*. OrChr 53 (1959) S. 38 ff.

1,8 Vg (= gr) : አልፋ ፡ ወኦ ፡ *alpha et-ō*
S (ebenso DH) add ቀዳማዊ ፡ ወደኃራዊ ፡ *primus et-ultimus*
arab B add الاول والاخر *der erste und der letzte*
2,9 Vg (~ gr) : ወኢኮኑ ፡ *et-non-fuerunt*
ST add አይሁድ ፡ *Iudaei*
arab AB add يهود *Juden*
3,8 Vg (~ gr) : ግብረከ ፡ *opus-tuum*
ST (und DP) add ወሃይማኖተከ ፡ *et-fidem-tuam*
arab AB add وايمانك *und deinen Glauben*
7,9 Vg (~ gr) ጸበርት ፡ *<ramum->palmae*
SU : ቈጽለ ፡ ጸበርት ፡ *folium <rami->palmae*
arab A : سعف النخل *Zweig der Palme*
8,1 Vg (~ gr) : አርመመ ፡ ኵሉ ፡ *tacuit omne*
S : ኮነ ፡ ቃል ፡ እምሰማይ ፡ *facta-est vox e-caelo*
arab CD : كان صوت في السما *es war eine Stimme im Himmel*
11,13 Vg (= gr το δεκατον) : ፲ እዴሃ ፡ *X pars*
SU (und G) : ሣልስተ ፡ እዴሃ ፡ *tertia pars*
arab ABCD : وثلث *und ein Drittel*
13,1 Vg (= gr) : ቀጸላ ፡ *X diademata*
S : ወ ፬ ቀጸላ ፡ *et-IV-diademata*
arab A*CD : اربعة ا كاليل *vier Kronen*
17,11 Vg (= gr) : ሳምናሙ ፡ *octava*
S : መልአክ ፡ *angelus*
arab ACD : ملاك *Engel*
18,22 Vg (~ gr) : ቃለ ፡ መሰናቄት ፡ *vox cithararum*
S : ድምፀ ፡ እብን ፡ *strepitus lapidis*
arab CD : صوت حجر *Stimme von Stein*

Die Lesart geht auf einen Schreibfehler in bo zurück (bo AB : **TCMH N̄OYOYΩINI** *the voice of a harp*, aber bo D*G^mg^Z : **TCMH N̄OYΩNI** *Stimme eines Steines*) .

Die Bestimmung der Vorlage, auf die R_2 fußt, stößt auf ähnliche Schwierigkeiten. Allerdings sind die Lesarten, die nur mit arab A übereinstimmen, sehr selten. Mehr als die Hälfte der Varianten paßt zu arab CD, der Rest geht mit arab B; z.B.

1,6 Vg : ወረሰየክሙ ፡ ውስተ ፡ መንግሥተ ፡ ቀድሳተ ፡ አቡሁ ፡ እግዚአብ ሔር ፡ *et-effecit-vos <intra> regnum sanctitatis patris-sui Dei*
R_2 : ወረሰየነ ፡ ነገሥተ ፡ ወካህናተ ፡ ለእግዚአብሔር ፡ አቡሁ ፡ *et-effecit-nos et-sacerdotes Deo patri-suo*

arab B (excl.) : وصنعنا ملوك وكهنة لله ابيه
und machte uns zu Königen und Priestern für Gott seinen Vater
1,8 Vg (= gr) : አልፋ ፡ ወኦ ፡ *alpha et-ō*
R₂ add ጥንት ፡ ወማኅለቅት ፡ *initium et-finis*
arab CD add لبداية والنهاية *der Anfang und das Ende*
5,9 Vg (= gr) : ለእግዚአብሔር ፡ *Deo*
R₂ : ኦአምላክ ፡ *o deus*
arab CD : ايها الاله *o Gott*
18,3 Vg (= gr) : ወሠየጠ ፡ ምድርኒ ፡ *et-mercatores terrae-etiam*
R₂ : ወዘማውያኒ ፡ ምድርኒ ፡ *et-fornicatores terrae-etiam*
arab B : زناة الارض *die Ehebrecher der Erde*
21,21 Vg (= gr) : ወጽጕ ፡ ሀገሪ ፡ *et-forum civitatis*
R₂ : ወጠፈረ ፡ ሀገሪ ፡ *et-tectum civitatis*
arab A* : وسطح المدينة *und das Dach der Stadt*

Die Ursache des Schwankens der Varianten zwischen den einzelnen Rezensionen dürfte einmal in der arabischen Vorlage zu den revidierten Texten liegen: vielleicht war sie ein Mischtext, der die verschiedenen Varianten enthielt; oder aber es wurden öfter arabische Texte eingesehen, nach ihnen immer wieder Verbesserungen vorgenommen, und daher dann die Varianten, die bald der einen, bald der anderen Rezension zugeordnet werden müssen. Eine Spur einer solchen doppelten Revision kann vielleicht in der Hs U gefunden werden :

18,12 gr : *και παν σκευος εκ ξυλου* (Variante *λιθου*) *τιμιωτατου*
Vg : ወኵሉ ፡ ስርጉ ፡ ዘቦ ፡ ዕንቈ ፡ ክቡረ ፡
et-omnen ornatum qui-habet gemmam pretiosam
U : ወኵሉ ፡ ዕፀ ፡ ክቡረ ፡ ወኵሉ ፡ ስርጉ ፡ ወኵሉ ፡ ዕንቈ ፡ ክ
ቡረ ፡ ወኵሉ ፡ ዕፀ ፡ ንጹሐ ፡ *et-omne lignum pretiosum et-omnem ornatum et-omnem gemmam pretiosam et-omne lignum purum*

Von den vier Gliedern gehören ወኵሉ ፡ ስርጉ ፡ *et-omnem ornatum* und ወኵሉ ፡ ዕንቈ ፡ ክቡረ ፡ *et-omnem gemmam pretiosam* zu Vg. Das erste Glied ወኵሉ ፡ ዕፀ ፡ ክቡረ ፡ *et-omne lignum pretiosum*, das der griechischen Lesart *ξυλου τιμιωτατου* entspricht, paßt zu arab A (الخشب الرفيع *von feinem Holz*), bzw. zu arab CD (الخشب الكريم *von edlem Holz*). Das vierte Glied ወኵሉ ፡ ዕፀ ፡ ንጹሐ ፡ *et-omne lignum purum* stimmt mit arab B (الخشب النقى *von reinem Holz*) überein. Hs U hat also hier zwei verschiedene arabische Varianten mit der Vg-Lesart kompiliert.

Die Auswirkungen der beiden Revisionen waren gering. Die neuen Texte konnten sich nicht durchsetzen. So enthält die aus dem 19. Jh. stammende Hs R immer noch den Vg-Text. Daß man sich mit den neuen Varianten nicht anfreunden konnte, beweisen die beiden Hss S und W. S hat sehr viele gelöschte Stellen [1], meistens gerade dort, wo eine der R_1 angehörende Lesart stand. Man ließ in S allerdings die Lücke offen und schrieb nicht die alte Vg-Lesart hinein. In W ging man rigoroser vor. Die Hs W enthielt ursprünglich einen Text der R_2 (am nächsten mit V verwandt). Dann wurde die Hs nach Vg gründlich durchkorrigiert [2]. Erst in den letzten Kapiteln erlahmte der Eifer des Korrektors; von Kap. 19 an bietet die Hs den reinen R_2-Text.

Varianten der beiden arabischen Revisionen finden sich vereinzelt auch in Hss, die sonst den Vg-Text bieten. So treten z.B. R_1-Lesarten an folgenden Stellen auf :

3,8 Vg : ግብረከ ፡ *opus-tuum*
DP R_1 add ወሃይማኖትከ ፡ *et-fidem-tuam*
arab add وايمانك *und deinen Glauben*
6,8 Vg : በኀጺን ፡ *<in->ferro*
S : በሰይፍ ፡ *<in->gladio*
arab : بالسيف *mit dem Schwert*

S wählt ein Wort, das dem arabischen in der Etymologie entspricht.

D : በሰይፍ ፡ ወበኀጺን ፡ *<in->gladio et-<in-> ferro*
A : በሰይፈ ፡ ኀጺን ፡ *<in->gladio ferri*

AD kombinieren Vg mit S; A geht dabei um einen Schritt weiter als D, da dort die beiden Substantiva durch eine Genitivkonstruktion verbunden werden.

6,11 Vg : ኅዳጠ ፡ መዋዕለ ፡ *paucos dies*
P S : መዋዕለ ፡ ንስቲተ ፡ *dies breves*
20,15 Vg : ጽሑፍ ፡ *scriptus*
K R_1 add ስሙ ፡ *nomen-eius*
arab AB اسمه مكتوب *sein Name geschrieben*, u.a.

Die Varianten der R_2 sind etwas zahlreicher in den Vg-Hss vertreten; z.B.

4,9 Vg : ስብሐተ ፡ ወክብረ ፡ *gloriam et-honorem*

[1] Siehe J. HOFMANN, *Der arabische Einfluß*, OrChr 59, S. 38 ff.

[2] Siehe J. HOFMANN, *Die äthiopische Übersetzung der Jh-Apk*, CSCO 281/55, S. 8 und 9.

DJ R_2 : ዘንተ ፡ ስብሐተ ፡ ወዘንተ ፡ ክብረ ፡
hanc gloriam et-hunc honorem
arab CD (= bo) add Demonstrativa.
5,7 Vg : ወተመጠዎ ፡ *et-accepit-eum* (*sc. librum*)
FP R_2 add ለይእቲ ፡ መጽሐፍ ፡ (om Q^*, Q^c = Vg) *eum librum*
3,6.22 Vg : ምንተ ፡ ይቤ ፡ መንፈስ ፡ ቅዱስ ፡ *quid dixit spiritus sanctus*
H R_2 : ዘይቤ ፡... *quod-dixit* ... u.a.

Außerdem findet man, wenn auch ganz selten, arabische Lesarten, die in *allen* Hss vertreten sind. Sie beweisen, daß der arabische Einfluß sehr frühzeitig eingesetzt hat, vielleicht sogar schon vor dem 14. Jh., da alle uns überlieferten Hss bereits davon betroffen wurden; z.B.
4,9 gr : και οταν δωσουσιν
aeth : ወሶበ ፡ ከመዝ ፡ ይብሉ ፡ ... ወይሁቡ ፡
et-cum sic dicunt ... et-dant
arab B : واذا قالوا *und wenn sie sagen*
Aeth hat also eine Doppellesart : arab B + gr.
6,14 gr : ως βιβλιον
aeth : ከመ ፡ ክርታስ ፡ *ut charta* (*kertāß*)
arab : القرطاس *das Papier* (*qirṭās*)
Aeth hat dasselbe Fremdwort wie arab.

Es muß angenommen werden, daß der arabische Einfluß mindestens vom 14. Jh. an ständig auf aeth eingewirkt hat, daß er aber zu keiner Zeit stark genug gewesen ist, um die dominierende Stellung des Vg-Textes erschüttern zu können.

Bo als Revisionsvorlage.

Aus dem über arab als Revisionsvorlage Gesagten geht schon hervor, daß es außerordentlich schwierig ist, den sicheren Nachweis dafür zu bringen, daß bo auch direkt auf aeth eingewirkt hat. Indirekt über die vier arabischen Rezensionen, eventuell auch über die arabische Parallelübersetzung zu bo war der bohairische Einfluß groß. Aber ob, wann und in welchem Umfang bo allein zur Korrektur des äthiopischen Apk-Textes herangezogen wurde, läßt sich unmöglich mit Sicherheit feststellen. Der bohairische Einfluß müßte unwahrscheinlich bald nach der Übersetzung wirksam geworden sein, also etwa um 600. Denn in der Mitte des 7. Jh. wurde Ägypten vom Islam erfaßt; dadurch wurden alle kirchlichen Verbindungen zwischen Ägypten und Äthiopien zerschnitten. Die Beziehungen zum koptischen Patriarchat wurden erst im 13. Jh. wieder aufgenommen.

Da aber war das Bohairische bereits vom Arabischen verdrängt. Vööbus [1] meint, daß das NT ungefähr schon im 10. Jh. aus dem Bohairischen in das Arabische übersetzt wurde. Die älteste bohairische Hs, die Horner [2] verwendet (bo A) und die aus dem 12. Jh. (1174) stammt, hat bereits eine arabische Parallelübersetzung. Wir können also annehmen, daß etwa schon nach dem 11./12. Jh. der bohairische Apk-Text keinen direkten Einfluß mehr auf aeth ausgeübt hat. Sicher ist, daß von 1270 an die bohairische Bibel als Revisionsvorlage nicht mehr in Frage kommt. Denn mit dem König Yekuno 'Amlak (1270 - 1285) beginnt die 2. große Literaturperiode [3], in der schon nach arabischen Texten übersetzt und revidiert wurde. Es bliebe also als zweite Möglichkeit für einen direkten bohairischen Einfluß auf aeth eventuell noch die Zeit vom 8. Jh., als sich die kirchlichen Verhältnisse in Ägypten nach dem Herrschaftsantritt des Islams wieder stabilisiert hatten, bis etwa zum 11./12. Jh. Aber in diesem Zeitraum waren wieder in Äthiopien die Voraussetzungen für eine größere literarische Tätigkeit nicht gegeben. Es war eine Zeit des Verfalles, in der Äthiopien von seinem kulturellen und kirchlichen Zentrum Alexandrien abgeschnürt war. Trotzdem ist es natürlich nicht ausgeschlossen, daß vielleicht doch ein bohairischer Apk-Text nach Äthiopien gelangt ist, der dann in einigen Varianten in aeth sichtbar wurde. Auf jeden Fall war der Einfluß, den bo direkt auf aeth ausgeübt hat, sehr bescheiden. Es gibt eigentlich nur zwei Varianten, von denen man mit einer an Sicherheit grenzenden Wahrscheinlichkeit behaupten kann, daß sie direkt aus bo von aeth übernommen wurden. Beide sind auch durch alle alten Hss bezeugt; es ist also anzunehmen, daß sie schon vor den arabischen Revisionen im äthiopischen Text waren:

1,6 gr : *και εποιησεν ημας βασιλειαν ιερεις τῳ θεῳ τῳ πατρι αυτου*
aeth : ወረሰየክሙ ፡ ውስተ ፡ መንግሥተ ፡ ቅዱሳተ ፡ ለቡሁ ፡ እግዚአ ብሔር ፡ *et-effecit-vos <intra> regnum sanctitatis patris-sui Dei*
bo : ΟΥΟϨ ΑϤΘΑΜΙΟΝ ⲚΟΥΜЄΤΟΥΡΟ ⲘΜЄΤΟΥΗΒ ⲘΦϮ ΠЄϤΙΩΤ
and he made us a kingdom of priesthood to God his father

Aeth weicht von gr ab, aber auch von bo. Die Differenzen mit bo lassen sich jedoch als Fehldeutungen des bohairischen Textes erklären.

[1] Siehe A. Vööbus, *Early Versions* S. 294.
[2] Horner, *The Coptic Version*, Northern dialect, S. XXXVIII, Bd. I.
[3] I. Guidi, *Storia della letteratura*, S. 8 und S. 21.

Nur die Lesart *υμας* statt *ημας*, die als Hörfehler aus dem griechischen Text anzusehen ist und die auch schon im vorhergehenden Vers auftritt, hat aeth hier beibehalten [1].

1) ረሰየ ፡ *efficere* wird im Äthiopischen mit dem doppelten Akkusativ konstruiert. Hier aber steht statt des zweiten Akkusativs ein Präpositionalausdruck (ውስተ ፡ መንግሥተ ፡ *intra regnum*), der eine Mißdeutung der bohairischen Präposition Ⲛ̄-, Ⲙ̄ⲘⲞ= = vor ⲘⲈⲦⲞⲨⲢⲞ *kingdom* sein kann. Ⲛ̄ hat bei den Verben *sein, werden, zu etwas machen* nur die Funktion, das Objekt oder das Ziel, zu dem etwas wird, anzuzeigen [2]. Von aeth aber wird es als Lokalpräposition *in* aufgefaßt, deshalb ውስተ ፡ መንግሥተ ፡ *intra regnum.*

2) Die Präpostion Ⲛ̄- (Ⲙ̄-) vor ⲘⲈⲦⲞⲨⲎⲂ *priesthood* wird als Genitivpartikel angesehen, deshalb ቅድሳተ ፡ *sanctitatis.*

3) Daß aeth ቅድሳተ ፡ *sanctitatis* (ⲘⲈⲦⲞⲨⲂⲞ) statt ቀሰሰና ፡ oder ክህነት ፡ *sacerdotii* (ⲘⲈⲦⲞⲨⲎⲂ) hat, scheint mir eine Verwechslung der beiden bohairischen Substantiva zu sein.

4) Die Präposition Ⲛ̄- (Ⲙ̄-), ⲚⲀ= vor ⲫϯ ፡ *God* ist Dativpartikel. In aeth aber steht der Genitiv. Das bedeutet, daß hier Ⲛ̄-, Ⲙ̄ⲘⲞ= (Genitivpartikel) mit Ⲛ̄-, ⲚⲀ= (Dativpartikel) verwechselt wurde, deshalb also አቡሁ ፡ እግዚአብሔር ፡ *patris-sui Dei*. Die äthiopische Lesart ist von keinem arabischen Text aus zu erklären.

8,11 Vg (außer L) add ምስለ ፡ ዐውሎ ፡ *cum turbine* post ለማያት ፡ *aquarum*. Unsinniger Zusatz, hinter dem die bohairische Lesart Ⲙ̄ⲫⲢⲎϯ Ⲛ̄ⲞⲨⲀⲖⲖⲞⲎ *as an alloē* steckt. Übersetzt man das zurück ins Äthiopische, dann erhält man ምስለ ፡ (oder በምስለ ፡) ዐልዋ ፡ (*in*-) *similitudine 'alwā*. Dieses Fremdwort wurde später in das geläufige ዐውሎ ፡ *turbo* geändert und ምስለ ፡ nicht als stat. constr. von ምስል ፡ *similitudo*, sondern als Präposition ምስለ ፡ *cum* aufgefaßt. Die arabischen Texte haben hier ohne Ausnahme صبر *Absinth* (= gr), von dem aus die äthiopische Lesart nicht erklärt werden kann.

Aeth hat oft wie kopt das Verb im Aktiv, wo bei gr (und auch bei arab) das Passiv steht. Doch diese Stellen können nicht als Beweis einer koptischen Überarbeitung angesehen werden, da aeth auch von sich aus die aktive Konstruktion bevorzugt haben kann [3]. Die meisten bohairischen Varianten aber hat aeth auch mit arab gemeinsam.

[1] Siehe S. 31 und 90.

[2] Siehe W. Till, *Koptische Dialektgrammatik*, München 1931, S. 35.

[3] Siehe S. 80.

Sie sind als Beweis für einen direkten bohairischen Einfluß wertlos, wenn vielleicht auch die eine oder andere Variante darunter sein könnte, die direkt aus bo übernommen wurde; z.B.

1,15 *εν καμινῳ*] ውስተ ፡ እሳት ፡ *in igne*
bo : ϦⲈⲚ ⲞⲨⲬⲢⲰⲘ *in a fire*
arab CD : بنار *in Feuer*

5,12 *και δυναμιν*] add ወመንግሥት ፡ *et-regnum*
bo add ⲚⲈⲘ ϮⲘⲈⲦⲞⲨⲢⲞ *and a kingdom*
arab A und arab bo A add وملك *und ein Königtum*

6,6 *ζῳων*] add ከመ ፡ ቃለ ፡ ንስር ፡ *ut vocem aquilae*
bo add Ⲙ̄ⲪⲢⲎϮ Ⲛ̄ⲦⲤⲘⲎ Ⲛ̄ⲞⲨⲀϦⲰⲘ *as the voice of an eagle*
arab ACD add مثل صوت نسر *wie die Stimme eines Adlers*

7,2 *και ειδον*] Vg (außer GLQR) : ወነጸርኩ ፡ ወርኢኩ ፡ *et-spectavi et-vidi*
bo : ⲞⲨⲞϨ ⲀⲒϪⲞⲨϢⲦ ⲀⲒⲚⲀⲨ *and I looked, I saw*
arab bo A (excl.) : وتطلعت فرايت *ich blickte, da sah ich*

11,1 *καλαμος*] add ወርቅ ፡ *auri*
bo add Ⲛ̄ⲚⲞⲨⲂ *of gold*
arab ABCD add ذهب *von Gold*

17,9 *ωδε ο νους ο εχων σοφιαν*] ለዘቦ ፡ ልበ ፡ ወጥበበ ፡ ያአምር ፡ ለዝንቱ ፡ *qui-habet cor et-sapientiam sciet hoc*
bo : ⲪⲎ ⲈⲦⲈⲞⲨⲞⲚ ϨⲎⲦ Ⲙ̄ⲘⲞϤ ⲚⲈⲘ ⲞⲨⲤⲂⲰ ⲘⲀⲢⲈϤⲔⲀϮ
he who hath heart and wisdom let him understand
arab ACD : (ف)من له قلب وعلم فليفهم
wem Herz und Verstand, möge verstehen; u.a.

Sa als Revisionsvorlage [1].

In aeth kommen ein paar Lesarten vor, die eindeutig aus sa stammen, aber nicht über arab in den äthiopischen Text eingedrungen sind. Sie beweisen nicht, daß aeth aus sa übersetzt wurde [2]. Sie beweisen nur, daß zwischen sa und aeth Beziehungen bestanden haben. Es handelt sich um sehr alte Lesarten; denn sie sind in allen alten Hss vorhanden und sind fast kaum mehr zu finden, weil sie vom übrigen Text absorbiert worden sind. Folgende Stellen hat aeth nur mit sa gemeinsam :

[1] Vgl. J. Hofmann, *Neutestamentliche Aufsätze*, S. 115 ff.
[2] Siehe S. 22.

1,16 ως ο ηλιος φαινει] ከመ ፡ ፀሐይ ፡ ብሩህ ፡ ዘያስተርኢ ፡
ut sol lucidus qui-apparet
sa : ⲚⲐⲈ ⲘⲠⲢⲎ ⲈⲦⲢⲞⲨⲞⲈⲒⲚ *as the sun which enlighteneth*

Die äthiopische Übersetzung der Stelle sieht wie eine Doppellesart aus; denn für φαινει stehen zwei Ausdrücke : ብሩህ ፡ *lucidus* und ዘያስተርኢ ፡ *qui-apparet*, wobei der Relativsatz gut zu sa paßt.

2,2 aeth = sa om και επειρασας

3,4 ολιγα ονοματα] ኅዳጠ ፡ ሰብእ ፡ *paucos homines*
sa : ⲞⲨϬⲞⲠ ⲚⲢⲰⲘⲈ *a few men*

3,5 περιβαλειται] nur BHIK : እሁቦ ፡ ልብሰ ፡ *dabo-ei vestimentum*
sa a : ϯⲚⲀϯ ϨⲒ ϨⲰⲰϤ *I shall clothe him*

ϯⲚⲀϯ heißt wörtlich *ich werde geben* und bildet mit ϨⲒ die Redewendung *ich werde kleiden, anziehen.* BHIK ahmen dies nach.

8,7 εν αιματι] ምስለ ፡ ደም ፡ *cum sanguine*
sa : ⲘⲚ ⲞⲨⲤⲚⲞϤ *with blood*

9,17 πυρινους και υακινθινους] ዘእሳት ፡ ዘሐብሪ ፡ ደርከና ፡
ignis coloris purpurae-caeruleae (= *hyacinthi*)
sa : ⲚⲀⲨⲀⲚ ⲚⲔⲰϨⲦ ϨⲒ ϨⲨⲀⲔⲒⲚⲐⲒⲚⲞⲚ
of colour of fire and hyakinthinon

Die Übereinstimmung besteht in dem Zusatz *Farbe,* der nur bei sa und aeth auftritt.

10,4 ημελλον γραφειν] በበይነ ፡ ዘሀለዎ ፡ ይጸሐፍ ፡ ... ወፈቀድኩ ፡ እጽሐፎ ፡
ob [*id*] *quod-necesse-est-ei* [*ut*] *scribatur ... et-volui* [*ut*] *scriberem-id*
sa : ⲀⲒⲈⲒ ⲈⲒⲚⲀⲤⲈϨ *I was preparing to write*

Aeth bringt eine Doppellesart : በበይነ ፡ ... ይጸሐፍ ፡ *ob* [*id*] *quod... scribatur* stimmt mit sa in der Stellung am Anfang des Verses überein. Zwar differieren aeth und sa grammatikalisch erheblich, aber aeth hat die Variante noch zum vorhergehenden Vers gerechnet und für diesen Zusammenhang zurecht gemacht. Der ganze Vers wurde später nach bo oder arab korrigiert.

11,2 εκβαλε εξωθεν] ኅድግ ፡ *relinque*
sa : ⲔⲀⲀⲤ ⲈⲠⲀϨⲞⲨ *leave it behind*

Die Übereinstimmung besteht in der Verwendung des Imperativs *laß.*

Wichtig sind dann noch ein paar Stellen, die als mißverstandene sa'idische Lesarten erklärt werden können; u.zw. 14,8; 18,3; 21,8 und vielleicht auch noch 2,20.25; 7,16 :

14,8 του θυμου της πορνειας αυτης] መንሱት ፡ ዝሙታ ፡

tentationis fornicationis-suae
sa : ⲘⲠϬⲰⲚ̄Ⲧ Ⲛ̄ⲦⲈⲤⲠⲞⲢⲚⲈⲒⲀ
of the indignation of her fornication
18,3 ሐምዚ ፡ መንሱት ፡ ዝሙት ፡ *a furore tentationis fornicationis-eius*
sa = gr = 14,8
Die Hss ADFHPU R₂ haben eine andere Wortstellung. In 14,8 steht statt des zu erwartenden ሐምዚ ፡ (θυμου) das unsinnige መንሱት ፡ *tentationis.* In 18,3 blieb ሐምዚ ፡ erhalten, wurde aber mit መንሱት ፡ zu einer Doppellesart verbunden. Die Erklärung liegt darin, daß der Revisor das saʿidische ϬⲰⲚ̄Ⲧ *Zorn* mit ϪⲰⲚ̄Ⲧ *Versuchung* [1] verwechselt hat. Es wurde die falsche Vokabel in den Text aufgenommen : in 14,8 an Stelle des richtigen ሐምዚ ፡ *furoris,* in 18,3 neben ihm.
21,8 το μερος αυτων] ምንዳቤሆሙ ፡ *afflictio-eorum*
sa : ⲦⲈⲨⲦⲞ *their portion*
Wieder wurde der saʿidische Text mißverstanden und die falsche Vokabel gewählt : ⲦⲞⲈ, ⲦⲞ *Teil, Anteil* (= gr sa), aber ⲦⲰ, ⲦⲞ⸗ *peinigen, strafen* (= aeth) [2].
Zweifelhaft sind folgende Stellen :
2,20 οτι αφιεις την γυναικα Ιεζαβελ] እስመ ፡ አርመምከ ፡ ላቲ ፡ ለኤል ዛቤል ፡ ብእሲት ፡ *quia tacuisti ad-eam ad-'ēlezābēl mulierem*
sa : ϪⲈ ⲀⲔⲔⲰ Ⲛ̄ⲦⲈⲒⲤϨⲒⲘⲈ ϪⲈ ⲈⲖⲒⲤⲀⲂⲈⲖ
that thou permittedst this woman namely Elisabel

1) Aeth hat beim Verbum ein Tempus der Vergangenheit (= gr $\aleph^a$ und ein paar Minuskeln : αφηκας = sa). Der Sinn des äthiopischen Verbums stimmt allerdings weder mit dem griechischen noch mit dem saʿidischen Verbum überein. Aber sollte hier der Revisor ⲀⲔⲔⲰ *du ließest* mit ⲀⲔϬⲰ *du bliebst, verweiltest,* aber auch *du schwiegst* [3] verwechselt haben? Das Verbum ⲔⲰ, das hier steht, heißt in Verbindung mit Ⲛ̄ⲢⲰ⸗ *den Mund halten, schweigen* [4]. Dachte ein Korrektor vielleicht an diese Redewendung? Beide Möglichkeiten passen zu aeth.

[1] Siehe Spiegelberg, *Kopt. Handwörterbuch,* Heidelberg 1921, S. 273. Bo hat an dieser Stelle unmißverständlich ⲠⲈⲘⲂⲞⲚ *wrath.*
[2] Siehe Spiegelberg, *Kopt. Hdwb.* S. 140.
[3] Siehe Spiegelberg, *Kopt. Hdwb.* S. 285.
[4] Siehe Spiegelberg, *Kopt. Hdwb.* S. 36, und W.E. Crum, *A Coptic Dictionary,* Oxford 1929, S. 288.

2) ለቲ ፡ *ad-eam* ist überflüssig. Aber könnte das nicht ein Schreibfehler für ዛቲ ፡ *haec* sein, das einmal zu ብእሲት ፡ *mulierem* gehört hat? Das ergäbe eine Erklärung für das unmotivierte ለቲ ፡ *ad-eam* und eine gute Übereinstimmung mit sa, wo ebenfalls das Demonstrativum ⲚⲦⲈⲒⲤϨⲒⲘⲈ *this woman* steht.

3) Aeth paßt in der Form des Eigennamens gut zu sa (sa 1 : ⲈⲖⲒⲤⲀⲂⲈⲖ, sa a* : ⲈⲒⲌⲀⲂⲈⲖ, sa a^c : ⲈⲒⲈⲌⲀⲂⲈⲖ), nur sieht die äthiopische Form wie eine Mischung aus ⲈⲖⲒⲤⲀⲂⲈⲖ und ⲈⲒⲈⲌⲀⲂⲈⲖ aus.

2,25 *αχρις ου αν ηξω*] እስከ ፡ ሰዐ ፡ እሣሀል ፡ *usque quando miserebor*
sa : ϢⲀⲚϮⲈⲒ *until I come*

Horner hat für die Lesart ϢⲀⲚϮⲈⲒ nur zwei Zeugen (Brit. Mus. Or. 6954 und 6803). Könnte es nicht auch sa'idische Hss mit ϢⲀⲚϮⲚⲀ *bis ich kommen werde* gegeben haben? Denn damit wäre die Differenz zwischen gr und aeth geklärt. ⲚⲀ heißt nämlich 1) *kommen* ($\sqrt{\text{nj}^{c}}$) und 2) *sich erbarmen* ($\sqrt{\text{n}^{c}}$) [1]. Man könnte dann annehmen, daß ϢⲀⲚϮⲚⲀ fälschlich mit *bis ich mich erbarmen werde* (= aeth) statt richtig mit *bis ich kommen werde* wiedergegeben wurde.

7,16 *ουδε μη πεση επ αυτους*] ኢይረክቦሙ ፡ *non-inveniet-eos*
sa : ⲚⲀϨⲈ ⲀⲚ ⲈϨⲢⲀⲒ ⲈϪⲰⲞⲨ *will not fall upon them*

Bei aeth ist der ganze Vers verdorben und mir scheint, daß dafür eine schlechte Korrektur nach sa mitverantwortlich ist. Es dürfte sich hier wieder um ein Mißverständnis handeln : ϨⲈ ⲈϨⲢⲀⲒ heißt *fallen* (= gr), aber ϨⲈ Ⲉ⸗ heißt *finden* [2], also die Bedeutung, die in aeth auftaucht.

Unklar ist nur, wie die erwähnten mißverstandenen Lesarten aus sa in den äthiopischen Text hätten eindringen können. Der eine Weg, daß aeth nach sa übersetzt ist und der Übersetzer seine Vorlage falsch verstanden hat, ist auszuschließen; denn aeth ist nach gr übersetzt [3]. Und wäre aeth nach sa übersetzt worden, dann müßte man eine ganz gründliche Revision nach gr annehmen; dabei aber bliebe unverständlich, wie die Fehler aus sa sich im Text hätten behaupten können. Der zweite Weg, daß die nach gr übersetzte Apk einer Revision nach einem sa'idischen Text unterzogen wurde, hat auch seine Schwierigkeiten. Es ist nämlich praktisch nicht gut vorstellbar, wie der Revisor, der einen äthiopischen Text mit den richtigen Lesarten

[1] Siehe Spiegelberg, *Kopt. Hdwb.* S. 72 und 73.
[2] Siehe Spiegelberg, *Kopt. Hdbw.* S. 222.
[3] Siehe S. 22 und 26 ff. Vgl. J. Hofmann, *Neutestam. Aufsätze* S. 117 ff.

vor sich hatte, den sa'idischen Text hätte mißverstehen können. Er hätte doch an dem zu revidierenden äthiopischen Text erkennen müssen, wie die für ihn fraglichen sa'idischen Lesarten aufzufassen seien. Man müßte höchstens annehmen, daß ihm seine Fehler besser gefallen hätten als der richtige Text und er sie deshalb beibehalten hätte.

Am leichtesten läßt sich das Vorhandensein der sa'idischen Fehler in aeth dadurch erklären, daß man die Existenz einer zweiten, nach sa übersetzten Apk mit den erwähnten Fehlern annimmt. Wenn es eine solche gegeben hat, dann ist es leicht verständlich, daß die Fehler des einen Textes in den anderen eindringen konnten, daß, wie z.B. in 14,8, die falsche sa'idische Variante die ursprünglich richtige Lesart verdrängen oder daß, wie in 18,3, die falsche Variante noch neben die richtige Lesart treten konnte. Das Verschwinden dieser hypothetischen zweiten äthiopischen Übersetzung, der vielleicht auch keine große Bedeutung innewohnte, könnte durch den Mohammedanersturm des 16. Jh. erfolgt sein, und als einziger Beweis ihrer eventuellen Existenz wären die paar mißverstandenen sa'idischen Lesarten übrig geblieben.

Es gibt noch eine Anzahl von Lesarten, die aeth mit sa gemeinsam hat, die aber nicht unbedingt direkt von sa abstammen müssen, weil sie auch in arabischen Texten zu finden sind. Besonders die arabische Rezension B [1] hat sa'idische Lesarten in sich aufgenommen. Auch die arabische Parallelübersetzung zu bo A führt in Marginalien sa'idische Varianten an. Es ist also bei den folgenden Lesarten nicht ausgeschlossen oder, besser gesagt, es ist sogar wahrscheinlich, daß sie indirekt über arab von sa nach aeth gewandert sind :

1,4 *Ιωαννης*] add ጸሐፈ ፡ *scripsit*
sa add ⲈϤⲤϨⲀⲒ *is writing*
arab B add يكتب *schreibt*

1,7 *μετα των νεφελων*] aeth^{plur} add ሰማይ ፡ *caeli*
sa add ⲚⲦⲠⲈ *of the heaven*
arab B add السما *des Himmels*

Da die alten Hss B C S T den Zusatz nicht haben, kann angenommen werden, daß er erst in späterer Zeit von arab aus in den äthiopischen Text eingedrungen ist.

[1] Siehe S. 109.

8,4 *ταις προσευχαις*] ምስለ ፡ ጸሎቶሙ ፡ *cum oratione*
sa : ⲘⲚ̄ ⲚⲈϢⲖⲎⲖ *with the prayers*
arab BCD : مع صلوات *mit Gebeten*

14,8 aeth = sa = arab B om δευτερος

18,4 *ουαι η πολις*
aeth = sa = arab BCD : ουαι τῃ πολει

22,4 *το ονομα αυτου*] aeth AC al add ጽሑፍ ፡ *scriptum*
sa : ⲈⲢⲈ ⲠⲈϤⲢⲀⲚ ⲤⲎϨ *his name being written*
arab B Wp add مكتوب *geschrieben*

Es ist außerordentlich schwierig, den Zeitpunkt herauszufinden, an dem die sa'idischen Varianten in aeth Fuß gefaßt haben. Man ist hier nur auf Vermutungen und Spekulationen angewiesen. War keine zweite, nach sa hergestellte Apk-Übersetzung vorhanden, dann kämen als Zeitraum der Beeinflussung entweder wie bei bo [1] (aber ebenso unwahrscheinlich) die paar Jahre von der Übersetzung ins Äthiopische bis zum Einbruch des Islams in Ägypten in Frage oder die Zeit nach dem Arabereinbruch, als wieder Ruhe und Ordnung im Lande eingezogen waren. Das Sa'idische war damals noch Hochsprache für ganz Ägypten und wurde erst etwa im 10. Jh. durch das Arabische aus dem öffentlichen Leben vor allem in Unterägypten verdrängt, hielt sich aber als gesprochener Dialekt in Oberägypten noch durch Jahrhunderte. Als Kirchensprache wurde das Sa'idische etwa um das 11. Jh. durch das Bohairische ersetzt [2]. Da Äthiopien dem oberägyptischen Sprachgebiet näher liegt als dem unterägyptischen, ist es nicht ausgeschlossen, daß die Äthiopier in oberägyptischen Klöstern die Bekanntschaft mit der sa'idischen Apk machten. Das müßte aber auch noch vor dem 10. Jh. gewesen sein, da um diese Zeit das Sa'idische unter den Christen Oberägyptens sowohl im öffentlichen als auch im kultischen Bereich noch voll in Geltung war. Es ist nicht auszuschließen, daß trotz der Abschnürung Äthiopiens von Alexandrien durch die Mohammedanerrschaft doch noch Beziehungen wenigstens zu den näher gelegenen oberägyptischen Klöstern bestanden und daß trotz aller politischen Wirren im Inneren Äthiopiens nicht jede revidierende Arbeit am Bibeltext zum Stillstand gekommen

[1] Siehe S. 116.
[2] Vgl. W.C. Till, *Koptische Grammatik*, Leipzig 1955, S. 38.

war. Wir könnten also in diesem Falle als Zeit der Beeinflussung 7. - 9./10. Jh. annehmen.

Wenn nun aber noch eine zweite Apk-Übersetzung nach sa existiert hat, dann entstand sie noch in der 1. Periode der äthiopischen Literatur (5. - 7. Jh.). Später waren wegen des Arabereinfalls in Ägypten mit all seinen Folgen für Ägypten und für Äthiopien für eine solche umfangreiche Arbeit die Voraussetzungen nicht mehr gegeben. Sollten die Evv nach sy übersetzt sein [2], dann ist die Vermutung berechtigt, daß die Apk erst durch griechische Texte und vielleicht etwa um dieselbe Zeit durch sa'idische Texte den Äthiopiern bekannt wurde. Es wäre dann die Annahme nicht ganz von der Hand zu weisen, daß die äthiopische Apk fast gleichzeitig einmal nach gr und einmal nach sa übertragen wurde. Die Apk aus sa hätte dann auf die Apk aus gr, die alle Stürme überlebt hat und die zum Standardtext geworden ist, irgendwann, bevor der arabische Einfluß in Äthiopien sich geltend machte (vor dem 13. Jh.), an ein paar Stellen abfärben können. Das hätte auch in der Zeit geschehen können, wo in Äthiopien das kulturelle und das kirchliche Leben sehr darniederlag (8. - 13. Jh.). Der zeitliche Spielraum für die Festsetzung des sa'idischen Einflusses ist dann sehr groß.

[2] Siehe S. 12.

VIII

DIFFERENZEN ZWISCHEN GR UND AETH

Außer den zitierten Stellen, an denen aeth infolge des koptischen oder arabischen Einflusses von gr abweicht, gibt es noch eine Reihe von Stellen, an denen aeth aus irgendeinem anderen Grund nicht mit gr übereinstimmt. Sie sollen der Vollständigkeit wegen auch noch behandelt werden.

1,1 *αποκαλυψις Ιησου*] ራእዩ ፡ ለዮሐንስ ፡ ዘከመ ፡ ርእዮ ፡ ለኢየሱስ ፡
visio Ioannis quomodo vidit Iesum

Aeth übersetzt *αποκαλυψις* mit ራእይ ፡ *visio* (von ርእየ *videre*). Das zu erwartende ራእዩ ፡ ለኢየሱስ ፡ hätte zwar auch als *revelatio Iesu* aufgefaßt werden können, hätte aber auch als *Gesicht Jesu* mißverstanden werden können. Das wollte der Übersetzer durch seine Umschreibung wahrscheinlich vermeiden.

και εσημανεν αποστειλας] ወእምዝ ፡ ፈነወ ፡ *et-deinde misit*

Das Wort *σημαινειν* wird in den Evv durch ኣመረ ፡ *significare, indicare* wiedergegeben (vgl. Jh. 12,13; 18,32; 21,19). Es ist nicht ausgeschlossen, daß dies auch hier ursprünglich der Fall war und die Stelle ወኣመረ ፡ ዘፈነወ ፡ *et-indicavit qui-misit* gelautet hat. Daraus könnte durch Verschreibung oder Verlesung leicht ወእምዝ ፡ ፈነወ ፡ (Hss CET) entstanden sein. Eine Weiterbildung ist dann die Lesart ወእምድኅረዝ ፡ ፈነወ ፡ (Hss ABDGHIKLMNPQR*SUW^{c}).

1,3 *ο αναγινωσκων και οι ακουοντες ... τηρουντες*]
ወዘያነብቦ ፡ ወዘይሰምዖ ፡ ... ወዘየዐቅብ ፡
qui-legit-id et-qui-audit-id ... et-qui-servat

Das 2. und 3 Verbum steht in Analogie zum 1. Verbum im Singular. Kein Einfluß der Lesart *ακουων* in gr 141 792 und Oik 2053 2062.

1,4.5 *του θρονου αυτου*. V.5 *και απο Ιησου Χριστου*] መንበሩ ፡ ለኢ-
የሱስ ፡ *thronum<-eius sc> Iesu Christi*

Ende von V. 4 und Anfang von V. 5 fließen infolge Unaufmerksamkeit des Schreibers ineinander. Die Form መንበሩ ፡ *thronum-eius* mit Suffix hat zur Bildung der Genitivkonstruktion angeregt, wobei *και απο* übergangen wurde.

1,5 *ος μαρτυς πιστος εστιν*] ዘውእቱ ፡ ስምዕ ፡ መሃይምን ፡
qui est testis fidelis

Aeth paßt zu der angegebenen Lesart der griechischen Familie O, einer Mischung von *Aν* und **K**. Es bleibt aber fraglich, ob aeth noch ursprünglich ist. Hoskier gibt als Zeugen für die angeführte griechische Lesart auch copt an. Aber sowohl sa (**Π[Μ]Ν̄ΤΡЄ Π[ΠΙCΤΟC** *the faithful witness*) als auch bo (**ΠΙΜΑΡΤΥΡΟC ΠΙΠΙCΤΟC** *the witness, the faithful*) und mit bo auch arab (A الشاهد الصادق *der wahrhaftige Zeuge*, BCD الشاهد الامين *der treue Zeuge*) setzen die bessere Lesart ο μαρτυς ο πιστος voraus.

1,9 και υπομονη εν *Ιησου*] ወበትዕግሥትክሙ ፡ በእንተ ፡ ትዕግሥቱ ፡ ለኢየሱስ ፡ *et-in-patientia-vestra propter patientiam<-eius sc> Iesu*

Die Stelle macht den Eindruck einer Doppellesart. Ursprünglich vielleicht ወበትዕግሥትክሙ ፡ በ[እንተ ፡] ኢየሱስ ፡ *et-patientia-vestra in-<propter> Iesu* und damit verknüpft eine Lesart, wie sie BCcJLMPQ aufweisen : በ[እንተ ፡] ትዕግሥቱ ፡ ለኢየሱስ ፡ *in<-propter>patientia Iesu*. Daß በእንተ ፡ *propter* statt einfach በ *in-* steht, könnte eine Reminiszenz an 2,3 oder 3,10 sein, wo ebenfalls *propter* und *patientia* nebeneinander stehen.

εγενομην] ወእንዘ ፡ ሀሎኩ ፡ *et-dum sum*

Die Konjunktion ist wahrscheinlich ein späterer Zusatz. Vielleicht hieß es zuerst ወአንሰ ፡ *et-ego-autem* (~ bo BCH **ΑΙϢΩΠΙ ΔЄ** *ich war aber*), das dann zu ወእንዘ ፡ *et-dum* entstellt wurde.

1,10 εγενομην εν πνευματι] መጽአ ፡ ላዕሌየ ፡ መንፈስ ፡

venit super-me spiritus

Sehr freie Übersetzung. Die Vorlage dazu ist unbekannt.

ως σαλπιγγος] ከመ ፡ ቃለ ፡ ቀርን ፡ *ut vocem cornus*

Der Zusatz ቃለ ፡ *vocem* ist entweder ein eigenmächtiger Einschub, um dem Genitiv eine Stütze zu geben, oder Korrektur nach arab B مثل صوت القرن *wie die Stimme des Hornes* (~ arab Wp).

1,11 λεγουσης μοι] ወይቤለኒ ፡ *et-dixit-mihi*

Aeth dürfte ursprünglich wie gr 1611 1854 μοι gehabt haben. Dagegen fehlt bei aeth der Zusatz der *Aν*-Texte εγω ειμι το *Α* και το *Ω* ο πρωτος και ο εσχατος.

1,14 η δε κεφαλη αυτου και αι τριχες λευκαι ως εριον λευκον και ως χιων] ወጸዓዳ ፡ ርእሱ ፡ ወሥዕርቱ ፡ ከመ ፡ ፀምር ፡ ጸዓዳ ፡ ወከመ ፡ በረድ ፡

et-album caput-eius et-capillus-eius ut lana alba et-ut pruina

Aeth hat eine größerer Ähnlichkeit mit sa als mit gr oder bo (sa : **ЄΡЄ ΤЄϤΑΠЄ ΟΥΟΒϢ ΜΝ̄ ΠЄϤϤΩ Ν̄ΘЄ Ν̄ΟΥCΟΡ̄Τ Ν̄ΟΥΟΒϢ ΑΥΩ**

Ⲛ̄ⲐⲈ Ⲛ̄ⲞⲨⲬⲒⲰⲚ *his head being white and his hair as white as wool and as snow*). Vgl. bo : **ⲦⲈϤⲀⲪⲈ ⲆⲈ ⲚⲈⲘ ⲠⲈϤϤⲰⲒ ⲈⲨⲞⲨⲞⲂϢ Ⲙ̄ⲪⲢⲎϮ Ⲛ̄ⲞⲨⲤⲞⲢⲦ Ⲛ̄ⲞⲨⲞⲂϢ ⲚⲈⲘ ⲞⲨⲬⲒⲰⲚ** *but his head and his hair being white as white wool and snow.*

1,17 *ως νεκρος*] ወኮንኩ ፡ ከመ ፡ በድን ፡
et-factus-sum ut corpus-mortuum

Der Einschub des Verbums ist entweder eigenmächtige Ergänzung in Anlehnung an 1,18 oder eine Korrektur nach bo (**ⲀⲒⲈⲢⲘ̄ⲪⲢⲎϮ Ⲛ̄ⲞⲨⲢⲈϤⲘⲰⲞⲨⲦ** *and I was as one dead*), bzw. arab ABCD (وصرت كالميت *und ich war wie tot*).

και (επ)εθηκεν την δεξιαν αυτου] ወአኀዘኒ ፡ በየማኑ ፡
et-prehendit-me <in->dextera-sua

Der Grund der Abweichung ist nicht ersichtlich (sa bo arab = gr).

1,19 *γενεσθαι*] ይኩን ፡ *fiat*

Der äthiopischen Form ist nicht anzusehen, ob in der Vorlage *γίνεσθαι* (= gr A ℵ^a *Aν*) oder *γενέσθαι* (= gr C ℵ* **K**) stand.

1,20 *εν τῃ δεξιᾳ (μου)*] ውስተ ፡ የማን ፡ *in dextera*

Aeth paßt gut zu gr A 598 1611 2055 (ውስተ ፡ = *εν*, nicht *επι*). In den Hss BCE fehlt *μου* post *δεξιᾳ* (= gr 2321), während die Hss DFH^{c}JK^{c}NR *μου* haben (wahrscheinlich Korrektur). In den Hss AIPU steht irrtümlich *αυτου* statt *μου*.

2,4 *αλλα εχω κατα σου*] ወባሕቱ ፡ ቦ ፡ ዘአሐይሰከ ፡
attamen adest quod-vitupero-te

Aeth hat hier und an den Parallelstellen (2,14.20) eine zwar freie, aber sinngemäß gute Übersetzung der Formel.

2,5 *ποθεν πεπτωκας*] በበይነ ፡ ምንት ፡ ወደቀ ፡ *ob quid cecidisti*

Um die Differenz zu erklären, könnte man vielleicht annehmen, daß der Übersetzer *ποθεν* kausal *weshalb* statt lokal *woher* aufgefaßt hat. (Bo hat einen ähnlichen Fehler, indem er *ποθεν* durch **ⲠⲰⲤ** *how* wiedergibt. Die bohairische Lesart bietet aber keine Erklärung für die äthiopische).

και μετανοησον και τα πρωτα εργα ποιησον]
ወነስሐ ፡ … ወከመ ፡ ቀዲሙ ፡ ግብርከ ፡ እመ ፡ ኢገበርከ ፡
et-poenitentiam-age… et-ut antea opus-tuum si non-egeris

Aeth läßt zwar wie bo und arab *και τα πρωτα εργα ποιησον* aus, fügt aber am Schluß des Verses einen vollständig verdorbenen Satz hinzu, der die nachträgliche Übersetzung des fehlenden Stückes gewesen sein könnte. Die ursprüngliche Fassung lautete vielleicht

ወከመ ፡ ቀዲሙ ፡ ግብረከ ፡ ግበር ፡ *et-ut antea opus-tuum fac.* Die Hss DEGILPRT haben noch den Akkusativ.

2,6 *ἃ καγω μισω*] በከመ ፡ ሊነ ፡ እጸልእ ፡ *sicut ego odi*
Aeth hat Ähnlichkeit mit Primasius (*sicut et ego odivi*).

2,7 *του θεου (μου)*] ለአምላክየ ፡ *dei mei*
In aeth ist das Possessivum, das bei gr ACא und einigen **K**-Minuskeln fehlt, hinzugefügt. Das könnte eine Reminiszenz an 3,12 sein, könnte aber auch auf eine Abhängigkeit von bo (**ⲚⲦⲈⲠⲀⲚⲞⲨϮ** *of my God*) oder arab ABCD (الاهى *mein Gott*) hindeuten.

2,8 *ο πρωτος και ο εσχατος*] ዘውእቱ ፡ ቀዳማዊ ፡ ወውእቱ ፡ ደኃራዊ ፡ *qui-is primus et-is ultimus*
Die etwas umständliche äthiopische Ausdrucksweise hat wohl nur den Zweck, den griechischen Artikel wiederzugeben.

2,9 *και την πτωχειαν*] ወኀጣይኢከ ፡ *et-peccata-tua*
Aeth verwechselt meiner Meinung nach ኀጣእ ፡ *defectus*, *inopia* mit ኀጣይእ ፡, dem Plural von ኀጢአት ፡ *peccatum.* Das Possessivum steht in Analogie zu dem vorhergehenden ሕማምከ ፡ (*σου την θλιψιν*).

2,13 *και εν ταις ημεραις Αντιπας ο μαρτυς μου ο πιστος ος απεκτανθη παρ υμιν*] ወበመዋዕል ፡ ዘቀተልዎ ፡ በኀቤክሙ ፡ ለጻድቅየ ፡ መሃይምን ፡ *et-in-diebus [in] quibus-occiderunt<-eum> apud-vos <sc> iustum-meum fidelem*
Die Stelle ist verdorben. Wie gr AC 1678-2080 2053 2321 haben die guten Hss BC *και* vor *εν* und lassen *εν αις* nach *ημεραις* aus. Das halte ich für ursprünglich. Der Name *Αντιπας* ist in allen Hss ausgelassen und ist auch nicht wie bei bo durch einen anderen Ausdruck (*αντειπας*) ersetzt. Er muß aber einmal in aeth vorhanden gewesen sein; denn der Relativsatz ዘቀተልዎ ፡ *quem-occiderunt<-eum>* ist genau die ins Aktivum umgewandelte Übersetzung von *ος απεκτανθη* und ist nur korrekt, wenn er sich auf das fehlende *Αντιπας* bezieht. Nach Ausfall des Eigennamens hat es den Anschein, als bezöge sich der Relativsatz auf መዋዕል ፡ *diebus.* Diese Konstruktion ist aber grammatikalisch hart und kaum vom Übersetzer gemeint. Aus dem ursprünglichen Text ist auch ለጻድቅየ ፡ (*ο πιστος μου* = gr AC 61 69 2050 2053 2322) erhalten geblieben, während *ο μαρτυς μου* mit *Αντιπας* ausgefallen ist. Bei einer späteren Korrektur wurde ለጻድቅየ ፡ als die Übersetzung von *ο μαρτυς μου* angesehen und *ο πιστος* durch መሃይምን ፡ *fidelem* wieder ergänzt. Welcher Text dieser Korrektur zugrunde liegt, ist nicht mehr festzustellen.

2,17 *ψηφον*] መጽሐፈ : *librum*
Aeth übersetzt wie in Apg 26, 10 *ψηφος* mit መጽሐፍ : *liber.*

2,23 *νεφρους και καρδιας*] ልበ : ወኵልያተ : *cor et-renes*
Aeth stellt um, wahrscheinlich in Reminiszenz an andere Stellen der Bibel (z.B. Ps 7,10; Jer 17,10). Aeth geht mit gr 1678 2060 2065 2286 2302 18 2039 2138 bo und arab ABCD.

2,24 *αλλο βαρος*] ክልኤ : ክበደ : *duo pondera* (= sing)
Vielleicht hieß es ursprünglich ካልአ : ክበደ : *aliud pondus.* Die Singularform nach ክልኤ : *duo* spricht jedenfalls dafür.

3,2 *τα λοιπα α εμελλον αποθανειν*] ለእለ : አልጸቁ : ይመውቱ :
<*sc*> *qui appropinquaverunt* [*ut*] *morerentur*
Aeth allein läßt aus nicht ersichtlichen Gründen *τα λοιπα* aus. *Μελλειν* ist gut durch አልጸቀ : *sich nähern, nahe daran sein* wiedergegeben. Das Verbum steht in der 3. Pers. Plur; aeth hatte also weder *εμελλες* (= **K** bo) noch *μελλεις* (= textus receptus) in seiner Vorlage. Auch die **K**-Variante *αποβαλλειν* statt *αποθανειν* kommt als Vorlage nicht in Frage.

3,3 (*και τηρει και*) *μετανοησον*] ነስሐ : *poenitentiam-age*
Auch in bo BDZ* fehlt *και τηρει* (≠ sa bo^{rel} arab).

3,4 *λευκοις* (*οτι αξιοι εισιν*)] በንጹሕ : *in-puro*
Aeth läßt den Kausalsatz hier aus, schiebt aber im folgenden Vers hinter ንጹሕ (*λευκοις*) den Ausdruck ለዘይደልዎ : [*ei*] *qui-dignus-est* ein. Dieser Zusatz könnte einmal die Übersetzung des ausgefallenen Versteiles gewesen sein; er wurde aber von einem Kopisten an die falsche Stelle gesetzt. Der Versuch, ihn dem neuen Zusammenhang anzupassen, hat die Stelle vollends verdorben.

3,5 *και ου μη εξαλειψω το ονομα αυτου*] ወኢይደመሰስ : ስሙ :
et-non-exstinguetur nomen-eius
Die ursprüngliche Form des Verbums dürfte ወኢይደመስስ : (= ወኢእ'') *exstinguam* gelautet haben. Sie wurde dann nicht mehr als 1. Pers. Imperf. verstanden und in die III$_1$-Form (ይደመሰስ :) abgeändert. Dabei mußte aus dem Akkusativ ስሞ : der Nominativ ስሙ : *nomen-eius* werden.

3,7 *ο ανοιγων και ουδεις κλεισει και κλειων και ουδεις ανοιγει*]
ወአልቦ : ዘያርኁ : ወአልቦ : ዘየዐጹ : ዘእንበሌሁ :
et-non-adest qui-patefacit et-non-adest qui-claudit praeter-eum
Die Stelle ist stark verdorben und lückenhaft. Die beiden Partizipia *ο ανοιγων* und *κλειων* sind aus unersichtlichen Gründen nicht über-

setzt und die beiden Hauptverba sind vertauscht. Ungewiß ist auch, woher der Zusatz ዘእንበሌሁ ፡ *praeter-eum* stammt. Vielleicht ist er nur eine eigenmächtige, sinngemäße Ergänzung zu አልቦ ፡ *non-adest*, die in Analogie zu anderen Stellen der Apk gemacht wurde (2, 17; 9,4; 10,6.7 u.a.).

3,9 (*ιδου ποιησω αυτους ινα ηξουσιν*) *και προσκυνησουσιν*] ወይሰግዱ ፡ *et-procumbunt*

Aeth übergeht ohne ersichtlichen Grund den ganzen Versteil.

3,10 *σε τηρησω*] ዐቀብኩከ ፡ *servavi-te*

Man sollte im äthiopischen Text das Imperfektum erwarten. Das Perfektum ist hier entweder in Angleichung an das Perfektum am Anfang des Verses (እስመ ፡ ዐቀብከ ፡ = *οτι ετηρησας*) oder durch Revision nach bo (ΑΙΑΡΕϨ ΕΡΟΚ *I kept thee*), bzw. arab ACD (حفظتك *ich bewahrte dich*) in den Text gekommen.

3,12 *της πολεως* (*του θεου μου*)] ሀገሬ ፡ *civitatis-eius*

Da kurz vorher schon ለአምላክየ ፡ <*sc*> *dei-mei* steht, wurde *του θεου μου* nach *πολεως* wahrscheinlich infolge Unaufmerksamkeit ausgelassen.

3,16 *ουτως οτι χλιαρος ει* (*και ουτε ζεστος ουτε ψυχρος μελλω σε εμεσαι εκ του στοματος μου*)] እስመ ፡ ማእከላይ ፡ አንተ ፡ *quia medius tu*

Vom ganzen Vers sind nur drei Wörter übrig geblieben. Für die Auslassung ist kein Grund ersichtlich.

3,17 *ταλαιπωρος και ελεεινος και πτωχος*] ነዳይ ፡ ወምስኪን ፡ *pauper et-egenus*

Statt drei Adjektiva stehen im äthiopischen Text nur zwei. Dabei paßt ነዳይ ፡ *pauper* am besten zum griechischen *πτωχος*. Welches der beiden übrigen Adjektiva unübersetzt blieb, ist nicht festzustellen.

3,18 *πεπυρωμενον*] ዘንጡፍ ፡ ወጽሩይ ፡ *quod-liquatum et-purgatum*

Hier handelt es sich um eine stereotype Wendung, die öfter in der Bibel vorkommt (z.B. 2 Paral 4,20.21; Ps 11,7).

ινα πλουτησης] ከመ ፡ ትብዐል ፡ ብየ ፡ *ut dives-fias in-me*

Einen ähnlichen Zusatz hat arab B (add به *in ihm*).

(*η αισχυνη*) *της γυμνοτητος*] ዕርቃንከ ፡ *nuditatem-tuam*

Für die Auslassung von *η αισχυνη* ist kein Grund ersichtlich.

3,20 *προς αυτον*] ሶቤሃ ፡ *statim*

Hier müßte ኀቤሁ ፡ *apud-eum* stehen. Die beiden Hss GU haben beide Varianten ኀቤሁ ፡ ሶቤሃ ፡ *apud-eum statim* nebeneinander. Ob aber in dieser Doppellesart sich der ursprüngliche Text erhalten hat oder ob es sich bei dem Zusatz von ኀቤሁ ፡ *apud-eum* um eine spätere Revision nach gr oder auch nach sa (ϢⲀⲢⲞϤ *unto him*) handelt, ist nicht zu erkennen. Bo (ⲚⲈⲘⲀϤ *with him*) und arab (معه *mit ihm*) sind hier ohne Einfluß.

4,1 *και η φωνη* (*ἣν*) *ηκουσα … λαλουσης*]
ወቀዳሚ ፡ ቃል ፡ ሰማዕኩ ፡ … ይትናገር ፡
et-prima vox audivi … colloquitur

Die jetzige Fassung der Stelle ist nicht korrekt. Hier dürfte ein späterer Bearbeiter das Relativum ዘ *quam-* vor ሰማዕኩ ፡ *audivi* übersehen haben.

λεγων] ወይቤለኒ ፡ *et-dixit-mihi*

Der Zusatz des Suffixes *-mihi* entspricht der Lesart gr 2019 (add *μοι*), bo B (add ⲚⲎⲒ *to me*), arab ACD (add Suffix = *mir*) und arab B (add لي *zu mir*).

4,2.3 *εκειτο εν τῳ ουρανῳ* (*και επι τον θρονον καθημενος*) V.3. *και ο καθημενος*] ውስተ ፡ ሰማይ ፡ ንቡር ። V. 3. ወዘዲቤሁ ፡ ይነብር ፡
in caelo positus V. 3. *et-qui-supra-eum sedet*

Nur die Hs A hat für *εκειτο* die Form ንቡር ፡ *positus*, die sonst nicht mehr in der Apk vorkommt. Ich halte sie, gerade weil sie für die Apk ungewöhnlich ist, für ursprünglich. Die anderen Hss haben fast alle ይነብር ፡ *sedet*, das zwar als Übersetzung von *εκειτο* nicht paßt, das aber sonst sehr häufig in der Apk anzutreffen sit. Deshalb meine ich, daß es sich da um eine gedankenlose Angleichung an die sonst übliche Form handelt. Der Schluß von Vers 2 und der Anfang von Vers 3 sind sich sehr ähnlich. Der Relativsatz ወዘዲቤሁ ፡ ይነብር ፡ *et-qui-supra-eum sedet* dürfte meiner Meinung nach die Übersetzung des Versschlusses sein, wobei statt *επι τον θρονον* einfach *επ αυτον* gesagt wurde, weil *θρονος* in dem Vers schon einmal vorhanden ist. Der Anfang von Vers 3, der auch wieder ወዘይነብር ፡ *et-qui-sedet* hätte lauten müssen, wurde dann infolge Homoeoteleuton übersehen.

4,5 (*πυρος*) *καιομεναι*] የኀቱቅ ፡ *ardent*

Aeth läßt aus unersichtlichen Gründen *πυρος* aus (= gr 2019 2065)

4,6 *θαλασσα* (*υαλινη*) *ομοια κρυσταλλῳ*] ባሕር ፡ ከመ ፡ እንተ ፡ በረድ ፡
mare ut<quod> pruinae

Der Ausfall von *υαλινη* dürfte auf einem Schreibfehler beruhen. Die Stelle müßte ባሕር ፡ እንተ ፡ ማህው ፡ ከመ ፡ በረድ ፡ *mare<quod> vitrei ut pruina* gelautet haben. Davon fiel ማህው ፡ *vitrei* aus; das

Relativpronomen እንተ ፡ <*quod*> jedoch, das zur Bildung des Genitivs *vitrei* verwendet wurde, hat mit ከመ ፡ *ut* den Platz getauscht.

και εν μεσῳ του θρονου και κυκλῳ του θρονου]

ወእምገበዋቲሁ ፡ ለውእቱ ፡ መንበር ፡

et-a-lateribus<*-eius sc*> *eius throni*

Der äthiopische Wortlaut paßt besser zur 2. Hälfte der Stelle, die allerdings auch mehr sinngemäß als wörtlich übersetzt ist. (Bei bo und arab fehlt die 1. Hälfte).

4,8 και ο ων (και ο ερχομενος)] ወይሄሉ ፡ *et erit*

Nur in aeth und bo N fehlt der Schluß des Verses.

4,11 (λαβειν) την δοξαν] ስብሐት ፡ *gloria*

Der Infinitiv fehlt nur bei aeth. Ein Grund der Auslassung ist nicht ersichtlich.

5,2 τις] ወይብል ፡ መኑ ፡ *et-dicit quis*

Aeth fügt in Übereinstimmung mit bo A^{mg}CD*EFGHTZ (add ⲈϤϪⲰ ⲘⲘⲞⲤ ϪⲈ *saying*) und arab ACD (add قايلا *sagend*) ወይብል ፡ *et-dicit* hinzu.

5,8 κιθαραν και φιαλας (χρυσας) γεμουσας θυμιαματων]

ጽዋዓተ ፡ ዘምሉእ ፡ ዕጣን ፡ ወመሰንቆ ፡

phialas plenas thuris et citharam

In aeth ist aus unbekannten Gründen die Reihenfolge geändert. Dabei wurde χρυσας übersehen.

5,10 τῳ θεῳ (ημων) βασιλειαν και ιερεις και βασιλευσουσιν

ለመንግሥተ ፡ እግዚአብሔር ፡ ካህናተ ፡ ወነገሥተ ፡

<*ad*> *regnum Dei sacerdotes et-reges*

Die Stelle ist nicht mehr in Ordnung. Ich vermute, daß sie ursprünglich መንግሥተ ፡ ለእግዚአብሔር ፡ (ወ)ካህናተ ፡ ወይነግሡ ፡ *regnum Deo (et-)sacerdotes et-regnabunt* gelautet hat. Die Präposition ለ *ad*, die den Dativ anzeigt, wurde von እግዚአብሔር ፡ zu መንግሥተ ፡ verschoben. Dadurch erhielt der ursprüngliche Akkusativ መንግሥተ ፡ *regnum* (= acc ካህናተ ፡ *sacerdotes*) den Sinn eines stat. constructus, also *regnum Dei* statt *Deo*. ነገሥተ ፡ *reges* dürfte eine Korrektur nach arab AB sein. In diesen Texten steht βασιλεις (ملوك *Könige* = gr *Aν* **K**) statt βασιλειαν (= aeth). Die Korrektur wurde dann in der Form *et-reges* mit in den Text hineingenommen und hat dabei wahrscheinlich ወይነግሡ ፡ *et-regnabunt* verdrängt.

5,11 χιλιαδων] ለአላፋተ ፡ ዘ፻ አግዓዚ ፡

myriadum <*quae-*> *C* x *C Aethiopum*

Der Zusatz steht natürlich nur in aeth und will sagen, daß unter den Myriaden am Thron auch Äthiopier sind.

5,14 *τα* (*τεσσερα*) *ζῳα*] እልክቱ ፡ እንስሳሁ ፡ *illa animalia*
Hoskier schreibt zu dieser Stelle : *ταυτα* pro *τεσσερα*. Das ist sehr ungenau; denn እልክቱ ፡ entspricht nicht *ταυτα* (*haec*), sondern eher *εκεινα* (*illa*) und ist nur die Übersetzung des Artikels; *τεσσερα* fällt ersatzlos aus.

6,2 (*νικων και*) *ινα νικηση*] ከመ ፡ ይማእ ፡ *ut vinceret*
Die Auslassung von *νικων και* beruht wahrscheinlich auf einem Versehen. Aeth hat aber den Finalsatz, nicht *ενικησεν* wie gr א sa bo arab BCD.

Die Verse 6,3.5.7 sind sehr stark an 6,1 angeglichen.

6,5 *εχων ζυγον (εν τη χειρι αυτου)*] መዳልወ ፡ ይጸንዕ ፡ *stateram tenet*
Aeth allein läßt aus unbekannten Gründen *εν τη χειρι αυτου* aus.

6,6 *ζῳων*] እንስሳሁ ፡ ከመ ፡ ቃለ ፡ ንስር ፡ *animalium ut vocem aquilae*
Der Zusatz geht auf eine Korrektur nach bo (add Ⲙ̅ⲪⲢⲎϮ Ⲛ̅ⲦⲤⲘⲎ Ⲛ̅ⲞⲨⲀϦⲰⲘ *as the voice of an eagle*) oder arab ACD (add مثل صوت نسر *wie die Stimme eines Adlers*) zurück.

μη αδικησῃς] ኢየዐብሩ ፡ *non-arescent*
Aeth ist frei und gut, aber unpersönlich übersetzt. Das Wort ist in allen Hss außer BS mit የ″ *ya-* geschrieben (I_1-Stamm : *arescent*). Nur die beiden Hss BS haben ያ″ (*yāʿaberū*), also II_1-Stamm (= Kausativ : *aridum-reddent*). Da aber dem ያ″ *yā-* ein Guttural folgt und die Gutturale gern ein langes a in ihrer Nachbarschaft haben, kann es sich bei BS eventuell auch um eine rein orthographische Variante handeln. Das Übergewicht der Zeugen spricht für ኢየዐብሩ ፡ *non-arescent*, gegen die Übersetzung von Hoskier (und Horner), die das Kausativ lesen (*they shall not make them barren*).

6,12 *και σεισμος μεγας εγενετο*] ወኮነ ፡ ካዕበ ፡ ዐቢይ ፡ ድልቅልቅ ፡
et-factus-est iterum magnus terraemotus
Der Zusatz ካዕበ ፡ *iterum* ist völlig sinnlos, da vorher noch von keinem Erdbeben die Rede war.

και ο ηλιος εγενετο μελας (ως σακκος τριχινος)]
ወጸልመ ፡ ፀሐይ ፡ *et-obscuratus-est sol*
Aeth ist frei übersetzt. Der Vergleich *ως σακκος τριχινος* ist ohne ersichtlichen Grund ausgefallen.

6,13 *και οι αστερες του ουρανου επεσαν*] ወከዋክብት ፡ ወድቁ ፡ እምሰማይ ፡ *et-stellae-etiam ceciderunt de-caelo*

Aeth weicht in der Wortstellung und in der Auffassung von gr ab und stimmt genau überein mit bo (ⲞⲨⲞϨ ⲚⲒⲤⲒⲞⲨ ⲀⲨϤⲞⲢϤⲈⲢ ⲈⲠⲈⲤⲎⲦ ⲈⲂⲞⲖ ϦⲈⲚ ⲦⲪⲈ *and the stars shook down from the heaven*) und arab A (~ CD) (والنجوم تواقعت من السما *und die Sterne fielen nach und nach vom Himmel*). Bo und arab erweitern allerdings über gr hinaus durch den Zusatz ⲈϨⲢⲎⲒ ⲈϪⲈⲚ ⲠⲔⲀϨⲒ = على الارض *auf die Erde.*

ως συκκη (βαλλει) τους ολυνθους αυτης]

ከመ ፡ ቈጽለ ፡ በለስ ፡ *ut folium fici*

Nur aeth verkürzt ohne ersichtlichen Grund rigoros den Vergleich; das Verbum wird ausgelassen und die beiden Substantiva in eine Genitivkonstruktion zusammengezogen. Dabei wird auch *αυτης* übergangen.

υπο ανεμου μεγαλου] ዐቢይ ፡ ነፋስ ፡ *magnus ventus*

Die angeführte Lesart wird von fast allen äthiopischen Hss gebracht. Sie paßt in der Wortfolge zu gr *Av* sa bo. Nur EL haben ነፋስ ፡ ዐቢይ ፡ *ventus magnus* und stimmen dadurch mit gr AC ℵ K überein. Welche der beiden Lesarten die ältere ist, läßt sich nicht mehr feststellen.

6,14 *και παν ορος και νησος (εκ των τοπων αυτων) εκινηθησαν*]

ወአድባር ፡ ወደሰያት ፡ ሰሰለ ፡ ኵሉ ፡

et-montes et-insulae recesserunt omnes

Aeth verwendet bei den beiden Substantiva den Plural, läßt aber dafür *παν* aus. Es steht zwar am Schluß des Verses ኵሉ ፡ *omnes* wie eine nachträgliche Übersetzung des fehlenden *παν*; aber dieses ኵሉ ፡ ist wahrscheinlich schon zum folgenden Vers zu zählen, wo es dann zu ነገሥት ፡ *reges* gehört. Die Hs A hat noch ወኵሉ ፡ *et-omnes* und die Hss CDHJKLO beginnen den folgenden Vers ohne ወ″ *et-*. Man kann also annehmen, daß 6,14 mit ሰሰሉ ፡ *recesserunt* schloß und 6,15 mit ወኵሉ ፡ ነገሥት ፡ *et-omnes reges* begann. Dieser Anfang aber ist eine Korrektur nach bo (ⲞⲨⲞϨ ⲚⲒⲞⲨⲢⲰⲞⲨ ⲦⲎⲢⲞⲨ *and all the kings*), bzw. arab (ACD : وملوك الارض كلهم *und die Könige der Erde alle*, B : وجميع ملوك الارض *und die gesamten Könige der Erde*). Bei aeth allein fehlt *των τοπων αυτων*.

6,15 *και εις (τας πετρας) των ορεων*] ወውስተ ፡ አድባር ፡ *et-in montibus*
Aeth allein läßt aus unersichtlichen Gründen *τας πετρας* aus.

7,1 *της γης (κρατουντας τους τεσσαρας ανεμους της γης)*] ለምድር ፡ *terrae*

Aeth läßt infolge Homoeoteleuton aus. Denselben Fehler haben gr Q* 61 81-598 und sa 1. Es ist nicht wahrscheinlich, daß die Lücke schon in der Vorlage zu aeth vorhanden war oder daß der Passus durch eine spätere Korrektur nach einem griechischen oder sa'idischen Text gestrichen wurde. Die Ursache der Auslassung ist viel eher in der Unaufmerksamkeit des Übersetzers oder eines Kopisten zu suchen.

7,2 *και ειδον... αναβαινοντα*] ወመጽአ ፡ *et-vēnit*

Den angeführten Text haben nur die beiden Hss GL; er scheint mir ursprünglich zu sein. Aeth übergeht wieder wie an vielen anderen Stellen *ειδον* und macht das davon abhängige Partizip zum Hauptverbum (vgl. 9,1; 13,1; 16,1.5). Die anderen Hss (außer QR) haben ወነጸርኩ ፡ ወርኢኩ ፡ *et-spectavi et-vidi.* Das aber ist eine Korrektur nach bo (nicht arab), wo auch zwei Verba stehen (ΟΥΟϨ ΑΙϪΟΥϢΤ ΑΙΝΑΥ *and I looked, I saw*).

ανατολης (ηλιου)] ጽባሕ ፡ *oriente*

In aeth fehlt wie in gr 2026* 2070* 2321 *ηλιου*.

7,3 *λεγων*] ወይቤሎሙ ፡ *et-dixit-eis*

Alle Hss außer D*OS haben hier ወባሕቱ ፡ ይቤሎሙ ፡ *attamen dixit-eis.* Ich halte den Zusatz, der zwar sinngemäß gut paßt und deshalb leicht erklärlich ist, für einen Schreibfehler, hervorgerufen durch das vorhergehende ähnlich aussehende ወለባሕር ፡ *et-mare.* Aeth verbindet das Verbum mit dem Suffix *-eis*; das könnte auf Einfluß von bo (add ΝΩΟΥ *to them*) oder arab ACD (add لهم *ihnen*) zurückzuführen sein.

μη αδικησητε την γην] ኢታሕምምዎ ፡ ምድረ ፡ *ne-tribuletis terram*

Außer in VW* ist in allen Hss vor ምድረ ፡ *terram* noch ምዕረ ፡ *iam,* bzw. ምዕረሰ ፡ *iam-autem* hinzugefügt. Auch da dürfte es sich um einen Schreibfehler handeln, der durch das nachfolgende ähnlich aussehende ምድረ ፡ *terram* entstanden ist.

7,4 *πασης (φυλης)*] ኵሉ ፡ *omnibus*

Nur aeth läßt aus unersichtlichen Gründen *φυλης* aus.

7,5-8 Die Reihenfolge der Stammesnamen, die im allgemeinen dem griechischen Text entspricht, ist in einigen Hss in Unordnung gekommen.

7,8 *εσφραγισμενοι*] ወእሉ ፡ እንከ ፡ እሙንቱ ፡ እለ ፡ ተኀተሙ ፡
et-hi ergo ii qui signati-sunt

Aeth klingt wie eine abschließende Zusammenfassung, die wahrscheinlich nicht ursprünglich ist, sondern erst später eigenmächtig eingesetzt wurde.

7,9 *και φοινικες εν ταις χερσιν αυτων*] ወያጸንዑ ፡ ውስተ ፡ እደዊሆ ሙ ፡ ጸበርተ ፡ *et-tenent in manibus-suis palmas*

In aeth ist sinngemäß entweder eigenmächtig oder unter bohairischem Einfluß (ЄРЄΟΥΟΝ *having*) ወያጸንዑ ፡ *et-tenent* als Pendant zu ወይለ ብሱ ፡ *et-induunt* hinzugefügt.

7,11 *κυκλῳ του θρονου και των πρεσβυτερων*] ወሊቃናት ፡ ዐውደ ፡ መንበሩ ፡ *et-seniores circa thronum-eius*

Aeth stellt infolge eines Versehens um (*και οι πρεσβυτεροι κυκλῳ του θρονου*) und ändert dadurch die ganze Situation. Nach gr ist die Lage so : Die Engel (Subjekt für den ganzen Satz) stehen rings um den Thron, um die Ältesten und um die vier Lebewesen, und sie (sc. die Engel) beten an. Nach aeth dagegen müßte man sich die Anordnung so vorstellen : Die Engel und die Ältesten stehen um den Thron, und die vier Lebewesen beten an.

7,12 *και η ευχαριστια (και η τιμη)*] ወአኰቴት ፡ *et-gratiarum-actio*

Aeth (= gr 1728 808-1893) übergeht wahrscheinlich infolge Unaufmerksamkeit *και η τιμη*.

7,13 (*τινες εισιν και*) *ποθεν*] እምአይቴ ፡ *unde*

Aeth allein läßt die erste Frage aus unbekannten Gründen aus.

7,15 *σκηνωσει επ αυτους*] ወየዐርፍ ፡ ኀቤሆሙ ፡ ... ወይጼልል ፡ ላዕ ሌሆሙ ፡ *et-commoratur apud-eos … et-umbram-diffundit super-eos*

In aeth ist der griechische Passus doppelt übersetzt. Wahrscheinlich ist die erste Fassung ursprünglich, da sie gut zu gr paßt. Dagegen stimmt die zweite Wiedergabe sowohl dem Sinn nach als auch in der verwendeten Präposition gut mit bo überein : ЄРЄЄРϦΗΙΒΙ ЄϪΩΟΥ *will overshadow them* (eigentlich *über sie*, da die Präposition ЄϪΩ= *über, auf* bedeutet; ЄϪΩΟΥ ist also gleich ላዕሌሆሙ ፡ *super-eos*). Die Übereinstimmung mit sa und arab ist weniger genau; denn sa hat ϤΝΑР̄ϨΑΙΒЄС ЄРΟΟΥ *will overshadow them* (einfaches Akkusativobjekt oder *hin zu ihnen*) und arab hat يظلهم *überschattet sie* (einfaches Akkusativsuffix). Aus diesen Gründen halte ich die zweite Lesart für eine spätere Korrektur nach bo .

7,16 *ουδε μη πεσῃ επ αυτους ο ηλιος ουδε παν καυμα*]
ወፀሐይ ፡ ሐሩርኒ ፡ ኢይረክቦሙ ፡
et-sol aestus-etiam non-inveniet-eos

Die Stelle ist vollkommen verdorben und nicht mehr zu rekonstruieren. Ich vermute hier aber stark saʿidischen Einfluß. (Bzgl. der Differenz *μη πεσῃ…* ኢይረክቦሙ ፡ *non-inveniet-eos* s. S. 122). Man braucht nur zwischen die beiden Substantiva ፀሐይ ፡ und ሐሩር ፡, die jetzt sinnwidrig durch eine Genitivkonstruktion verbunden sind, (die Sonne der Hitze) ein ወ″ *et-* einzuschieben, dann erhält man ziemlich genau die saʿidische Fassung : ⲀⲨⲰ ⲠⲢⲎ ⲘⲚ̄ ⲔⲀⲨⲘⲀ ⲚⲒⲘ *and the sun and any heat* = ወፀሐይ ፡ ወሐሩርኒ ፡ *et-sol et-aestus-etiam.*

8,5 (*και εγεμισεν*) *εκ*] እምኀበ ፡ *ab<-apud>*

Aeth allein läßt hier aus unbekannten Gründen das Verbum aus.

8,7 *και το τριτον της γης κατεκαη* (*και το τριτον των δενδρων κατεκαη*)] ወውዕየ ፡ ሣልስተ ፡ እዴሃ ፡ ለምድር ፡
et-combusta-est tertia pars terrae

Aeth stellt wie üblich das Verbum an die Spitze. Der Schluß der Stelle wird wie auch in einigen **K** -Hss infolge Homoeoteleuton ausgelassen.

8,9 *των κτισματων των εν τη θαλασση*] ለዘሀሎ ፡ ውስተ ፡ ባሕር ፡ ዘተፈጥረ ፡ *<sc> quod-existit in mari quod-creatum-est*

Aeth hat für *των κτισματων* zwei Ausdrücke : ለዘሀሎ ፡ *<sc> quod-existit* und ዘተፈጥረ ፡ *quod-creatum-est.* Der zweite Ausdruck scheint mir ein späterer korrigierender Zusatz zu sein.

ψυχας] መንፈሰ ፡ ሕይወት ፡ *spiritum vitae*

Aeth paßt sehr gut zu bo : ⲮⲨⲬⲎ Ⲛ̄ⲰⲚϦ *soul of life*, weniger gut aber zu arab AB (A : نفس حية *lebende Seele*, B : انفس حية *lebende Seelen*).

8,10 *ως λαμπας*] ከመ ፡ እሳት ፡ *ut ignis*

Aeth hat Ähnlichkeit mit sa (ϨⲚ̄ ⲞⲨⲔⲰϨⲦ̄ *with fire*). Bo und arab erweitern durch den Zusatz *von Feuer* (bo : Ⲙ̄ⲪⲢⲎϮ Ⲛ̄ⲞⲨⲖⲀⲘⲠⲀⲤ Ⲛ̄ⲬⲢⲰⲘ *as a torch of fire*, arab : مصباح نار *Leuchter von Feuer*).

επι το τριτον των ποταμων και (επι) τας πηγας]
ውስተ ፡ ሣልስተ ፡ እዴሆሙ ፡ ለአፍላግ ፡ ወለአንቅዕት ፡
in tertiam partem fluminum et-fontium

Aeth und sa stimmen darin überein, daß sie *επι* übergehen und *τας πηγας* in den Genitiv setzen, der noch von *το τριτον* abhängig ist (sa : ⲈϪⲘ̄ ⲠⲞⲨⲚ̄ϢⲞⲘⲚ̄Ⲧ Ⲛ̄ⲚⲈⲒⲈⲢⲰⲞⲨ ⲘⲚ̄ Ⲙ̄ⲠⲎⲄⲎ *upon the third part of the rivers and the fountains*). Bo und arab lassen zwar *επι* ebenso unberücksichtigt, ändern aber die Konstruktion nicht (bo : ⲈϪⲈⲚ ⲪⲢⲈ Ⲅ̄ Ⲛ̄ⲚⲒⲒⲀⲢⲰⲞⲨ ⲚⲈⲘ ⲚⲒⲘⲞⲨⲘⲒ *on the third part of the rivers, and the fountains* = arab CD, ~ arab AB).

8,12 In diesem Vers ist die Wortfolge in Unordnung gekommen. Die Umstellung einiger Satzglieder hat dann auch Änderungen in den grammatikalischen Formen bedingt; denn sie mußten ja der neuen Umgebung in der Konstruktion angepaßt werden.

9,2 *και εσκοτωθη ο ηλιος και αηρ εκ του καπνου*]

ወከደና ፡ ለፀሐይ ፡ ወኮነ ፡ ከመ ፡ ደመና ፡ ውእቱ ፡ ጢስ ፡

et-operuit solem et-factus-est ut nubes is fumus

Die Stelle ist verdorben und jede Erklärung bleibt anfechtbar. In aeth ist der Satz aktiv ausgedrückt. Vielleicht lautete er ursprünglich ወከደና ፡ ለፀሐይ ፡ ወለደመና ፡ ውእቱ ፡ ጢስ ፡ *et-operuit solem et-aerem* (= *nubem*) *is fumus*, Die Vokabel ደመና ፡ hat in den meisten Fällen die Bedeutung *nubes* und nur ganz vereinzelt die Bedeutung *aër*. Vielleicht schien es einem Bearbeiter, der ደመና ፡ als *nubes* auffaßte, daß der Satz so keinen rechten Sinn gäbe; er versuchte dadurch Abhilfe zu schaffen, daß er ወኮነ ፡ ከመ ፡ *et-factus-est ut* einschob.

9,3 *εξουσια ως εχουσιν* (*εξουσιαν*) *οι σκορπιοι της γης*]

ሥልጣነ ፡ ይኩኑ ፡ ከመ ፡ ዐቃሬብ ፡ ውስተ ፡ ምድር ፡

potestatem [*ut*] *fierent ut scorpiones in terra*

Aeth weicht ohne ersichtlichen Grund von gr ab und läßt dabei *εξουσιαν* aus. Vielleicht hängt die Differenz damit zusammen, daß der Übersetzer Schwierigkeiten mit der Wiedergabe von *εχουσιν* hatte (vgl. S. 71). Außer aeth haben noch gr 1611 (*επι της γης*), bo (ϨΙϪΕΝ ΠΚΑϨΙ *upon the earth*) und arab ABCD (على الارض *auf der Erde*) eine Präposition vor *της γης*.

9,4 *τον χορτον* (*της γης*)] ሣዕረ ፡ *herbam*

Nur aeth und arm 4 lassen aus unersichtlichen Gründen *της γης* aus.

τους ανθρωπους] ሰብአ ፡ *homines*

Bei aeth fehlt wie bei gr A א und den meisten Minuskeln *μονους* nach *ανθρωπους*.

9,5 *και εδοθη αυτοις*] ወአዘዝዎሙ ፡ *et-praeceperunt-eis*

Aeth ist nicht ganz zutreffend übersetzt. Entweder ist der Ausdruck aus dem vorhergehenden Vers, der genau so beginnt, entnommen oder es liegt arabischer Einfluß vor (arab A : وامروا *und sie befahlen*, arab B : وامرهم *und er befahl ihnen*). Auch arm ist ähnlich übersetzt : *և տուաւ նոցա հրաման was given to them a command.*

9,7 *και τα ομοιωματα*] ወከመዝ ፡ ውእቱ ፡ ራእዮሙ ፡ *et-sic is aspectus*

Der Einschub ከመዝ ፡ *sic* ist vielleicht ein Anklang an Vers 9,17, der ähnlich beginnt, in dem aber ከመዝ ፡ = *ουτως* zu Recht besteht.

9,10 *και κεντρα εν ταις ουραις αυτων* (*και η εξουσια αυτων*) *αδικησαι*]

ወውስተ ፡ ዘነቦሙ ፡ ቦሙ ፡ ቀንዋት ፡ በዘቦቱ ፡ ይነድፍዎ ፡

et-in cauda-sua habent aculeos quibus pungunt

Aeth weicht in der Wortstellung von gr ab, *και η εξουσια αυτων* ist infolge Homoeoteleuton ausgelassen und *αδικησαι* ist gleich auf *κεντρα* bezogen. Das alles ist am leichtesten aus der angegebenen *Aν*-Lesart zu erklären.

9,12 *η ουαι η μια απηλθεν· ιδου ερχεται ετι δυο ουαι*]

ወበዝ ፡ ኀለፈት ፡ አሐቲ ፡ ሕማም ፡ ወተረፈ ፡ ክልኤ ፡ ሕማም ፡

et-in-hoc praeteriit una tribulatio et-restiterunt duae tribulationes

Aeth paßt hier und an der Parallelstelle 11,14 weder zu gr noch zu irgendeiner anderen Version; der Passus ist ganz frei wiedergegeben.

9,14 *Ευφρατη*] ኤፍራጦስ ፡ *'ēfrāṭōß*

Für den Eigennamen habe ich hier und in 16,12 die Endung gewählt, die von den alten Hss BEST gebraucht wird und die auch im Gegensatz zu kopt (ⲈⲨⲪⲢⲀⲦⲎⲤ) steht; ich vermute, daß dies dic ältere Form ist.

9,16 *και ο αριθμος (των στρατευματων) του ιππικου*]

ወኍልቈ ፡ አፍራሲሆሙ ፡ *et-numerus equorum-eorum*

Aeth ist frei übersetzt : *των στρατευματων* ist durch *αυτων* ersetzt.

9,18 *τριων*] ፫ *III*

Hoskier gibt als äthiopische Lesart *tertia* an. Die Hss haben aber die Kardinalzahl, teils in Ziffern, teils in Buchstaben (ሠለስቱ ፡).

9,20 *ουδε μετενοησαν εκ των εργων των χειρων αυτων ινα μη προσκυνησουσιν*] ወቦ ፡ እለ ፡ ተኰነኑ ፡ በአምልኮ ፡ ግብረ ፡ እደዊሆሙ ፡ እስመ ፡ ኢነስሑ ፡ እለ ፡ አቀነዩ ፡ ርእሶመ ፡ እንዘ ፡ ይሰግዱ ፡

et-adsunt qui iudicati-sunt in-colendo opus manuum-suarum quia non-poenitentiam-egerunt qui subegerunt caput-suum dum procumbunt

Die Stelle ist stark verdorben. Statt *ουδε μετενοησαν* hat aeth aus unersichtlichen Gründen ወቦ ፡ እለ ፡ ተኰነኑ ፡ በአምልኮ ፡ *et-adsunt qui iudicati-sunt in-colendo*, das ebenso wie der Zusatz እለ ፡ አቀነዩ ፡ ርእሶሙ ፡ እንዘ ፡ ይሰግዱ ፡ *qui subegerunt caput-suum dum procumbunt* einem Kommentar entstammen könnte. Für *ουδε μετενοησαν* steht als Nachtrag እስመ ፡ ኢነስሑ ፡ *quia non-poenitentiam-egerunt*, und እንዘ ፡ ይሰግዱ ፡ *dum procumbunt* entspricht ungefähr *ινα προσκυνησουσιν*. Allem Anschein nach sind der ursprüngliche Text und die Korrektur, die nicht ohne Härten eingebaut wurde, ineinander geflossen.

α ουτε βλεπειν (δυνανται) ουτε ακουειν ουτε περιπατειν]

እለ ፡ ኢይሬእዩ ፡ ወኢይሰምዑ ፡ ወኢየሐውሩ ፡

qui-non-vident et-non-audiunt et-non-ambulant

Aeth allein läßt *δυνανται* aus und setzt die davon abhängigen Infinitive in das Imperfekt. (Reminiszenz an Ps 115,5?)

10,1 *νεφελην* (*και η ιρις*)] ደመና ፡ *nube*
Wahrscheinlich stand hier ursprünglich ደመና ፡ ወቀስተ ፡ ደመና ፡ *nube et-arcus-nubis*, das dann infolge Homoeoteleuton verstümmelt wurde. Der Herausgeber von Bg ergänzt genau so.

και το προσωπον αυτου ως ο ηλιος] ወብሩህ ፡ ገጹ ፡ ከመ ፡ ፀሐይ ፡ *et-lucida facies-eius ut sol*
Der Zusatz ብሩህ ፡ *lucida* ist entweder Reminiszenz an Mt 17,1 (ወአብርሀ ፡ ገጹ ፡ ከመ ፡ ፀሐይ ፡ *et-luxit facies-eius ut sol*) oder an Apk 1,16 (ወገጹ ፡ ከመ ፡ ፀሐይ ፡ ብሩህ ፡ *et-facies-eius ut sol lucidus.* Das Adjektiv ist hier Attribut von ፀሐይ ፡ *sol*, könnte aber auch auf ገጹ ፡ *facies-eius* bezogen werden).

10,3 *ωσπερ λεων μυκαται*] ከመ ፡ አንበሳ ፡ ዘይጥኅር ፡ *ut leo qui-rugit*
Das Relativpronomen kann eigenmächtig von einem Schreiber eingefügt worden sein; weniger wahrscheinlich ist, daß in der Vorlage zu aeth ein Partizip stand (= gr 93 *μυκομενος*, gr 2321 *μυκωμενος*).

10,9 *δουναι μοι*] ከመ ፡ የሀበኒ ፡ *ut daret-mihi*
Die äthiopische Lesart entspricht dem griechischen Infinitiv (= gr AC ℵ**K**), nicht aber dem Imperativ *δος μοι* (= gr *Aν*, kopt, arab). Nur die Hs A hat, vielleicht als spätere Revision nach kopt oder arab, den Imperativ.

10,10 (*ως μελι*) *γλυκυ*] ጥዑምት ፡ *dulcis*
In aeth wurde das Adjektiv gleich zum Verbum gestellt. Dabei dürfte *ως μελι* übersehen worden sein.

11,1 *καλαμος ομοιος*] ሕለት ፡ ወርቅ ፡ ዘመጠኑ ፡ *calamum auri* <*qui-*> *dimensione*
Bzgl. Zusatz ወርቅ ፡ *auri* s.S. 119.
Die Wiedergabe von *ομοιος* durch ዘመጠኑ ፡, das eher *οσος* entsprechen würde, ist ungewöhnlich.

11,2 και την πολιν την αγιαν πατησουσιν] በዝሀገር ፡ ቅድስት ፡ ይትከየድዋ ፡ *in-hac-civitate sancta [ut] conculcarent-eam*
Hier dürfte der Grundfehler der sein, daß በ" *in-* statt ወ" *et-* geschrieben wurde. Dieser Fehler kommt in den Hss öfter vor. Liest man aber ወዝሀገር ፡ *et-haec civitas*, dann braucht die Verbalform nicht als Subjunktiv aufgefaßt zu werden; sie könnte als Indikativ verstanden werden : *et-haec civitas, conculcabunt-eam.*

11,4 *ενωπιον του κυριου της γης εστωτες*]

ቅድመ ፡ እግዚአብሔር ፡ እለ ፡ ሥዩማን ፡ ላዕለ ፡ ምድር ፡

ante Deum quae collocata super terram

Die Stelle wäre schon mit ቅድመ ፡ እግዚአብሔር ፡ ሥዩማን ፡ *ante Deum collocata* gut übersetzt, denn እግዚአብሔር ፡ heißt ja wörtlich *ο κυριος της γης*. Aber aeth geht hier mit gr 1732-1876-2014-2015-2036-2043-2047-2074, die *επι της γης* haben, also = ላዕለ ፡ ምድር ፡ *super terram* (vgl. arab Wp على الارض قدام الرب *auf der Erde vor dem Herrn*).

11,5 Die jetzige Fassung des Verses ist nicht mehr ursprünglich.

και ει τις αυτους θελει αδικησαι]

ወለዘፈቀደ ፡ ይስሐጦሙ ፡ እምውስተ ፡ ጸላእቶሙ ፡

et-ad-[eum]qui-voluit [ut] noceret-eis ex inimicis-eorum

Aeth wandelt, wie auch an anderen Stellen, den Kondizionalsatz in einen Relativsatz um [1]. (Eine ähnliche Umwandlung hat auch sa : ⲠⲈⲦⲚⲀⲞⲨⲰϢ ⲈϪⲒⲦⲞⲨ *he who will wish to injure them*). Der Relativsatz hat aber kein richtiges Beziehungswort. Aeth versucht diese Härte dadurch auszugleichen, daß er die Dativpartikel ለ″ *ad-* einfügt und dann noch zur Erklärung እምውስተ ፡ ጸላእቶሙ ፡ *ex<-intra> inimicis-eorum* hinzusetzt. Der Satz bekommt dann diesen Sinn : *und dem aus ihren Feinden, der ihnen schaden will, dem schlägt Feuer entgegen aus ihren Mündern.*

και (ει τις θελησῃ αυτους αδικησαι) ουτως δει αυτον αποκτανθηναι]

ወከመዝ ፡ ይመውቱ ፡ እለ ፡ ይስሕጥዎሙ ፡

et-sic morientur qui nocebunt-eis

Aeth ist unzutreffend übersetzt. 1) Aeth läßt (wahrscheinlich infolge eines Versehens, da ja der gleiche Passus am Anfang des Verses steht) *ει... αδικησαι* aus. 2) Es unterbleibt die Übersetzung von *δει*, das aeth sonst gewissenhaft ausdrückt. 3) Für das Passivum *getötet werden* wählt aeth das Intransitivum *sterben*. 4) Aeth verwendet den Plural an Stelle des griechischen Singulars. 5) Aeth knüpft noch einen Relativsatz an, den ich allerdings für eine nachträgliche Korrektur halte; denn er entspricht ungefähr dem ausgelassenen Teil des Verses *ει... αδικησαι*, wurde aber im Anschluß an den Plural ይመውቱ ፡ *morientur* ebenfalls in den Plural gesetzt. Kopt und arab zeigen keine Ähnlichkeit mit aeth; sie passen zu gr.

11,6 *ουτοι*] እስመ ፡ እሙንቱ ፡ *quia ii*

[1] Vgl. S. 102.

Die vorangestellte Konjunktion stammt entweder aus bo (ϪⲈ *because*) oder aus arab (لأن *weil*).

11,7 *τελεσωσιν, αναβαινον, ποιησαι πολεμον, νικησει, αποκτενει*] ፈጸሙ ፡ *perfecerunt*, ዘዐርገ ፡ *qui-ascendit*, ተበአሰ ፡ *certavit*, ሞአሙ ፡ *vicit-eos*, ቀተሎሙ ፡ *occidit-eos*

Das 1. Perfektum ፈጸሙ ፡ *perfecerunt* steht nach ሶበ ፡ *postquam* zu Recht. Die übrigen Perfektformen sind dazu Analogiebildungen. Da im griechischen Text fast durchwegs Futura stehen, sollte man im äthiopischen Text Imperfekta erwarten.

11,8 *και το πτωμα αυτων*] ወአንበረ ፡ በድኖሙ ፡ *et-posuit corpus-eorum*

In aeth ist, wahrscheinlich bei einer späteren Korrektur, das Verbum አንበረ ፡ *posuit* hinzugefügt worden, um dem Satz ein Prädikat zu geben (vgl. sa : ϢⲰⲠⲈ ⲈⲨⲚⲎϪ *they will cast*, bo : ⲈⲢⲈ... ⲈϤⲈϢⲰⲠⲒ *shall be*, arab ABCD : تكون *wird sein* und arab Wp : تبقيان *werden bleiben*).

επι (της πλατειας) της πολεως] ውስተ ፡ ሀገር ፡ *in civitate*

In aeth ist ohne ersichtlichen Grund *της πλατειας* ausgelassen (~ arab B في وسط المدينة *im Inneren der Stadt*, ~ Prim *in medio civitatis*).

ητις καλειται] እንተ ፡ ስማ ፡ ፍጥሞ ፡ *cuius nomen feṭmō*

Der Einschub ፍጥሞ ፡ *Patmus* dürfte eine Reminiszenz an 1,9 sein, hervorgerufen durch das vorhergehende እንተ ፡ ስማ ፡ *cuius nomen*.

11,10 *χαιρουσιν... και ευφραινονται*] ወይትፌሥሑ ፡ *et-gaudebunt*

Aeth hat für die zwei sinnverwandten griechischen Verba nur ein Wort. Hier geschieht etwas Ähnliches wie bei der Verbindung von *niederfallen ... anbeten*, die in aeth auch nur durch ሰገደ ፡ *procumbere* wiedergegeben werden (vgl. S. 42).

11,11 *εισηλθεν... και εστησαν*] መጽአት ፡ ወቦአት ፡ ... ወተንሥኡ ፡ ወቆሙ ፡ *venit... et-intravit... et-surrexerunt et-steterunt*

Aeth hat für jedes der beiden griechischen Verba zwei äthiopische. Das erste Paar könnte auf sa'idischen Einfluß hindeuten, denn sa hat ebenfalls zwei Verba (ⲀⲨ-ⲈⲒ ... ⲀϤⲂⲰⲔ *came...it went*). Das dritte Verbum würde eher *ανεστησαν* als *εστησαν* voraussetzen, während das vierte sowohl zu gr (*εστησαν*) als auch zu sa (ⲀⲨⲀϨⲈⲢⲀⲦⲞⲨ *they stood*) paßt.

και ... επεπεσεν] ወኮነ ፡ *et-factus-est*

Eine ähnliche, nicht ganz zutreffende Wiedergabe des griechischen Textes findet man bei arab AB (ويكون *und es wird sein*).

11,13 *και εδωκαν δοξαν*] ወሰብሕዎ ፡ ወአእኰትዎ ፡
et-glorificaverunt-eum et-gratias-egerunt-ei
Ich halte die Lesart ወአእኰትዎ ፡ *et-gratias-egerunt-ei* für ursprünglich. Das Verbum አእኰተ ፡ hat in erster Linie die Bedeutung *laudibus celebrare, laudare,* hat aber auch die Nebenbedeutung *gratias agere.* Ich nehme an, daß ein Korrektor das zweideutige Verbum አእኰትዎ ፡ *laudaverunt-eum* (und *gratias-egerunt-ei*) durch das eindeutige ሰብሕዎ ፡ *glorificaverunt-eum* ersetzen wollte; doch das ursprüngliche Wort war nicht zu verdrängen, es blieb in der Doppellesart erhalten.

11,17 *ειληφας ... και εβασιλευσας*] አንሣእከ ፡ ... ወነሣእከ ፡ መንግሥተ ፡
sustulisti ... et-sumpsisti regnum
Für *ειληφας* erwartet man ነሣእከ ፡ *sumpsisti,* das hier allerdings für *εβασιλευσας* auftaucht. Ich halte አንሣእከ ፡ *sustulisti* für einen Schreibfehler, der neben der ursprünglichen Lesart ነሣእከ ፡ *sumpsisti* bestehen blieb. Nur wurde dieses an die falsche Stelle geschoben und verdrängte wahrscheinlich ወነገሥከ ፡ *et-regnasti,* das eventuell die ursprüngliche Übersetzung von *εβασιλευσας* war. Die beiden Verba weisen ja im Schriftbild eine gewisse Ähnlichkeit auf. Bei einer späteren Korrektur wurde duch den Zusatz መንግሥተ ፡ *regnum* der Sinn der Stelle wieder ungefähr getroffen.

11,19 *και φωναι και βρονται*] ወቃለ ፡ ነጐድጓድ ፡ *et-vox tonitrui*
Aeth weicht von der stereotypen Wiedergabe wie in 4,5 und 8,5 ab und zieht die beiden Substantiva hier und in 16,18 im Anklang an 19,6 (ቃለ ፡ ነጐድጓድ ፡ = *φωνην βροντων*) zu einer Genitivkonstruktion zusammen.

12,2 *και εν γαστρι εχουσα*] ወፅንስት ፡ ይእቲ ፡ ብእሲት ፡
et-praegnans ea mulier
Aeth fügt sinngemäß ብእሲት ፡ *mulier* hinzu. Das Pronomen ይእቲ ፡ *ea,* das ohne den Zusatz als Kopula fungiert hätte, hat jetzt den Sinn des Artikels.

και κραζει (ωδινουσα) και βασανιζομενη]
ወትገዕር ፡ ወተሐምም ፡ *et-gemit et-tribulatur*
In aeth bleibt *ωδινουσα* aus unersichtlichen Gründen unübersetzt (arab A om *κραζει,* arab B om *βασανιζομενη,* arab CD = gr).

12,4 *και η ουρα αυτου*] ወበዘነቡ ፡ *et-<in->cauda-sua*
Der Instrumental in aeth dürfte auf einen Schreibfehler beruhen. Wahrscheinlich hieß es ursprünglich ወዘነቡ ፡ *et-cauda-eius*; daraus

entstand dann, da ወ *et-* und በ *in-* öfter verwechselt werden, die Lesart der Hs E በዘነቡ ፡ *<in->cauda-sua*. Bei einer Korrektur wurde dann das fehlende ወ *et-* wieder angefügt.

12,5 *και ηρπασθη το τεκνον αυτης*]

ወመሰጥዋ ፡ ለውእቱ ፡ ሕፃን ፡ ወወሰድዋ ፡

et-rapuerunt eum infantem et-tulerunt-eum

Aeth hat für *ηρπασθη* zwei Verba, von denen das erste መሰጥዋ ፡ *rapuerunt-eum* gut zu gr paßt. Das zweite Verbum ist weniger kraftvoll. Es läßt sich nicht mehr feststellen, welches der beiden das ursprüngliche ist, das durch eine Korrektur verdrängt werden sollte. Aeth läßt wie einige griechische *Aν* -Texte (= bo und arab) *αυτης* aus.

12,6 *οπου εχει εκει τοπον ητοιμασμενον απο του θεου*]

ወውስተ ፡ መካን ፡ ዘአስተዳለወ ፡ ላቲ ፡ እግዚአብሔር ፡

et-in locum quem-praeparavit ei Deus

Aeth paßt hier besser zu bo, bzw. arab BCD als zu gr (bo : ⲈⲠⲒⲘⲀ ⲈⲦⲀⲪϮ ⲤⲈⲂⲦⲰⲦϤ ⲚⲀⲤ *to the place which God prepared for her*, arab BCD : الى الموضع الذى هياه الله لها *zu dem Ort, den Gott ihr vorbereitet hat*).

12,7 Der Vers ist sehr in Unordnung geraten. Man hat versucht, ihn nach bo, bzw. arab zu korrigieren. Die Korrekturversuche haben aber die Verwirrung noch gesteigert.

και εγενετο πολεμος εν τῳ ουρανῳ Μιχαηλ και οι αγγελοι αυτου του πολεμησαι μετα του δρακοντος]

ወጸብእዋ ፡ በሰማይ ፡ ለውእቱ ፡ አርዌ ፡ ሚካኤል ፡ ወመላእክቲሁ ፡

et-bellaverunt in-caelo cum ea bestia Michael et-angeli-eius

Es scheint mir, daß der zweite Teil der Stelle den Versanfang verdrängt hat, als ob der griechische Text so gelautet hätte : *και επολεμησαν εν τῳ ουρανῳ μετα του δρακοντος Μιχαηλ και οι αγγελοι αυτου.*

και ο δρακων επολεμησεν και οι αγγελοι αυτου]

ወተጻብኦሙ ፡ ውእቱ ፡ አርዌ ፡ ምስለ ፡ መላእክቲሁ ፡

et-bellum-gessit-cum-eis ea bestia cum angelis-suis

In diesem zweiten Teil des Verses ist der Einfluß von bo, bzw. arab deutlich zu erkennen. Bo hat ⲚⲈⲘ ⲚⲈϤⲀⲄⲄⲈⲖⲞⲤ *and* (oder *with*) *his angels* (ⲚⲈⲘ kann sowohl *und* als auch *mit* bedeuten) und arab CD haben *mit* wie aeth. Die Stelle paßt wörtlich genau zu arab CD فقاتلهم التنين مع ملايكته *da bekämpfte sie der Drache mit seinen Engeln.*

12.9 *και εβληθη ο δρακων ο μεγας ο οφις ο αρχαιος ο καλουμενος Διαβολος και ο Σατανας ο πλανων την οικουμενην γην εβληθη εις την γην και οι αγγελοι μετ αυτου εβληθησαν*] ወወድቀ ፡ ውስተ ፡ ምድር ፡ ውእቱ ፡ አርዌ ፡ ዐቢይ ፡ አርዌሰ ፡ ዐቢይ ፡ ዘውእቱ ፡ ቀዲሙ ፡ ዘአስሐቶሙ ፡ ለኵሉ ፡ ዓለም ፡ ዘስሙ ፡ ሰይጣን ፡ ወድቀ ፡ ውስተ ፡ ምድር ፡ ወመላእክቲሁኒ ፡ ወድቁ ፡ ምስሌሁ ፡ ውስተ ፡ ምድር ፡ *et-cecidit in terram ea bestia magna bestia-autem magna antiqua quae-seduxit omnem mundum cuius nomen Satanas cecidit in terram et-angeli-eius-etiam ceciderunt cum-ea in terram.*

Der Vers ist verdorben. Schuld an der Verwirrung trägt vor allem der Umstand, daß aeth sowohl für *δρακων* als auch für *οφις* dasselbe Wort, nämlich አርዌ ፡ *bestia*, verwendet. *Διαβολος και* ist ausgefallen. Der Vers dürfte ursprünglich so gelautet haben : ወወድቀ ፡ ውእቱ ፡ አርዌ ፡ ዐቢይ ፡ አርዌሰ ፡ ዘቀዲሙ ፡ ዘስሙ ፡ ዲያብሎስ ፡ ወሰይጣን ፡ ዘአስሐቶሙ ፡ ለኵሉ ፡ ዓለም ፡ ወድቀ ፡ ውስተ ፡ ምድር ፡ ወመላእክቲሁኒ ፡ ወድቁ ፡ ምስሌሁ ። *et-cecidit ea bestia magna quae-antea* (= *antiqua*) *cuius nomen diabolus et-satanas quae-seduxit omnem mundum cecidit in terram et-angeli-eius-etiam ceciderunt cum-ea.*

12,11 *και ουκ ηγαπησαν*] እስመ ፡ ኢያብደሩ ፡ *quia non-dilexerunt*

Die Kausalkonjunktion ist entweder ein eigenmächtiger interpretierender Zusatz oder sie deutet bohairischen, bzw. arabischen Einfluß an (bo : **ΓΑΡ** *for*, arab ACD لأنهم *weil sie*).

12,13 *τον αρσενα*] ሕፃነ ፡ ተባዕተ ፡ *infantem masculum*

Nur die Hs E läßt ሕፃነ ፡ *infantem* aus; sie hat hier vielleicht die ursprüngliche Lesart bewahrt. Einen ähnlichen Zusatz wie aeth haben gr 203 506 (add *υιον*), sa (**ΠϢΡ̄ϨΟΟΥ** *male child*), bo (**ⲘⲠⲒϢⲎⲢⲒ ⲚϨⲰⲞⲨⲦ** *the son male*), arab A (الولد الذكر *das männliche Kind*) und arab BCD (الابن الذكر *der männliche Sohn*).

12,14 *οπου τρεφεται εκει*] ኀበ ፡ ትትዐቀብ ፡ በኵሉ ፡ መዋዕል ፡
ubi servatur in-omnibus diebus

In der Vorlage zu aeth stand *οπου* (nicht die **K** -Varianre *οπως*). Aeth läßt ohne ersichtlichen Grund *εκει* aus (auch in sa, bo und ~ arab ACD ist *εκει* nicht ausdrücklich übersetzt). Der Zusatz በኵሉ ፡ መዋዕል ፡ *in-omnibus diebus* ist Reminiszenz an 12,6.

του οφεως] ለውእቱ ፡ አርዌ ፡ ወሠረረ ፡ ወዴገና ፡ ውእቱ ፡ አርዌ ፡
eius bestiae et-volavit et-persecuta-est-eam ea bestia

Der Zusatz könnte aus einem Kommentar stammen; ebenso der

Zusatz in 12,16 (ወኢያእመረ ፡ ከመ ፡ ተውህበ ፡ ላቲ ፡ ክንፍ ፡ *et-non-sciit quod data-est ei ala*).

13,2 *ως αρκου*] ከመ ፡ ድብ ፡ *ut ursus*
Aeth drückt den Genitiv nicht aus. (Es hätte ከመ ፡ እለ ፡ ድብ ፡ *ut <qui> ursi* heißen müssen).

ως (στομα) λεοντος] ከመ ፡ አንበሳ ፡ *ut leo*
Aeth übergeht wie einige *Av* -Hss *στομα* und drückt wieder den Genitiv nicht aus.

13,6 (*εις βλασφημιας*) *προς τον θεον βλασφημησαι*]

ከመ ፡ ይፀርፍ ፡ ላዕለ ፡ እግዚአብሔር ፡
ut blasphemaret super Deum

Aeth läßt *εις βλασφημιας* weg und bringt gleich die Übersetzung des Infinitivs. Eine ähnliche Wiedergabe der Stelle hat auch bo, wo allerdings zweimal der Infinitiv steht: ⲈϪⲈⲞⲨⲀ ⲈⲪⲦ ⲚⲈⲘ ⲈϪⲈⲞⲨⲀ *to blaspheme God, and to blaspheme* (~ auch arab A يكفر بالله *er lästere gegen Gott*).

και την σκηνην αυτου] ወላዕለ ፡ ጽርሐ ፡ መቅደሱ ፡
et-super templum sanctuarii-eius

Die Präposition steht in Analogie zum vorhergehenden *προς τον θεον* (ላዕለ ፡ እግዚአብሔር ፡ *super Deum*). Aeth verbindet interpretierend ጽርሐ ፡ mit መቅደሱ ፡, also *templum sanctuarii-eius* und nicht *heiliges Zelt*, wie Hoskier angibt. (Der gleiche Zusatz steht auch in 21,22).

13,10 *ει τις εις αιχμαλωσιαν εις αιχμαλωσιαν υπαγει*]

ወተፄወዊ ፡ ሕሊናየ ፡ *et-capta-est-etiam mens-mea*

Die Stelle ist verdorben. Der ursprüngliche Text wurde durch eine Reminiszenz an 2 Kor 10,5 verdrängt: ይፄወዉ ፡ ኵሉ ፡ ልብ ፡ ወሕሊና ፡ *capiuntur omne cor et-mens.*

ει τις εν μαχαιρῃ αποκτενει δει αυτον εν μαχαιρῃ αποκτανθηναι]

ወዘሰ ፡ በመጥባሕት ፡ ይቀትል ፡ ሀለዎ ፡ ይሙት ፡ በመጥባሕት ፡
et-qui-autem <in-> cultro occiderit, necesse-est-ei [*ut*] *moriatur <in-> cultro*

Aeth geht hier mit gr א C P47 *Av*, nur steht statt des passiven Infinitivs das Intransitivum ይሙት ፡ *moriatur* (= 9,18; 11,5.13; 13,15).

ὧδε εστιν] ወዝየ ፡ ውእቱ ፡ *et-hīc ea*
Aeth übersetzt *ωδε* richtig mit ዝየ ፡ *hier* (= sa). Bo (und arab) setzen die Lesart *ᾧ δε welchem aber* voraus: ⲪⲎ ⲆⲈ ⲈⲦⲈ ϮϨⲨⲠⲞⲘⲞⲚⲎ *but he who hath the patience*).

των αγιων] ለቅዱሳን ፡ ብፁዓን ፡ ወኢአንክሮቱ ፡ ለሰይጣን ፡
sanctorum beati et-non-admiratio satanae

Hier stammt ብፁዓን ፡ *beati* von bo (= arab), wo ϢΟΥ ⲚⲒⲀⲦϤ *blessed is he* (arab : طوباه *wohl ihm*) hinzugefügt ist. Der restliche Teil könnte aus einem Kommentar genommen sein.

13,11 *αλλο θηριον ... και ειχεν κερατα δυο ομοια αρνιῳ και ελαλει*] ካልእ ፡ አርዌ ፡ ... ወ ፪ አቅርንቲሁ ፡ ወይመስል ፡ ከመ ፡ በግዕ ፡ ወይነብብ ፡
altera bestia... et-II cornua-eius et-similis-est agno et-loquitur

Dem äthiopischen Wortlaut nach bezieht sich ወይመስል ፡ *et-similis-est* auf አርዌ ፡ (= *θηριον*), während doch *ομοια* klar zu *κερατα* gehört. Ich vermute, daß hier durch eine falsche Interpretation der Text verdorben wurde. Denn das ወ″ *et-* vor ይመስል ፡ *similis-est* ist sicher sekundär und korrespondiert mit dem nachfolgenden ወይ ነብብ ፡ *et-loquitur*. Wahrscheinlich wurde der Numerus der beiden Verba ebenfalls gleichgeschaltet. Eventuell spielt auch arabischer Einfluß mit hinein; denn arab ACD haben wie aeth den Singular (يشبه *ist gleich*), nicht so bo, wo zweimal die 3. Person des Plurals steht (ЄYONI ... ЄYCAϪI *being like ... speaking*).

13,12 *και την εξουσιαν του πρωτου θηριου πασαν ποιει ενωπιον αυτου*] ወበሥልጣኑ ፡ ለቀዳሚ ፡ አርዌ ፡ ይገብር ፡ ኵሎ ፡ በቅድሜሁ ፡
et-in-potestate primae bestiae facit omne ante-eam

Stünde hier ወሥልጣና ፡ *et-potestatem*, dann wäre der Vers einwandfrei, denn ኵሎ ፡ müßte dann mit *omnem* (auf *potestatem* bezogen) übersetzt werden. Durch den Einschub der Präposition በ″ *-in-* jedoch bekommt die Stelle den Anschein einer Interpretation.

13,14 *εικονα τῳ θηριῳ*] አምሳሎ ፡ ለዝንቱ ፡ አርዌ ፡
imaginem<*-eius sc*> *huius bestiae*

Die Stelle dürfte ursprünglich አምሳለ ፡ ለዝንቱ ፡ አርዌ ፡ *imaginem ad-hanc bestiam* (= *huic bestiae*) gelautet haben. Aber die Präposition ለ″ *ad*, die zur Wiedergabe des Dativs verwendet wird, hat bewirkt, daß daraus durch die Anbringung des Suffixes *-eius* an አምሳለ ፡ *imaginem* eine Genitivkonstruktion wurde.

13,15 *και εδοθη αυτῳ δουναι ... ινα λαληση ... και ποιηση*] ወተውህበ ፡ ሎቱ ፡ ይደይ ፡ ... ከመ ፡ ይንብብ ፡ ... ወገብረሙ ፡
et-datum-est ei [ut] iniceret ... ut loqueretur ... et-fecit

Nur aeth ordnet *και ποιηση*, das noch von *ινα* abhängig ist, dem Hauptverbum *και εδοθη* gleich, als ob *και εποιησεν* in seiner Vorlage gestanden wäre. In gr א findet man die Futurform *ποιησει*, die aber für das äthiopische Perfektum nicht Vorbild gewesen sein kann.

13,17 *και ινα*] ወከመ ፡ *et-ut*

Hoskier vermerkt als äthiopische Lesart *και ουτως*, die er aus der lateinischen Übersetzung zu Wp (*et sic*) erschloß. Aber ከመ ፡ heißt nicht *sic* (das wäre ከመዝ ፡), sondern genau wie das lateinische *ut* sowohl *ινα* als auch *ως*. Aeth stimmt also hier mit gr genau überein

13,18 *ὧδε η σοφια εστιν. ο εχων νουν*]
ወዘሰ ፡ ጠቢብ ፡ ውእቱ ፡ ወዘቦ ፡ ልብ ፡
et-qui-autem sapiens est et-qui-habet cor (= *intellectum*)

Aeth ist frei und nicht ganz zutreffend übersetzt, so als ob *ᾧ δέ* statt *ᾧδε* in der Vorlage gewesen wäre : *welchem aber Weisheit ist* = *welcher aber Weisheit hat* = *welcher aber weise ist* (= aeth) *und welcher Verstand hat.*

14,3 *απο της γης*] እምነ ፡ ምድረ ፡ ግብጽ ፡ *e terra Aegypti*

Aeth hat hier einen interpretierenden Zusatz.

14,4 *ουτοι εισιν οι ... εμολυνθησαν ... ουτοι οι ακολουθοντες ... ουτοι ηγορασθησαν*] እለ ፡ ንጹሓን ፡ ... እለ ፡ ተለውዎ ፡ ... እለ ፡ ቀደሙ ፡
qui puri ... qui secuti-sunt ... qui praevenerunt

Die ersten zwei *ουτοι* läßt aeth aus; sie sind nur Aufhänger für Relativsätze. Nicht so das dritte *ουτοι*. Hier liegt in aeth wahrscheinlich ein Schreibfehler vor : እለ ፡ *qui* statt richtig እሉ ፡ *hi*.

14,6 *εν μεσουρανηματι*] ማእከለ ፡ ሰማይ ፡ ወምድር ፡
in medio caeli et-terrae

Der Zusatz ወምድር ፡ *et-terrae* dürfte nicht vom Übersetzer stammen, sondern späteren Datums sein.

14,7 *και θαλασσαν και πηγας υδατων*] ወባሕረ ፡ ወአፍላገ ፡ ወአንቀዕተ ፡ ማያት ፡ *et-mare et-flumina et-fontes aquarum*

Aeth vervollständigt die Aufzählung der Gewässer durch Einfügen der Flüsse.

14,11 *οι προσκυνουντες*] ወዘንተ ፡ ኰነኔ ፡ ይረክቡ ፡ እለ ፡ ይሰግዱ ፡
et-hoc iudicium invenient qui procumbunt

Aeth allein bringt den erklärenden Zusatz.

14,13 *μακαριοι (οι νεκροι) οι αποθνησκοντες*] ብፁዓን ፡ እለ ፡ ሞቱ ፡
beati qui mortui-sunt

Aeth läßt wie gr 808*-1893 und arab B *οι νεκροι* aus. Das Verbum steht wie in arab B im Perfekt : طوبا للذين ماتوا *wohl denen, die gestorben sind.*

14,14 καθημενον (ομοιον) υιον ανθρωπου] ይነብር ፡ ወልደ ፡ እጓለ ፡ እመሕያው ፡ *sedet filius prolis matris-vivi*

In aeth ist aus unersichtlichen Gründen ομοιον ausgefallen.

14,15 πεμψον] ወይቤሎ ፡ ፈኑ ፡ *et-dicit mitte*

In aeth ist im Anklang an 14,18 ወይቤሎ ፡ *et-dicit* eingefügt, Den gleichen Zusatz haben auch bo (add ⲈϤϪⲰ ⲘⲘⲞⲤ *saying*) und arab ABCD (add قايلا *sagend*).

το δρεπανον σου] ማዕፀደከ ፡ በሊሐ ፡ *falcem-tuam acutam*

In aeth steht wie in 14,17.18 das Adjektiv οξυ.

14,16 και εβαλεν] ወእምዝ ፡ አልዐለ ፡ *et-deinde elevavit*

Aeth weicht in der Bedeutung stark von gr ab. Hoskier vermutet, daß die Stelle in der Vorlage zu aeth ανεβαλεν gelautet hat. Die anderen Versionen geben keinen Aufschluß (sa : ⲀϤⲚⲞⲨϪ *he cast,* bo : ⲀϤⲞⲨⲰⲢⲠ *he sent,* arab ABCD : ارسل *er sandte*). Auch ein Vergleich mit sy bringt keine Lösung. In sy lautet die Stelle ܘܐܪܡܝ *und er warf.* Nach Brockelmann [1] hat das Peʿal und das Afʿel von ܪܡܐ neben *werfen* auch die Bedeutung *erheben.* Aber es ist nicht anzunehmen, daß sich in aeth über irgendeinen arabischen Text als Zwischenglied diese sekundäre Bedeutung durchgesetzt hätte. Die dem äthiopischen Text entsprechende Lesart würde ܘܐܪܝܡ *und er erhob* lauten. Die beiden betreffenden syrischen Verba sind zwar in der Wurzel ähnlich, aber nicht in der Perfektform des Afʿel. So bleibt als letzte Möglichkeit, daß der Übersetzer selbst die Stelle abweichend wiedergegeben hat.

14,18 εξηλθεν] ተለዎ ፡ *secutus-est-eum*

Es ist durchaus möglich, daß in der Vorlage zu aeth das Verbum gefehlt hat (= gr A P47 Oik 1611) und daß ተለዎ ፡ *secutus-est-eum* sinngemäß im Anklang an 14,8.9 eingesetzt wurde.

οτι ηκμασαν αι σταφυλαι αυτης] እስመ ፡ ዐቢይ ፡ አስካሉ ፡ *quia magna uva-eius*

Das Verbum fehlt aus unbekannten Gründen und ዐቢይ ፡ *magna* ist eingefügt.

[1] Siehe Carl Brockelmann, *Syrische Grammatik,* Halle 1950, 6. Aufl., Glossar S. 202.

14,20 *αχρι των χαλινων των ιππων*]

ወበጽሐ ፡ እስከ ፡ ልጓመ ፡ አፍራስ ፡ ወውሕዘ ፡

et-advenit usque ad frenum equorum et-fluxit

Aeth erweitert kommentarhaft durch Einführung zweier sinngemäß gut passender Verba. Etwas Ähnliches geschieht auch in arab AB (A : وبلغ الى لجم الخيل وانتهى الى *und gelangte zu den Pferdezügeln und erreichte schließlich,* ~ arab B).

15,2 *και ειδον ως θαλασσαν υαλινην*]

ወርኢኩ ፡ ባሕረ ፡ እንተ ፡ ትመስል ፡ ከመ ፡ ማህው ፡

et-vidi mare quod simile-est ut vitrum

Ich nehme an, daß die Stelle ursprünglich einfach ወርኢኩ ፡ ከመ ፡ ባሕረ ፡ ማህው ፡ *et-vidi ut mare vitri* gelautet hat. Der nächste Schritt war dann, daß ከመ ፡ zu ማህው ፡ gestellt wurde (ባሕረ ፡ ከመ ፡ ማህው ፡ *mare ut vitrum*, Anklang an 21,19.21) und daß es durch እንተ ፡ ትመስል ፡ *quod simile-est* verdeutlicht wurde.

θαλασσαν την (υαλινην)] ይእቲ ፡ ባሕር ፡ *id mare*

Aeth gibt zwar den Artikel wieder, läßt aber das Adjektiv aus unbekannten Gründen aus.

15,3 *και ᾳδουσιν την ῳδην Μωυσεως ... και την ῳδην*]

ወይሴብሑ ፡ ለእግዚአ ፡ ኵሉ ፡ በከመ ፡ ሰብሐ ፡ ሙሴ ፡ ... ወስብሐተ ፡

et-glorificant ad-dominum omnis rei sicut glorificavit Mūßē ... et-gloriam

Während sonst in der Apk (5,9; 14,3) *ᾳδειν* durch ዘመረ ፡ *psallere* und *ῳδη* durch መዝሙር ፡ *psalmus* wiedergegeben wird, verwendet aeth hier ሰብሐ ፡ *glorificare* und ስብሐት ፡ *gloria.* Dasselbe geschieht auch in arab CD : تسبحون تسبحة *und sie preisen den Preis.* Eine Parallele dazu besteht in 5,9, wo R_2 genau wie arab ebenfalls ዘመረ ፡ *psallere* in ሰብሐ ፡ *glorificare* und መዝሙር ፡ *psalmus* in ስብሐት ፡ *gloria* abgeändert hat (bo H* hat hier ϨΩC *praise* statt ϨΩΔΗ *song*). Der Vers weist außerdem noch einige kleinere syntaktischen Abweichungen von gr auf : so ist ለእግዚአ ፡ ኵሉ ፡ *ad-dominum omnis rei* eingeschoben und aus *την ῳδην Μωϋσεως* ist ein Nebensatz gemacht (በከመ ፡ ሰብሐ ፡ ሙሴ ፡ *sicut glorificavit Mūßē*).

ο βασιλευς] ዘነግሥከ ፡ *qui-regnasti*

Aeth zieht die etwas umständlichere verbale Konstruktion vor. (Arab hat den Vokativ يا ملك *o König*).

15,4 *οτι παντα τα εθνη ηξουσιν και προσκυνησουσιν ενωπιον σου*]

ወሥሉጥ ፡ አንተ ፡ ላዕለ ፡ ኵሉ ፡ አሕዛብ ፡ ወይሰግዱ ፡ ቅድሜከ ፡ እግዚኦ ፡ ኵሉ ፡ ተግባርከ ፡ *et-potens tu super omnes gentes et-procumbunt ante-te domine omnes res-factae-tuae*

Aller Wahrscheinlichkeit nach hat die Differenz ihren Grund darin, daß *ηξουσιν* mit *εξουσια* verwechselt wurde. Wegen dieses Fehlers wurde die Stelle umgebaut. Da die beiden Sätze der Stelle jetzt kein gemeinsames Subjekt mehr haben, wurde dem zweiten Satz als neues Subjekt ኵሉ ፡ ተግባርከ ፡ *omnes res-factae-tuae* gegeben. Der Vokativ እግዚኦ ፡ *domine* steht an der falschen Stelle; er gehört gleich an den Anfang des Verses.

15,5 *ο ναος της σκηνης του μαρτυριου εν τῳ ουρανῳ*]
መቅደሱ ፡ ለደብተራ ፡ ስምዕ ፡ ዘውስተ ፡ ሰማይ ፡
sanctuarium-eius <sc> tabernaculi testimonii quod-in caelo

Die Stelle ist in keiner Hs mehr intakt : ein Teil (AGLMQTU) läßt *της σκηνης του μαρτυριου* aus, ein anderer Teil (BCE) verwechselt ደብተራ ፡ *tabernaculum* mit ደብር ፡ *mons*, ein dritter Teil wieder (CDEFHIJKPS) übergeht *εν τῳ ουρανῳ*, ein vierter Teil (DFHIJK PRSW) hat *εν τῃ σκηνῃ* und ein fünfter Teil (BFK) hat መቅደሱ ፡ ለእግዚአብሔር ፡ *sanctuarium<-eius sc> Dei*, also ein heilloses Durcheinander, so daß die ursprüngliche Lesart nicht mehr zu erkennen ist. Folgendes kann als gesichert angenommen werden : 1) መቅደሱ ፡ *sanctuarium-eius*, mit Suffix, das in allen Vg-Hss steht, 2) ደብተራ ፡ *tabernaculum*, 3) ስምዕ ፡ *testimonium* und 4) ዘውስተ ፡ ሰማይ ፡ *quod-in caelo*. Ich vermute, daß die Stelle dem griechischen Text entsprechend so gelautet hat : መቅደሱ ፡ ለደብተራ ፡ *sanctuarium <-eius sc> tabernaculi*. Da das Suffix *<-eius>* in allen Hss vorhanden ist und in gr der Genitiv *της σκηνης* steht, könnte es zur Bildung des äthiopischen Genitivs gehört haben, auch wenn das dazu notwendige ለ vor ደብተራ ፡ in allen äthiopischen Hss fehlt. Der Herausgeber von Bg ändert die Stelle in መቅደስ ፡ ዘደብተራ ፡ *sanctuarium <quod>-tabernaculi* um. Das ist auch eine Genitivkonstruktion; allerdings ist in Bg dann das Suffix geopfert und ዘ″ *<quod->*, das ebenfalls in keiner Hs vorhanden ist, eigenmächtig eingeführt.

15,6 *ενδεδυμενοι (λινον) καθαρον*] ወይለብሱ ፡ ንጹሐ ፡ *et-induunt purum*
Aeth hat weder *λινον*, noch das falsche *λιθον* (= gr AC); es ist aus unbekannten Gründen ausgefallen.

15,8 *ο ναος καπνου εκ της δοξης του θεου*]
መቅደሱ ፡ ጢስ ፡ መዓቱ ፡ ለእግዚአብሔር ፡
sanctuarium-eius fumo irae<-eius sc> Dei

In aeth sollte ስብሐቱ ፡ *gloriae<-eius>* statt መዓቱ ፡ *irae<-eius>* stehen. Nur arab A hat denselben Fehler من دخان رجز الله *von Rauch des Zornes Gottes*. Woher diese Variante stammt, ist unbekannt.

16,1 εκ του ναου] እምሰማይ ፡ እምነ ፡ መቅደሱ ፡ *e-caelo e sanctuario-eius* Ich halte እምነ ፡ መቅደሱ ፡ *e sanctuario-eius*, das nur von den beiden Hss LM gebracht wird, für ursprünglich. እምሰማይ ፡ *e-caelo*, das sich in allen übrigen Hss entweder allein oder in Verbindung mit እምነ ፡ መቅደሱ ፡ *e sanctuario-eius* findet, ist Korrektur, deren Vorlage nicht mehr zu bestimmen ist, da die Lesart sowohl in den gr **K** -Hss 42-367-468-2196 (εκ του ουρανου), als auch in sa (ЄΒΟΛ ϨΝ̄ ΤΠЄ *out of the heaven*), bo (ЄΒΟΛ ϨЄΝ ΤΦЄ *from the heaven*) und arab (من السما *vom Himmel*) zu finden ist.

16,2 και εγενετο ελκος κακον (και πονηρον)]

ወመጽአ ፡ … ወመጽአ ፡ ላዕሌሆሙ ፡ ጸልዕ ፡ እኩይ ፡
et-venit … et-venit super-eos ulcus malum

In aeth ist ጸልዕ ፡ … *ulcus* …, das als Subjekt zum ersten መጽአ ፡ (= εγενετο) gehört hätte, ausgefallen. Dafür wurde es mit dem Verbum am Schluß des Verses nachgetragen. Allerdings wurde dabei eines der beiden sinnverwandten Adjektiva übersehen.

16,3 και εγενετο αιμα ως νεκρου] ወኮነ ፡ ደመ ፡ በሐር ፡
et-factum-est sanguis mare

Aeth läßt (= arm 1) ως νεκρου aus unbekannten Gründen aus. Der Zusatz በሐር ፡ *mare* ist wahrscheinlich Reminiszenz an 8,8.

16,5 του αγγελου των υδατων] መልአከ ፡ አንቅዕት ፡ ማያት ፡
angelus fontium aquarum

Der Zusatz አንቅዕት ፡ *fontium* ist Reminiszenz an den folgenden Vers.

16,6 αγιων και προφητων] ቅዱሳኒከ ፡ ወነቢያቲከ ፡
sanctorum-tuorum et-prophetarum-tuorum

Das Possessivpronomen ist ein sinngemäßer eigenmächtiger Zusatz.

αξιοι εισιν] እስመ ፡ ይደልዎሙ ፡ *quia decet-eos*

Die Kausativpartikel እስመ ፡ *quia* haben außer aeth auch noch ein paar griechische Hss (teils οτι, teils γαρ), ferner kopt (ϪЄ *because*) und arab ACD (لانهم *weil sie*). Es ist also nicht festzustellen, ob es sich bei dem Zusatz um eine eigenmächtige sinngemäße Erweiterung oder um eine Korrektur nach einer anderen Version handelt.

16,7 και ηκουσα του θυσιαστηριου λεγοντος]

ወሰማዕኩ ፡ ይቤ ፡ በውስተ ፡ ምሥዋዕ ፡ *et-audivi dixit in altari*

In Analogie zu der sonst üblichen Übersetzungsweise, wo ηκουσα ausfällt und das abhängige Partizip zum Hauptverbum wird [1], dürfte die Stelle einmal so gelautet haben : ወይቤ ፡ ምሥዋዕ ፡ *et-dixit altare.* Nun begannen die Korrekturen. Zuerst wurde ሰማዕኩ ፡ *audivi* eingefügt (ወሰማዕኩ ፡ ይቤ ፡ *et-audivi dixit* = BCEFGLMQU) dann wurde ቃለ ፡ *vocem* dazugesetzt (ወሰማዕኩ ፡ ቃለ ፡ ይቤ ፡ *et-audivi vocem dixit* = IR*S) und schließlich wurde ይቤ ፡ *dixit* an ቃለ ፡ *vocem* durch einen Relativsatz angeschlossen. Auch die Präposition በውስተ ፡ *in*<*-intra*> dürfte auf einer Korrektur beruhen : man wollte wahrscheinlich den Altar nicht als Sprecher ansehen (ወሰማዕኩ ፡ ቃለ ፡ ዘይቤ ፡ በውስተ ፡ ምሥዋዕ ፡ *et-audivi vocem quae-dixit in* <*-intra*> *altari* = DJR[c]).

16,8 *και εδοθη αυτῳ καυματισαι*] ወተውህበ ፡ ሎቱ ፡ ሐሩር ፡ ከመ ፡ ያውዕዮ ፡ *et-datus-est ei aestus ut combureret*

ሐሩር ፡ *aestus* ist ein eigenmächtiger Zusatz, eingefügt vielleicht im Anklang an den folgenden Vers : ወውዕዩ ፡ ሰብእ ፡ በዐቢይ ፡ ሐሩር ፡ *et-combusti-sunt homines in-magno aestu.*

16,11 *εκ των πονων (αυτων και εκ) των ελκων αυτων*]

እምነ ፡ ሕማመ ፡ አጽልዕቲሆሙ ፡ *e tribulatione ulcerum-suorum*

Nur aeth verbindet, vielleicht aus Versehen, die beiden Substantiva zu einer Genitivkonstruktion (~ arab B : من شدة اوجاعهم *von der Heftigkeit ihrer Leiden*).

16,13 *του θηριου*] ለአንበሳ ፡ *leonis*

Hier handelt es sich um einen Schreibfehler : es sollte ለእንስሳ ፡ *animalis* statt ለአንበሳ ፡ *leonis* heißen.

16,14 *τους βασιλεις*] ኵሉ ፡ ነገሥት ፡ *omnes reges*

Nur aeth und arm setzen ኵሉ ፡ *omnes* hinzu.

16,15 *ερχομαι*] እመጽእ ፡ ግብተ ፡ *veniam subito*

Aeth allein fügt sinngemäß ግብተ ፡ *subito* hinzu.

17,3 *απηνεγκεν με εις ερημον εν πνευματι*]

ወሰደኒ ፡ መንፈስ ፡ ገዳመ ፡*tulit-me spiritus* [*in*] *desertum*

Die Wiedergabe der Stelle erinnert an Lk 4,1 (ወወሰዶ ፡ መንፈስ ፡ ገዳመ ፡ *et-tulit-eum spiritus* [*in*] *desertum*).

17,4 *πορφυρουν και κοκκινον και κεχρυσωμενη χρυσιῳ*]

ልብሰ ፡ ወርቅ ፡ ዘበ ፡ ሚላተ ፡ ወዘበ ፡ ላየ ፡

vestimentum auri quod-habet byssum et-quod-habet coccinum

Aeth gibt die Stelle sehr frei, vor allem in der Wortstellung, aber doch zutreffend wieder.

[1] Siehe S. 76.

17,10 ολιγον (αυτον δει) μειναι] ይነብር ፡ ኅዳጠ ፡ *manet paululum*
In aeth ist δει sonst durch ሀለወ ፡ *necesse-est* ausgedrückt; hier wird es übergangen und die Stelle bekommt dadurch Ähnlichkeit mit sa (ϤΝΑϬΩ *he will remain*).

17,12 αλλα εξουσιαν ως βασιλεις ... λαμβανουσιν]

ወባሕቱ ፡ ከመ ፡ ነገሥት ፡ ሥልጣነ ፡ ቦሙ ፡ ... ይነሥኡ ፡

attamen ut reges potestatem habent ... sumunt

Nur die Hs E (~ F add ወ″ *et-*) hat ይነሥኡ ፡ (= λαμβανουσιν), das ich für die ursprüngliche Lesart halte. Die anderen älteren Hss (ABC etc.) haben fälschlich ይትነሥኡ ፡ *surgunt,* das dann mit ወ″ *et-* angeknüpft wurde und mit dem folgenden ምስለ ፡ ዝንቱ ፡ አርዌ ፡ (= μετα του θηριου) einen neuen Satz bildet. Dadurch wurde dem ersten Teil der Stelle das Prädikat genommen. Als Ersatz dafür wurde in allen Hss ቦሙ ፡ *habent* eingeschoben. Die jüngeren Hss sind in der Umarbeitung der Stelle noch weiter gegangen : in ihnen ist das eingefügte ወይትነሥኡ ፡ *et-surgunt* wahrscheinlich unter Einfluß des vorhergehenden ከመ ፡ ነገሥተ ፡ *ut reges* zu ወይነግ ሡ ፡ *et-regnant* umgewandelt.

17,17 (ποιησαι την γνωμην αυτου και) ποιησαι μιαν γνωμην]

ከመ ፡ ይኅበሩ ፡ በ ፩ ምክር ፡ *ut congruerent in-I consilio*

In gr A und einigen *Aν* -Hss fehlt der zweite Teil και ... γνωμην. Aber das Zahlwort in aeth beweist, daß aeth hier den ersten Teil übergangen hat. Das läßt den Schluß zu, daß der Übersetzer den vollständigen Text vor sich hatte. Ob nun der Übersetzer selbst oder ein Kopist später die Lücke verursacht hat, ist nicht mehr festzustellen. In aeth ist noch eine zweite Differenz auffallend. Nimmt man nämlich ይኅበሩ ፡ *congruerent,* das zum Zusatz der Präposition በ″ *in-* gezwungen hat, als Schreibfehler für ይገበሩ ፡ *facerent* an, dann hat man genau den griechischen Text (ከመ ፡ ይገበሩ ፡ ፩ ምክረ ፡ *ut facerent I consilium*).

18,1 και η γη εφωτισθη εκ της δοξης αυτου]

ወበርሀት ፡ ምድር ፡ እምብርሃነ ፡ ገጹ ፡ ወእምስብሐቲሁ ፡

et-luxit terra a-luce faciei-eius et-a-gloria-eius

In aeth haben wir eine Doppellesart vor uns. Ursprünglich ist die Lesart እምስብሐቲሁ ፡ *a-gloria-eius.* Der Zusatz እምብርሃነ ፡ ገጹ ፡ *a-luce faciei-eius* geht auf bo zurück (bo add ЄΒΟΛ ϦЄΝ ΠЄϤϨΟ ΝЄΜ *from his face and* = arab CD add ومن وجهه و... *und von seinem Gesicht und* ...). Arab A geht noch einen Schritt weiter und fügt بهاء

Schönheit, Glanz hinzu (arab A من بهاء وجهه و... *von dem Glanz seines Gesichtes und*...). Der Unterschied zu bo besteht nur darin, daß aeth *Licht* statt *Schönheit, Glanz* hat.

18,3 *και φυλακη παντος πνευματος ακαθαρτου και φυλακη παντος ορνεου ακαθαρτου και μεμισμενου και φυλακη παντος θηριου ακαθαρτου και μεμισμενου*]
ኀበ ፡ ይነብር ፡ ኵሉ ፡ ጋኔን ፡ ርኩስ ፡ ወመንበረ ፡ ኵሉ ፡ ዖፍ ፡ ርኩስ ፡ ወጽሉእ ፡ ወመንበረ ፡ ኵሉ ፡ አርዌ ፡ ርኩስ ፡ ወጽሉእ ፡
ubi habitat omne daemonium immundum et-habitatio omnis avis immundae et-odibilis et-habitatio omnis bestiae immundae et-odibilis

Der größte Teil der äthiopischen Hss setzt den angegebenen griechischen Text voraus (= 172/250 2329 und arab B, ~ sa). Auffallend daran ist, daß das erste *φυλακη* verbal übersetzt ist (ኀበ ፡ ይነብር ፡ *ubi habitat*). Das scheint mir auf jeden Fall ursprünglich zu sein. Interessant ist, daß die Hs C einen Text bietet, der sehr gut zu gr A paßt : *και φυλακη πνευματος ακαθαρτου και μεμισμενου και φυλακη παντος θηριου ακαθαρτου και μεμισμενου*. Die Hss EGNQ haben einen Text, der wieder genau zu gr ℵ *Aν* **K** bo arab CD paßt, d.h. es fehlt hier *και φυλακη παντος θηριου ακαθαρτου και μεμισμενου*. Es ist also durchaus möglich, daß die Textform von C (= gr A) die ursprüngliche ist und daß die Stelle später nach irgendwelchen Vorlagen erweitert wurde.

18,4 *και εκ των πληγων αυτης ινα μη λαβητε*]
ከመ ፡ ... ኢይርከብክሙ ፡ መቅሠፍታ ፡
ut ... non-inveniat-vos plaga-eius

Aeth bietet eine Übersetzung, die auffallend mit arab B übereinstimmt : ليلا ينالكم ضرباتها *damit euch nicht erreichen ihre Plagen.*

18,6 *διπλωσατε τα διπλα*] ካዕበተ ፡ ምክዕቢተ ፡ *duplum dupliciter*

Aeth läßt den Imperativ unbeachtet und setzt dafür ካዕበተ ፡ *duplum* ein, das den adverbiellen Akkusativ ምክዕቢተ ፡ *dupliciter* nur verstärkt ausdrückt. (Sollte es vielleicht ursprünglich አካዕቡ ፡ *duplicate* statt ካዕበተ ፡ *duplum* geheißen haben?)

18,7 *εδοξασεν αυτην και εστρηνιασεν*] ገፍዐቶ ፡ ወፈገዐቶ ፡
oppressit et-heluata-est

Hier liegt der Abweichung ein Schreibfehler zu Grunde. Die beiden Verba ገፍዐቶ ፡ *oppressit* und ፈገዐቶ ፡ *heluata-est* haben die gleichen Radikale; das erste ist also nur eine fehlerhafte Schreibung des zweiten Wortes. Aber der Fehler hat doch die Übersetzung von *εδοξασεν αυτην* verdrängt.

18,8 *κυριος ο θεος*] እግዚአብሔር : *Deus*

Aeth hat für *κυριος ο θεος* nur das eine Wort. Es bleibt also die Frage offen, ob aeth hier wie gr A 841 *κυριος* oder wie gr **K** *ο θεος* ausgelassen hat. (Sa bo arab ABCD haben beide Substantiva).

18,9 *και κλαυσουσιν και κοψονται*] ወይበክዩ : ... ወይሬእይዋ :
et-flebunt ... *et-videbunt-eam*

Aeth läßt *κοψονται* aus, schiebt aber dann an der falschen Stelle ወይሬእይዋ : *et-videbunt-eam* ein. Das ist eine schlechte Korrektur, die den gleichen Fehler wie bo in 1,7 zur Grundlage hat. Aeth und bo in 1,7 setzen nämlich *οψονται* statt *κοψονται* voraus.

18,10 *οτι μιᾳ ωρᾳ ηλθεν η κρισις σου*] እስመ : በጽሐት : ሰዓት : ደ
ይና : *quia advenit hora damnationis-eius*

Die Abweichung beruht vielleicht auf einem Versehen. Der Text könnte ursprünglich እስመ : በአሐቲ : ሰዓት : በጽሐት : ደይና : *quia in-una hora advenit damnatio-eius* gelautet haben. Möglicherweise hat dann die Ähnlichkeit des Schriftbildes von በአሐቲ : *in-una* und በጽሐት : *advenit* den Ausfall von በአሐቲ : und die Umstellung bewirkt. Aeth hat *αυτης* statt *σου* (= sa bo ABCD*FG* HNTZ ⲠⲈⲤϨⲀⲠ *her judgement* und arab ACD حكمها *ihr Gericht*).

18,11.12 *τον γομον αυτων ουδεις αγοραζει ουκετι* (12) *γομον χρυσου*]
አልቦ : ዘይሠየጥ : ገራውሂሆሙ ። (12) ወርቀ :
non-adest qui-emet agros-eorum (*12*) *aurum*

Die Lesart ገራውሂሆሙ : *agros-eorum* (von ገራህት : *ager*) beruht sicher auf einer Verwechslung mit ገርሐሙ : (oder einer ähnlichen Form von ገርሕ : *merx, mercatura*). Dillmann vermutet denselben Fehler und schreibt bei ገርሕ : (Lex. linguae Aeth. S. 1153) : At eodem referendum videtur ገራውሕ : *γομος* Apoc. 18,11 (tamquam Pl. a ገሬሐት : vel ገራሐት :; modo lectio sana sit). Nimmt man nun an, daß die Stelle einmal አልቦ : ዘይሠይጥ : ገርሐሙ : (oder ähnlich) ገርሐ : ወርቀ :... *non adest qui-emet mercaturam-eorum mercaturam auri* gelautet hat, dann ist das Übersehen von *γομον* am Anfang von Vers 12 leicht verständlich. Vielleicht ist dabei auch እንከ : (= *ουκετι*) ausgefallen, das in sa[part] bo arab ABCD ebenfalls fehlt. Die von *γομον* abhängigen Genitive *χρυσου, αργυρου* etc. wurden in aeth nach Wegfall von *γομον* als Objekte von ዘይሠየጥ : *qui-emet* angesehen und in Akkusative umgewandelt.

18,14.15 *και η οπωρα σου (της επιθυμιας της ψυχης)]*
ወአቀማሓትኪ ፡ *et-fruges-tuae*

Aeth läßt aus unbekannten Gründen den größten Teil der Stelle aus. In Analogie zu አቀማሓትኪ ፡ *et-fruges-tuae* verwendet aeth in beiden Versen die Suffixe in der 2. Pers. Sing. Fem., auch da, wo der griechische Text entweder die 3. Person oder überhaupt kein Pronomen verlangen würde :

λιπαρα ... ሥብሕኪ ፡ *pinguedo-tua*
λαμπρα ... ብርሃንኪ ፡ *lux-tua*
οι εμποροι ... ሠየጥኪ ፡ *mercatores-tui*
απ αυτης ... በውስቴትኪ ፡ *in-<intra->te*
του βασανισμου αυτης ... ሥቃይኪ ፡ *vexationis-tuae*
κλαιοντες ... ይበክዩኪ ፡ *flebunt-te*
πενθουντες ... ይላሕዉኪ ፡ *lugebunt-te.*

και ουκετι ου μη αυτα ευρησουσιν και οι εμποροι (τουτων πλουτησαντες) απ αυτης]
ወኢይረክብዎ ፡ እንከ ፡ ሠየጥኪ ፡ ለዝንቱ ፡ በውስቴትኪ ፡
et-non-invenient<-id> ergo mercatores-tui <sc> hoc in<-intra->te

Die Stelle ist lückenhaft und unklar. Aus unbekannten Gründen ist *τουτων πλουτησαντες* ausgefallen. Zu ኢይረክብዎ ፡ *non-invenient-id* gehört als Objekt ለዝንቱ ፡ *<sc> hoc*, entspricht also *αυτα*, und *απ αυτης* ist fälschlich mit በውስቴትኪ ፡ *in<-intra->te* wiedergegeben. Die ursprüngliche Fassung der beiden Verse ist nicht mehr zu rekonstruieren.

18,17 *και πας γυβερνητης]* ወኵሉ ፡ ዘኍዳፍ ፡
et-omnis <qui->gubernator

Das Relativpronomen ist überflüssig. Hier scheint es mir, als ob ኵሉ ፡ ኍዳፍ ፡ *omnis gubernator* und ኵሉ ፡ ዘኀደፈ ፡ *omnis qui-gubernavit* (= Hs A) zusammengeflossen wäre.

18,18 *(τον καπνον) της πυρωσεως αυτης]*
ውዕየተ ፡ ሀገራ ፡ *incendium civitatis-eius*

Aeth läßt *τον καπνον* aus. Bei der Übersetzung von *πυρωσεως* dürfte ein Fehler unterlaufen sein. Ich nehme an, daß dabei *πολεως* statt *πυρωσεως* gelesen wurde. Der Fehler wurde dann korrigiert (= ውዕየተ ፡ *incendium*); die Korrektur konnte jedoch den Fehler nicht verdrängen, im Gegenteil, sie wurde mit dem Fehler zu einer Genitivkonstruktion verbunden.

18,19 *εν ῇ]* እንተ ፡ እምኔሃ ፡ *a qua*

Aeth geht hier mit bo und arab (bo : ΘΗ ... ЄΒΟΛ ῩϦΗΤϹ *from whom* = arab B : منها ... الذى = arab CD : منها ... التى *von welcher*).

18,20 *και οι αγιοι και οι αποστολοι και οι προφηται*]

ወቅዱሳን ፡ ነቢያት ፡ ወሐዋርያት ፡ *et-sancti prophetae et-apostoli*

Allen äthiopischen Hss ist die Umstellung *προφηται ... αποστολοι* gemeinsam. Die Texte der meisten Hss (ACDE etc.) setzen *και οι αγιοι αποστολοι* voraus. Nur in BGHIL steht ወ" (= *και*). Da beide Varianten durch gute Hss bezeugt sind, ist nicht zu entscheiden, welche davon ursprünglich ist. Aber da aeth mit ወ" *et-* nicht gerade sparsam umgeht und lieber etwas hinzusetzt als wegläßt, ist es wahrscheinlicher, daß es später hinzugefügt wurde, als daß es vorhanden war und später gestrichen wurde.

18,21 *και ηρεν εἱς αγγελος ισχυρος λιθον*]

ወነሥአ ፡ ፩ መልአክ ፡ ኀያል ፡ ወጽኑዕ ፡ እብነ ፡

et-sumpsit I angelus validus et-firmus lapidem

Aeth übersetzt *ισχυρος* gewöhnlich mit ጽኑዕ ፡ *firmus*. Hier aber stehen zwei synonyme Adjektiva, also eine Doppellesart, bei der offen bleibt, welches Adjektiv der Übersetzer verwendet hat. Das Wort ኀያል ፡ *validus* kommt sonst in der Apk nicht vor. Gerade deshalb kann es als original angesehen werden, und das gebräuchliche ጽኑዕ ፡ *firmus* ist die Korrektur dazu. In einigen Hss ist ጽኑዕ ፡ *firmus* auf እብነ ፡ *lapidem* bezogen und in den Akkusativ gesetzt. Aber diese Lesart halte ich für eine spätere Entstellung.

18,22 *και φωνη κιθαρῳδων ... ου μη ακουσθη εν σοι*]

ወኢይሰማዕ ፡ በውስቴታ ፡ ቃለ ፡ መሰናቁት ፡ ... ኢይሰማዕ ፡

et-non-audietur in-ea vox cithararum ... non-audietur in-ea

Hier ist *ου μη ακουσθη* zweimal übersetzt : das zweite befindet sich an der richtigen Stelle und ist ursprünglich. Das erste aber dürfte auf eine Korrektur nach arab B zurückgehen, wo das Verbum ebenfalls an der Spitze steht und wo gleichfalls *εν αυτη* statt *εν σοι* geschrieben ist. Aeth bleibt in diesem und im folgenden Vers bei *εν αυτη* (arab B : ولا يسمع بعد فيها *und nicht wird gehört alsdann in ihr*).

18,23 *και φως λυχνου (ου μη φανη εν σοι ετι)*]

ወኢብርሃነ ፡ ማኅቶት ፡ *et-non-lux candelabri*

Aeth läßt aus unbekannten Gründen das Prädikat aus. (In gr A 203-452-506 2037-2046 fällt die ganze Stelle infolge Homoeoteleuton aus).

18,24 *των εσφαγμενων*] እለ ፡ ተቀትሉ ፡ ... በእንተ ፡ ስሙ ፡ ለክርስቶስ ፡
qui occisi-sunt ... propter nomen Christi
Der Zusatz erinnert ungefähr an 6,9 : ለእለ ፡ ተቀትሉ ፡ በእንተ ፡ ቃለ ፡ እግዚአብሔር ፡ *qui occisi-sunt propter verbum Dei* oder an 20,4 : ለእለ ፡ ተቀትሉ ፡ በእንተ ፡ ሕገ ፡ (SVWY : ስምዑ ፡; R^{c}XZ : ስሙ ፡) ለኢየሱስ ፡ (TUXY add ክርስቶስ ፡) *qui occisi-sunt propter legem* (SVWY : *testimonium*; R^{c}XZ : *nomen*) *Iesu* (TUXY add *Christi*).

19,1 *ως φωνην μεγαλην οχλου πολλου εν τῳ ουρανῳ*]
ቃል ፡ ዐቢይ ፡ በሰማይ ፡ ከመ ፡ ዘብዙኅ ፡ ሰብእ ፡
vox magna in-caelo ut <quae->multorum hominum
Aeth ändert die Wortstellung : *ως* steht wie auch in 19,5 vor *οχλου* (= gr 2019 = sa : ⲈⲨⲚⲞϬ Ⲛ̄ⲤⲘⲎ Ⲛ̄ⲐⲈ Ⲛ̄ⲞⲨⲘⲎⲎϢⲈ ⲈⲚⲀϢⲰϤ *a great voice as of a great multitude*; ~ arab B صوت كمثل صوت اناس كبير *eine Stimme wie die Stimme vieler Menschen*). Nur in aeth kommt *εν τῳ ουρανῳ* gleich hinter *μεγαλην*.

19,14 *και τα στρατευματα τα εν τῳ ουρανῳ*] ወሐራ ፡ ሰማይ ፡
et-milites caeli
Aeth verbindet die beiden Substantiva durch eine Genitivkonstruktion (= gr 2019 920-1859-2027-2256 : *και τα στρατευματα του ουρανου*).

19,16 *ονομα γεγαμμενον*] ወጽሑፍ ፡ ... ስም ፡ ዘይብል ፡
et-scriptum ... nomen quod-dicit
Der sinngemäße Zusatz entspricht unserem Doppelpunkt.

19,19 *του ιππου*] ፈረስ ፡ ጸዐዳ ፡ *equum album*
Der Zusatz ጸዐዳ ፡ *album* (= sa bo arab ACD), der sich hier und in 19,21 findet, ist eine Reminiszenz an 19,11.

19,20 *το χαραγμα*] ስመ ፡ ማኅተሙ : *nomine sigilli-eius*
Aeth hat eine Doppellesart, bei der zur ursprünglichen Lesart ማኅተሙ ፡ *sigillo-eius* noch als Korrektur nach arab B (اسم الوحش *der Name des wilden Tieres*) ስመ ፡ *nomine* hinzugefügt ist.

19,21 *εν τῃ ρομφαιᾳ ... του ιππου τῃ εξελθουσῃ*]
በሰይፉ ፡ ... ፈረስ ፡ ... እንተ ፡ ተወፅአ ፡ ... ሰይፍ ፡ በሊሕ ፡ ውእቱ ፡
in-gladio ... equum ... qui exit ... gladius acutus is
Hier ist ሰይፍ ፡ በሊሕ ፡ ውእቱ ፡ *gladius acutus is* zum besseren Verständnis hinzugefügt. Denn ohne diesen Zusatz könnte man meinen, daß sich እንተ ፡ ተወፅአ ፡ *qui exit* auf ፈረስ ፡ *equum* bezieht und nicht auf በሰይፉ ፡ *in-gladio*.

τα ορνεα] አዕዋፈ ፡ ሰማይ ፡ *aves caeli*

Auch bo und arab ACD haben den Zusatz (bo add ⲚⲦⲈ ⲦⲪⲈ *of the heaven*, arab ACD add السماء *des Himmels*). Da aber *Vögel des Himmels* eine gebräuchliche Wendung ist, könnte der Zusatz natürlich auch unabhängig von einer anderen Version zustande gekommen sein.

20,1 *την κλειν της αβυσσου*] መራኁተ ፡ ፀሐይ ፡ *clavem solis*
Hier müßte es ቀላይ ፡ *abyssi* heißen. Unerklärlich, wie aeth zu der Abweichung kommt.

20,2 *τον δρακοντα (ο οφις) ο αρχαιος ος εστιν διαβολος και ο Σατανας*]
ለዝክቱ ፡ አርዌ ፡ ዘውእቱ ፡ ቀዳማዊ ፡ ወውእቱ ፡ ገኔን ፡ ሰይጣን ፡
illam bestiam quae-ea prima et-ea (= *-est*) *daemonium βayṭān*
Der Übersetzer hatte wie in 12,9 Schwierigkeiten mit der Unterscheidung von *δρακων* und *οφις*, für die er das eine Wort አርዌ ፡ *bestia* verwendet. So ist *ο οφις* ausgefallen und statt dessen steht wie in 12,9 ዘውእቱ ፡ *quae-ea*. Auch würde man ዘውእቱ ፡ *quae-ea* statt ወውእቱ ፡ *et-ea* erwarten. Auffallend ist auch, daß aeth *διαβολος* mit ገኔን ፡ *daemonium* wiedergibt, obwohl dem Übersetzer sicher das Fremdwort ዲያብሎስ ፡ *dīyābelōβ* bekannt war. Vor *σατανας* fehlt *και* (= sa bo arab ABCD).

20,3 *και εκλεισεν και εσφραγισεν επανω αυτου*] ወዐጸወ ፡ ላዕሌሁ ፡
በማኅተም ፡ *et-clausit super-eum in-sigillo*
Die Stelle ist verdorben. Ich nehme an, daß es hier ursprünglich ወዐጸወ ፡ ወኀተመ ፡ ላዕሌሁ ፡ *et-clausit et-signavit super-eum* geheißen hat.

20,4 *και ειδον θρονους*] ወእምዝ ፡ ርኢኩ ፡ መናብርተ ፡ *et-deinde vidi thronos*
Es fällt auf, daß እምዝ ፡ *deinde* hier eingeschoben und *ειδον* übersetzt ist, ganz im Gegensatz zu den anderen ähnlichen Stellen (6,8; 10,1 u.a.), wo *ειδον* übergangen ist (s.S. 75). Die Hs B hat eine Doppellesart: ርኢኩ ፡ አምጽኡ ፡ *vidi attulerunt*. Man könnte also annehmen, daß es in Analogie zu den anderen Stellen auch einmal die Lesart ወእምዝ ፡ አምጽኡ ፡ *et-deinde attulerunt* gegeben hat. Offen bleibt nur die Frage nach der zeitlichen Reihenfolge der beiden Varianten: Hat der Übersetzer ወ(እምዝ) ፡ ርኢኩ ፡ መናብርተ ፡ *et(-deinde) vidi thronos* geschrieben und hat dann ein Korrektor ወ(እምዝ ፡) አምጽኡ ፡ መናብርተ ፡ *et(-deinde) attulerunt thronos* daraus gemacht oder umgekehrt? Den Zusatz እምዝ ፡ *deinde* halte ich auf jeden Fall für eine spätere Zutat.

και εκαθισαν επ αυτους] ወነበረ ፡ ላዕሌሆሙ ፡ ወልደ ፡ እጓለ ፡ እመሕያው ፡ *et-sedit super-eos filius hominis*

Aeth führt interpretierend ወልደ ፡ እጓለ ፡ እመሕያው ፡ *filius hominis* als Subjekt ein.

και τας ψυχας] በእንተ ፡ ነፍሶሙ ፡ *propter animam-eorum*
Aeth ersetzt και durch δια (= bo : ЄΘΒЄ ΝΙΨΥΧΗ *concerning the souls* = arab CD : لاجل الانفس *wegen der Seelen*).

και εζησαν και εβασιλευσαν] ወእሙንቱ ፡ የሐይዉ ፡ ወይነግሡ ፡
et-ii vivent et-regnabunt
Falsche Interpretation : Aeth verlegt das Leben und Herrschen mit Christus in die Zukunft. Auch im folgenden Vers bleibt aeth beim Imperfekt.

20,14 εις την λιμνην του πυρος] ውስተ ፡ ዐዘቅተ ፡ እሳት ፡ ዘምልእት ፡ ተይ ፡ *in puteum ignis qui-plenus sulphuris*
Der Einschub stammt aus bo, bzw. arab (bo^{part} : ЄΘΜЄϨ ΝΘΗΝ = arab BCD : المملوة كبريت *voll von Schwefel*).

21,3 και αυτος ο θεος μετ αυτων εσται]
ወውእቱኒ ፡ ይከውኖሙ ፡ አምላኮሙ ፡ ወይሄሉ ፡ እግዚአብሔር ፡ ምስሌሆሙ ፡ *et-is-etiam erit-eis deus-eorum et-existet Deus cum-eis*
Die Stelle macht den Eindruck einer Doppellesart, da für εσται zwei Verba vorhanden sind : ይከውኖሙ ፡ *erit-eis* und ይሄሉ ፡ *existet.* Welches das ursprüngliche und welches Korrektur ist, läßt sich nicht mehr feststellen.

21,6 δωσω] እሁቦ ፡ ይስተይ ፡ *dabo-ei* [*ut*] *bibat*
Sinngemäßer Zusatz, der sich außer bei aeth nur noch bei arab Wp findet (arab Wp add ان يشرب *daß er trinke*).

21,8 εν τη λιμνη (καιομενη) πυρι και θειῳ]
ገሃነም ፡ ዘእሳት ፡ ወተይ ፡ *gehenna <quae-> ignis et-sulphuris*
Aeth stimmt mit bo und arab ACD überein : καιομενη ist übergangen und aus πυρι και θειῳ sind Genitive geworden (bo : ϦЄΝ ϮΛΥΜΝΗ ΝΤЄ ΠΙΧΡΩΜ ΝЄΜ ΠΙΘΗΝ *in the lake of the fire and the sulphur*, arab ACD : في بحيرة النار والكبريت *in dem See des Feuers und des Schwefels*).

21,10 και απηνεγκεν με εν πνευματι] ወወሰደኒ ፡ መንፈስ ፡
et-tulit-me spiritus
In aeth ist πνευμα zum Subjekt geworden. Hier liegen gewisse Anklänge an Lk 4,1 (~ Mt 4,5.8) und Apg 8,38 vor (Lk : ወወሰዶ ፡ መንፈስ ፡ *et-tulit-eum spiritus*; Apg : መንፈስ ፡ እግዚአብሔር ፡ መሠጦ ፡ ለፊልጶስ ፡ *spiritus Dei rapuit Philippum*).

21,11 *ως λιθῳ ιασπιδι κρυσταλλιζοντι*]
ወጸዐዱት ፡ ከመ ፡ ባሕርይ ፡ *et-albae ut margarita*
Aeth hat eine abwegige Wiedergabe der Stelle. Der Grund für die Abweichung ist nicht zu ersehen.

21,12 *εχουσα τειχος μεγα και υψηλον*] ወዐቢይ ፡ አረፍታ ፡ ወነዋኅ ፡ ጥቅማ ፡ *et-magnus murus-eius et-longa moenia-eius*
Für *τειχος* stehen zwei Substantiva. Ich nehme an, daß es ምጥቃ ፡ *altitudo-, celsitudo-eius* statt ጥምቃ ፡ *moenia-eius* heißen muß. Die beiden Wörter sind im Schriftbild sehr ähnlich, da sie die gleichen Radikale haben.

φυλων (υιων) Ισραηλ] ሕዝበ ፡ እስራኤል ፡ *gentium Israel*
Außer aeth lassen auch sy^{ph} und arm 1.2 *υιων* aus.

21,13 *απο ανατολης πυλωνες τρεις ... βορρα ... νοτου ... δυσμων*]
ውስተ ፡ አናቅጽ ፡ ጽባሓውያን ፡ ፫ ... ዐረባውያን ፡ ... ሰሜናውያን ፡ ደቡባውያን ፡ *in portis orientalibus III ... occidentalibus ... meridionalibus ... septentrionalibus*
Der Vers ist stark schematisiert und auch falsch interpretiert, als ob an jeder der vier Pforten je drei Stammesnamen geschrieben wären. Die Reihenfolge der Himmelsrichtungen ist in den Hss nicht einheitlich :

O W N S	=	ABDHLSU Wp = gr 141 149 582 1957, arm 1.2
O W S N	=	FGJKPQRT Bg = gr 1734 = Nestle
O W	=	CM
O W N	=	N
O N W S	=	VW = gr A *Av*, sa, arab AB
O	=	EI
O N S W	=	XZ
W O N S W	=	Y
O N S	=	א*
O S W N	=	bo, arab CD
O S N W	=	arab Wp.

21,15 Hoskier schreibt in der Fußnote zum Versanfang : « Walton's arabic translator heads the verse with *caeterum*. If we could find this in one of the Commentaries on the Apoc, it would give us some hints as to the origin of the arabic version, for no Mss. vary the initial *και* ». Das tut aber auch arab Wp nicht, denn diese Version beginnt mit والذى كان يتكلم معى *und welcher sprach mit mir* (= gr : *και ο λαλων μετ εμου*). Das *Caeterum* ist eine Eigenmächtigkeit im lateinischen Paralleltext und sagt daher nichts über die Herkunft des arabischen Textes aus.

μετρον καλαμον χρυσουν] ሕለተ ፡ ወርቅ ፡ አምጣነ ፡
calamum auri quantum

Die Pluralform አምጣነ ፡ (von መጠን ፡), die auch Singularbedeutung haben kann, entspricht genau dem griechischen *μετρον*. Sie wurde aber als adverbieller Akkusativ, der keinen Sinn gibt, mißdeutet und nachgesetzt. Die Stelle dürfte ursprünglich አምጣነ ፡ ሕለተ ፡ ወርቅ ፡ *mensuram calami auri* (= gr) gelautet haben.

21,17 *μετρον ανθρωπου ο εστιν αγγελου*]
በእመተ ፡ ሰብእ ፡ ዝውእቱ ፡ ፩ በእደ ፡ መልአክ :
in-cubito hominum hoc-id (= *-est*) *I in-manu angeli*

Aeth hat eine mehr erklärende Übersetzung. Statt በእደ ፡ *in-manu* (= Hss ACEILMS) haben die Hss DFGHJKNPQRT noch einmal በእመተ ፡ *in-cubito*, während die Hs B beide Lesarten vereinigt (በእመተ ፡ በእደ ፡ *in-cubito in-manu*). Ich nehme an, daß በእደ ፡ *in-manu* als die schwierigere und sinnvollere auch die ältere Lesart ist, während በእመተ ፡ *in-cubito* nur eine Wiederholung darstellt.

21,18 *του τειχους αυτης*] አረፍታ ፡ ለይእቲ ፡ ሀገር ፡
muri<-eius sc> eius civitatis

አረፍታ ፡ *muri-eius* hätte schon als Übersetzung genügt. Ich vermute aber, daß das Suffix *-eius* zu der sinngemäßen Genitivverbindung angeregt hat.

ιασπις] በዕንቍ ፡ ኢያስጲስ ፡ *in-gemma ʾīyāßpīß*

Auch lat und Prim erweitern (*ex lapide iaspide*), ebenso arm 2 (*of stones of jasper*).

και η πολις χρυσιον καθαρον ομοιον υαλῳ καθαρῳ]
ወተመስለ ፡ ሀገራ ፡ ከመ ፡ ዘበወርቅ ፡ ንጹሕ ፡ ግብረታ ፡
et-similis-est civitas<-eius> ut <quae-> in-auro fabricatio-eius

Die Übersetzung ist nicht ganz zutreffend. Auch wurde *υαλῳ καθαρῳ* übersehen. Es taucht in Verbindung mit *ομοιον* als Einschub in Vers 21,19 auf (ከመ ፡ ማህው ፡ ጸዓዳ ፡ *ut vitrum album*).

21,22 *και ναον ουκ ειδον (εν αυτῃ) ο γαρ κυριος ... ναος αυτης εστιν*]
ወኢርኢኩ ፡ ጽርሐ ፡ እስመ ፡ እግዚአብሔር ፡ ውስተ ፡ ጽርሐ ፡ መቅደ
ሱ ፡*et-non-vidi templum quia Deus ... in templo sanctuarii-sui*

Der Vers ist nicht mehr in Ordnung. Es fehlt *εν αυτῃ*. Durch das eingeschobene ውስተ ፡ *in* verliert der Vers seine Logik. Die Hss QS haben das Pronomen ውእቱ ፡ (= Kopula) statt ውስተ ፡ *in*.

Das könnte ursprünglich sein; denn dann stimmt der Sinn der Stelle: አስመ ፡ እግዚአብሔር ፡ ውእቱ ፡ ጽርሑ ፡ *quia Deus is* (= *est*) *templum-eius* (sc *civitatis*). Es könnte aber auch eine Korrektur nach bo, bzw. arab sein, wo gleichfalls das Pronomen als Kopula fungiert. Die Lesart ጽርሐ ፡ መቅደሱ ፡ *templo sanctuarii-eius* hat nirgends eine Stütze.

21,23 *η γαρ δοξα του θεου εφωτισεν αυτην*]

አስመ ፡ ብርሃነ ፡ እግዚአብሔር ፡ ያበርህ ፡ ላቲ ፡

quia lux Dei illuminat eam

Daß hier ብርሃነ ፡ *lux* für *δοξα* steht, liegt vielleicht an den beiden benachbarten stammverwandten Verben ያብርሁ ፡ *illuminent* und ያበርህ ፡ *illuminat*. Der Fehler erinnert aber auch an 18,1 (s.S. 155).

και ο λυχνος αυτης το αρνιον] ወማኅቶተ ፡ በግዑ ፡

et-candelabrum agni

Die Stelle müßte ወማኅቶታ ፡ በግዑ ፡ *et-candelabrum-eius agnus* gelautet haben. Durch Unaufmerksamkeit konnte daraus leicht der status constructus entstehen.

21,25 *ημερας*] መዓልተ ፡ ወሌሊተ ፡ *die et-nocte*

Mechanische Ergänzung, die durch das folgende *νυξ γαρ ουκ εσται εκει* als sinnlos hingestellt wird.

21,27 *και ο ποιων βδελυγμα και ψευδος ει μη οι γεγραμμενοι*]

ወዘይገብር ፡ ገማኔ ፡ ወሐሰተ ፡ ኢይጽሐፍ ፡

et-qui-facit contaminationem et-mendacium non-scribetur

Aeth wird dem Sinn der Stelle nicht gerecht; denn aeth übersetzt, als hätte er *ο ποιων ... ου γεγραμμενος* oder ähnlich gelesen.

22,1 *εκ του θρονου ... και του αρνιου*]

እምነ ፡ መንበሩ ፡ ... ወእምሥልጣነ ፡ በግዑ ፡

e throno ... et-e-potestate agni

Wahrscheinlich war ursprünglich vor በግዑ ፡ (= *του αρνιου*) die Präposition wiederholt und es hieß ወእምነ ፡ በግዑ ፡ *et-ex-agno* (= Hs Q*). Ein Schreiber hat dann daraus ወእምሥልጣነ ፡ *et-e-potestate* gemacht. In den meisten Hss ist dann als weiterer Schritt "እም ፡" *-e-* ausgelassen.

22,2 *εν μεσῳ της πλατειας αυτης και του ποταμου εντευθεν και και εκειθεν ξυλον ζωης ποιουν*] ወይውሕዝ ፡ ውስተ ፡ ማእከለ ፡ መርሐባ ፡ ወእምለፌኒ ፡ ውእቱ ፡ ፈለግ ፡ ወእምከሐከኒ ፡ ዕፀ ፡ ሐይወት ፡ ወይገብር ፡ *et-fluit in medio plateae-eius et-hinc-etiam id flumen et-illinc-etiam arbor vitae et-facit*

Die Stelle ist infolge falscher Interpretation in Unordnung geraten. Da aeth die Stelle noch auf *Fluß* bezieht, ist ወይውሕዝ ፡ *et-fluit* unnötigerweise eingeschoben worden. Der ursprüngliche Wortlaut der Stelle könnte so gewesen sein : ውስተ ፡ ማእከለ ፡ መርሕባ ፡ ወውእቱ ፡ ፈለግ ፡ እምለፌኒ ፡ ወእምከሐከኒ ፡ ዕፀ ፡ ሕይወት ፡ ዘይገብር ፡ *in medio plateae-eius et-eius fluminis hinc-etiam et-illinc-etiam arbor vitae quae-facit.* Auch sa und arab mißdeuten die Stelle, aber in anderer Weise als aeth; denn sa knüpft an *του αρνιου* am Schluß des vorhergehenden Verses einen Relativsatz an (ⲈⲦⲚ̄ⲦⲘⲎⲦⲈ Ⲛ̄ⲦⲈⲤⲠⲖⲀⲦⲈⲒⲀ *which is in the midst of her street*) und arab CD ziehen überhaupt *του αρνιου* als Subjekt an die Spitze von 22,2 (والجمل فى وسط *und das Lamm in der Mitte* ...).

22,6 *των πνευματων των προφητων*] መንፈሰ ፡ ነቢያት ፡
spiritus (Sing) *prophetarum*

Der Singular ist nicht korrekt. Wahrscheinlich ist hier wie an vielen anderen Stellen (s.S. 74) an den Hl. Geist gedacht.

22,8 *ο ακουων και βλεπων ταυτα· και οτε ηκουσα και εβλεψα*]
ዘሰማዕኩ ፡ ወዘርኢኩ ፡ ዘንተ ፡ *qui-audivi et-qui-vidi hoc*

Der Temporalsatz ist infolge Unaufmerksamkeit ausgefallen. Unklar ist, warum die Partizipia durch Perfekta wiedergegeben sind. Eventuell spielt hier der Einfluß von bo oder arab eine Rolle, wo gleichfalls die Verba im Perfektum stehen (bo B mit anderer Reihenfolge : ⲪⲎ ⲈⲦⲀⲒⲚⲀⲨ ⲞⲨⲞϨ ⲪⲎ ⲈⲦⲀⲒⲤⲰⲦⲈⲘ ⲈⲚⲀⲒ *der ich sah und der ich hörte dies* und arab B ohne Relativpronomen : سمعت ورايت هذا *ich hörte und sah dies*).

22,11 *ο αδικων αδικησατω ετι και ο ρυπαρος ρυπανθετω*]
ወለዘገፍዐኒ ፡ ይገፍዕዎ ፡ እንከ ፡ ወለርሱሐኒ ፡ ያረስሕዎ ፡
et<-eum>-qui oppressit-etiam oppriment <-eum> et-maculatum-etiam maculabunt <-eum>

Aeth interpretiert falsch und bringt das Moment der Vergeltung mit hinein. Ob dies schon durch den Übersetzer oder erst durch spätere Bearbeiter geschehen ist, kann nicht mehr festgestellt werden.

22,12 *αποδουναι ... ως το εργον εστιν αυτου*]
ከመ ፡ እፈድዮ ፡ ... ወእኴንኖ ፡ በከመ ፡ ምግባሩ ፡
ut restituam-ei ... et-iudicabo-eum iuxta actionem-eius

Wie aeth zu dem Zusatz ወእኴንኖ ፡ *et-iudicabo-eum* gekommen ist, kann nicht mehr mit Sicherheit angegeben werden. Da dürften mehrere

Momente zusammenspielen : 1) Reminiszenz an 20,13 (~ 20,12) : ወተኰነኑ ፡ በከመ ፡ ምግባሩ ፡ *et-iudicati-sunt iuxta actionem-suam.*
2) Einige Hss haben dafür eine Form von ኮነ ፡ *fieri, esse.* Das legt den Schluß nahe, daß hier ursprünglich die Übersetzung von εστιν, bzw. εσται (= *Aν* **K**) stand; so CELM : ወይኩኖ ፡ *et-fiat-* (= *sit-*) *ei*, noch abhängig von ከመ ፡ *ut*, und N (verdorben) R* : ወይከውኖ ፡ *et-fiet-*(= *erit-*) *ei*. Die Hs T verbindet beide zu einer Doppellesart : ወይከውኖ ፡ ... ወእኴንኖ ፡ *et-fiet-ei ... et-iudicabo-eum.*
3) Der Zusatz könnte auch als sinngemäße Erweiterung von እፈድዮ ፡ *restituam-ei* verstanden werden.

22,14 *και τοις πυλωσιν εισελθωσιν εις την πολιν*]
ወይባእዋ ፡ እንተ ፡ አናቅጺሃ ፡ ለዛሀገር ፡
et-intrent<-eam> per portas-eius <sc> hanc civitatem
In aeth ist das Verbum vorangestellt und nun von seinem Objekt ለዛሀገር ፡ *<sc> hanc civitatem* getrennt. Das hat bewirkt, daß an dem Zwischenglied አናቅጽ ፡ *portas* das Suffix *-eius* angehängt wurde, als ob ለዛሀገር ፡ nun der Genitiv dazu wäre : *et-intrent-eam per portas huius civitatis.*

22,15 *εξω οι κυνες*] ወፃኡ ፡ አፍአ ፡ አክላብ ፡ *et-exeant foras canes*
Bei ወፃኡ ፡ *et-exeant* handelt es sich um einen interpretierenden Zusatz. Auch sa (und ~ arab AB) haben eine solche sinngemäße Erweiterung (**ϹⲈΝΑΝΟΥϪⲈ ΔⲈ** *but they will cast out*).

και πας φιλων και ποιων φευδος] ወኵሎሙ ፡ እለ ፡ ያፈቅሩ ፡ ግብረ ፡ ሐሰት ፡ *et-omnes qui diligunt opus mendacii*
Hier scheint mir ein Fehler vorzuliegen : es müßte ወይገብሩ ፡ ሐሰት ፡ *et-faciunt mendacium* statt ግብረ ፡ ሐሰት ፡ *opus mendacii* heißen.

22,16 *η ριζα και το γενος Δαυιδ*] ሥርው ፡ ዘእምዘመደ ፡ ዳዊት ፡
radix quae-ex-stirpe David
Aeth würde als Vorlage *η ριζα η εκ του γενους Δαυιδ* voraussetzen. Vielleicht hat eine gewisse Ähnlichkeit mit 5,5 hier mit eingewirkt : ዘእምነገደ ፡ ይሁዳ ፡ ዘእምውስተ ፡ ሥርወ ፡ ለዳዊት ፡ *qui-e-tribu Iudae qui-e radice <-eius sc> David.*

22,17 *και η νυμφη*] ወመርዔት ፡ *et-grex*
Hier muß es ወመርዓት ፡ *et-sponsa* heißen; መርዔት ፡ *grex* ist Schreibfehler. Dillmann schreibt dazu : cum utraque editio (= die römische und die Londoner Ausgabe) formam መርዔት ፡ exhibeat, dubium videtur, utrum Aethiopes *gregem* an *sponsam* intelligant (Lex. Linguae Aeth. Sp. 310).

ερχου· και ο ακουων ειπατω ερχου και ο διψων ερχεσθω]
ለይምጻእ ፡ ወዘጸምአኒ ፡ ለይምጻእ ፡
<ut-> veniat et-qui-sitivit-etiam <ut-> veniat

Die Stelle ist vollständig verdorben und auch nicht mehr zu rekonstruieren. Die einzelnen Hss gehen hier weit auseinander. Die Schuld an der Verwirrung trägt die Ähnlichkeit der Wörter in Aussprache und Schriftbild : ጸምአ ፡ *sitire* - መጽአ ፡ *venire* - ሰምዐ ፡ *audire.*

IX

TEXTKRITISCHER WERT DER ÄTHIOPISCHEN APK-ÜBERSETZUNG

Die äthiopische Bibelübersetzung genoß bisher in der Textkritik keinen besonders guten Ruf. Sie wurde in textkritischen Werken und Bibelausgaben kaum zitiert. Auch die Apk-Übersetzung blieb von einer solchen Abwertung nicht ausgeschlossen. Ihre Bedeutung für die Textkritik wurde sehr niedrig eingeschätzt. Das ist nicht zu verwundern, da man ja kaum anders konnte. Man kannte sie nur aus der römischen Ausgabe, die zwar auf einer alten und verhältnismäßig guten Hs beruht, aber doch auch ihre Mängel hat. Die späteren gedruckten Ausgaben, die der Textkritik noch zur Verfügung standen, sind ohne jeden wissenschaftlichen Wert [1]. Unter solchen Voraussetzungen mußte man zu einem negativen Urteil über aeth kommen. Ich will mich hüten, jetzt ins Gegenteil zu verfallen und aeth über Gebühr zu preisen. Aeth hat seine Vorzüge, die nicht übersehen werden dürfen, aber auch seine Fehler, die eine Überbewertung der Übersetzung nicht zulassen. Der Wert der äthiopischen Apk-Übersetzung liegt darin, daß sie 1) eine direkte Übertragung aus gr ist, 2) auf einer guten griechischen Vorlage beruht und 3) von einem hervorragenden Übersetzer geschaffen wurde. Sie ist also besser, als diejenigen arabischen Texte, die erst indirekt über bo auf gr zurückgehen. Sie ist auch besser als bo, weil die Vorlage von aeth die von bo an Güte weit übertrifft und weil der äthiopische Übersetzer viel textgetreuer gearbeitet hat als der bohairische. In Bezug auf die Vorlage und auf die Treue der Übersetzung könnte sich aeth mit sa messen. Der äthiopische Übersetzer verfuhr nach dem Grundsatz : so wörtlich wie möglich und so frei wie nötig, um weder dem griechischen Text noch der äthiopischen Sprache wehe zu tun. Er versuchte vielleicht an manchen Stellen zu stark, die griechische Vorlage nachzuahmen. Aber das ist für die Textkritik nur von Vorteil, weil dann der griechische Text der Vorlage leichter zu erkennen

[1] Siehe J. Hofmann, *Die äthiop. Übersetzung der Jh-Apk*, CSCO 281/Aeth. 55, S. X ff.

ist. Hätten wir nur eine der ersten Kopien oder wenigstens eine Hs aus dem 12./13. Jh., bevor arab auf aeth entstellend einwirken konnte, so dürften wir uns glücklich schätzen, weil wir dann einen für die Textkritik außerodentlich wertvollen Apk-Text hätten.

Leider aber blieb der Apk-Text nicht so, wie ihn der Übersetzer geschaffen hatte. Er weist heute schwere Schattenseiten auf, die seinen Wert sehr herabsetzen. Das erste Manko betrifft noch die Vorlage, die der Übersetzer benützt hatte. Sie wies neben vielen guten Lesarten des AC-Typs auch eine Anzahl schlechte Lesarten des א -Typs auf. Ein anderes Manko unseres heutigen Apk-Textes liegt darin, daß die ältesten Hss erst aus dem 15. Jh. stammen. Es fehlt uns jedes Zwischenglied zum ursprünglichen Text, das uns Aufklärung über die Echtheit mancher Lesart geben könnte. Von der ersten bis zur letzten Kopie war aeth vielen Gefahren ausgesetzt, die entweder von seiten der Abschreiber oder von seiten der Revisoren kamen. Nachlässigkeit und Unfähigkeit der Kopisten und Verbesserungssucht der Korrektoren haben den Apk-Text im Laufe der Jahrhunderte so stark deformiert, daß an manchen Stellen fast jede Hs eine andere Lesart bietet und man unmöglich mehr erkennen kann, was der Übersetzer geschrieben hat. Der schwerste Nachteil aber ist es, daß die Apk so stark von anderen Versionen beeinflußt wurde. Besonders die Korrekturen nach arab haben zur Textverderbnis einen unheilvollen Beitrag geleistet, der bereits in unseren ältesten Hss zu spüren ist. Ihm ist es vor allem zuzuschreiben, daß aeth in der Textkritik nicht den Platz einnehmen kann, der ihm eigentlich nach Art der Vorlage und nach der Qualität der Übersetzungstechnik zukommen sollte. Die Lesarten, von denen anzunehmen ist, daß sie ursprünglich sind, haben also höchstens stützenden, aber keinen strikt beweisenden Charakter. Besteht zwischen zwei griechischen Lesarten ein Zweifel darüber, welche die bessere ist, dann kann die äthiopische Lesart ein Gewicht in der Waagschale zu Gunsten der entsprechenden griechischen Lesart sein. Die äthiopische Lesart kann aber auf keinen Fall als unumstößlicher Beweis dafür angesehen werden, daß die entsprechende griechische Lesart unbedingt die bessere sein muß. Doch schon diese stützende Funktion ist ein wertvoller Beitrag, den die äthiopische Apk für die Textkritik der griechischen Apk leistet.

NACHTRAG

In einem Beitrag zu Ullendorfs Werk über die äthiopischen Handschriften der Universitätsbliothek von Cambridge [1] erwähnt Hubbard unter V (Add 1842) eine Bibelhandschrift, die auch die Jh-Apk enthält. Hubbard charakterisiert die Hs so :

Title : Pauline Epistles; Acts; Revelation; Apostolic Epistles.

Language : Ge'ez.

Binding : Modern (European).

Material : Vellum.

Date : 17th — 18th cent.

Measurements : 10 × 9 inch.

Number of leaves : (V +) 141 (+ IV).

Lines to a page : 26; some 25.

Handwriting : There seem to be four or five different hands : (1) ff. 3-20, a poor hand, small and square. (2) ff. 21-76, a very fair hand of an earlier type, tall and clear. (3) ff. 77-110, a thick clumsy hand. (4) ff. 111-123, small and neat. (5) ff. 124-140, perhaps the same hand as (4) but less neat. There are marginal additions in a late poor hand.

Colums : 2.

ff. 111-123 Revelation. Title in red and black.

Der Text dieser Cambridger Hs stimmt weitgehend mit dem der Hs F überein. Während aber die Hs F wenigstens im 1.Kapitel Lesarten der 2. arabischen Revision aufweist, bringt die Cambridger Hs (Cb) durchwegs den Vulgatatext. Natürlich hat Cb wie jede andere Apk-Hs Sonderlesarten aufzuweisen, und es gibt auch Stellen, an denen Cb mit dem Text anderer Hss (gegen F) geht; aber die Verwandtschaft mit F ist doch größer als mit irgendeiner anderen Hs.

[1] E. Ullendorf, S.G. Wright, *Catalogue of Ethiopian Manuscripts in the Cambridge University Library with a Contribution by D.A. Hubbard*, (Biblical Manuscripts p. 1-9), London-New York 1961.

Auf den folgenden Seiten zitiere ich die Stellen, an denen Cb vom Vg-Text abweicht. Ich gebe dabei auch an, inwieweit der Text mit F übereinstimmt. Heißt es also bei einer Lesart : = F, dann haben nur die beiden Hss F und Cb die Variante; heißt es : = F al, dann weisen außer F auch noch andere Hss die betreffende Variante auf; heißt es z.B. : = A al, dann besteht keine Übereinstimmung mit F, wohl aber mit anderen Hss. Ist kein Vergleich angegeben, dann handelt es sich um eine Sonderlesart der Hs Cb [1].

Varianten der Cb-Handschrift

Einl. 1-2 om = B al; 5 ዘቍስጥንየ ፡ *<qui->qweßṭenya.* **1,1** 12 ዘሀለዎ ፡ *quod-nesesse-est-ei* = C al; 15 ወእምድኅሬዝ ፡ *et-<ab-> post-hoc* = A al. **1,2** 10 add ወ *et-* = W^c^. **1,6** 6 ዘበሰማያት ፡ *qui-in-caelis* = J; 9 om er = W. **1,7** 3 add ሰማይ ፡ *caeli* = F al; 7 "ሂ *-quoque* pro "ኒ ፡ *-etiam* = EF; 16 add ወ" *et-* = A al. **1,8** 9 add ዘይመጽእ ፡ *qui-veniet*; 10 add ወ" *et-*. **1,9** 5 add ወ" *et-*; 7 om = B al ;10 ለእግዚአብሔር ፡ *<sc> Dei*; 13-14 om; 23 ለእግዚእነ ፡ ኢየሱስ ፡ ክርስቶስ ፡ *<sc> domini-nostri Iesu Christi.* **1,11** 2 add እንከ ፡ *ergo* = AF; 3 add ወዘትሰምዕ ፡ *et-qui-audies* = F al; 11 ወዘሲርዴኖን ፡ *et-<quae->ßīrdē-nōn*; 13 ወዘተያጥሮን ፡ *et-<quae->tayāṭerōn*; 14 ወዘሰርድያን ፡ *et-<quae->ßardeyān*; 15 ወዘፍልፍያን ፡ *et-<quae->felfeyān.* **1,12** 1 add ድኅሬየ ፡ *post-me* = F al; 12 ማኅትው ፡ (al form) = F al. **1,13** 2 እሉ ፡ ማኅትው ፡ *ea candelabra* = F; 3 ይነብር ፡ ከመ ፡ *habitat ut* = F al; 9 ጶዴሬ ፡ *pōdērē*; 15 ወወቅ ፡ (er). **1,14** 3 add "ኒ ፡ *-etiam* = F al; 8 add ወጽሕሙ ፡ ከመ ፡ አስሐትያ ፡ *et-barba-eius ut nix* = F. **1,16** 4-5 ያጸንዕ ፡ ፯ተ ፡ ከዋክብተ ፡ *tenet VII stellas* = F; 11 ዘ፪ሌ ፡ *qui-duorum* (add lt) = JY. **1,17** 10 በእዴሁ ፡ ዘየማን ፡ *in-manu-sua <quae->dextera* ~ WYZ. **1,18** 1 add ለዓለም ፡ *ad-saeculum* = K al; 8-9 trp 9-8 = F al; 16 om "ዘ" *-quae-* = F al. **1,20** 3 ከዋክብት ፡ *stellarum* (plur) = F; 7 add "የ ፡ *-mea* = F al; 14 ከዋክብት ፡ *stellae* (plur) = F al; 18 ፯ *VII* = D al; 19 ክብያት ፡ *domorum* (1.lt fals); 21 ወእልክቱኒ ፡ *et-illae-etiam* = QV; 22 om.

[1] Die dabei angegebenen Ziffern beziehen sich auf die Vers- und Wortzahlen im Apk-Text des CSCO Vol. 281 Tom. 55 und Vol. 282 Tom. 56 *Die äthiopische Überset-zung der Johannes-Apokalypse.*

2,1 11 ከዋክብተ ፡ *stellas* (plur) = DF. **2,5** 5 om ወ″ *et-* = F al; 8 ይመጽእ ፡ *veniet*; 13 add ወ″ *et-*. **2,6** 1 ዝንቱሰ ፡ *hoc-autem* (nomin). **2,7** 2 እዝን ፡ *aurem* (nomin) = B al; add ሰሚዐ ፡ [*ad*] *audiendum* = F al; 13-14 እምዕፀ ፡ *e-ligno* = A al; 19 ለአምላኪየ ፡ <*sc*> *dei-mei* (al form) = E*. **2,8** 3 ለመልአከ ፡ *ad-angelum* (stat constr); 6 ዘሴሞርኒስ ፡ <*quae-*>*ßēmōrnīß*. **2,9** 3 ወኀጣውኢከ ፡ *et-peccata-tua* (al form) = C al. **2,10** 19 መሃይምን ፡ *fidelis* (nomin) = C al; 20 om እስከ ፡ *usque*. **2,11** 2 እዝን ፡ *aurem* (nomin) = B al; add ሰሚዐ ፡ [*ad*] *audiendum* = B al; 13 ሞተ ፡ *mortem* (nomin) = F al. **2,12** 3 ለመልአከ ፡ *ad-angelum* (stat constr) = F al; 10-11 ሰይፍ ፡ በሊሕ ፡ *gladium acutum* (nomin) = F al; 12 ዘ፪ *qui-II* = J al. **2,13** 4 ወኬድከ ፡ *et-calcasti* (er); 11 om ወ″ *et-* = A al. **2,14** 17 እጓለ ፡ እመሕያው ፡ *prolis matris-vivi*; 22 ወይዘምዉ ፡ *et-fornicentur* = F al. **2,17** 2 እዝን ፡ *aurem* (nomin) = B al; add ሰሚዐ ፡ [*ad*] *audiendum* = B al; 10 add ወ″ *et-* et ″ሰ ፡ *-autem* = KP; 17 om ወ″ *et-* = D*; 20 om ጽሑፍ ፡ *scriptum* = F al. **2,18** 3-4 ለመልአከ ፡ ቤተ ፡ *ad-angelum domus* = F al; 6 ዘተያጥሮን ፡ <*quae-*>*tayāṭerōn*; 18 om ሊባኖስ ፡ *lībānōß*. **2,19** 6 Cb* add ዝነ (er). **2,20** 5 አርመምካ ፡ *tacere-fecisti-eam* = Cb^c V al; 11-13 om Cb*; 12 ነቢይተ ፡ *prophetissam* (acc) = Cb^c K al; 20 add ወይዜምዉ ፡ *et-fornicantur* = F al. **2,21** 1 om ወ″ *et-* = E. **2,22** 11 እስመ ፡ *quia* = FL. **2,23** 15 ለለ፩፩ *singulo-singulo* = F al; 18 እከየ ፡ ምግባሪክሙ ፡ *malitiam actionis-vestrae* = F al. **2,24** 6 ተያጥሮን ፡ *tayāṭerōn* = D al; 9-10 ዝንቱ ፡ ትምህርተ ፡ *hanc doctrinam* (nomin) = F al; 11 እለ ፡ *qui* = F al; 18 ፪ *II* = F al. **2,26** 1 ወለዘሰ ፡ ሞአ ፡ *et-[qui-]autem vicerit*. **2,29** 2 እዝን ፡ *aurem* (nomin) = B al; add ሰሚዐ ፡ [*ad*] *audiendum* = B al.

3,1 3-4 ለመልአከ ፡ ቤተ ፡ *ad-angelum domus* = F al; 6 ዘሰርዴሲሶን ፡ <*quae-*>*ßardēßīßōn*; 7-8 om = F al; 10 ፯ *VII* = F al; 14 ወ፯ *et-VII* = F al; 15 ከዋክብተ ፡ *stellas* (plur nomin) = F; 16 አእምር ፡ *sci* = A al; 17 ግብርከ ፡ *opus-tuum* (nomin) = CG. **3,2** 6 ወሞቱ ፡ *et-mortui-sunt*; 9 ግብርከ ፡ *opus-tuum* (nomin) = C al. **3,3** 4 ወእፎ ፡ ሰማዕከ ፡ *et-quomodo audisti* = F; 9 add ፍጡነ ፡ *cito* = F; 13 በአቢይ ፡ (sic!) *in-magna* = Cb*. **3,4** 3-4 ኀዳጥ ፡ ሰብእ ፡ *paucos homines* (nomin) = A al; 9 add ምስለ ፡ አንስት ፡ *cum mulieribus* = F al. **3,5** 14 አምላኪየ ፡ *deum-meum*. **3,6** 2 እዝን ፡ *aurem* (nomin) = B al; add ሰሚዐ ፡ [*ad*] *audiendum* = B al. **3,7** 3-4 ለመልአከ ፡ ቤተ ፡ *ad-angelum domus* = F al; 6 ዘፍልድፍልያ ፡ <*quae-*>*feledefelyā* = V; 16-17 om Cb*; 18 ወ″ *et-*. **3,8** 1 አእምር ፡ *sci* = F al; 2 ግብርከ ፡ *opus-tuum* (nomin) = C al; 8 om ዘ″ *quod-* = F al. **3,9** 1 ትሁበነ ፡ *dabis-nobis* (er) = Cb*; 2 om = E; 13 ወአኪነ ፡

et-non-factus-est = E; 14 ሰላ ፡ ይሂልዉ ፡ *sed existent* (er) 18 ወአአ ምሩ ፡ *et-scite.* **3,10** 5 ወበእንተ ፡ ዝንቱ ፡ ሰኒ ፡ *et-propter hoc ego-etiam* = F al; 13 add ምድር ፡ *terram* = Cb*. **3,12** 2 እሬእዮ ፡ *videbo-eum* (er); 18-19 ተንድር ፡ *considis.* **3,13** 2 እዝን ፡ *aurem* (nomin) = B al; add ሰሚዐ ፡ [*ad*] *audiendum* = B al. **3,14** 3-4 ለመልአከ ፡ ቤተ ፡ *ad-angelum domus* = F al; 13 መሃይምና ፡ *fidelis* (ult lt fals); 18 ዘሬሰጠ ፡ ረ ፡ *quod-creavit* (scr fals) = Cb*. **3,15** 1 unleserlich (wahrscheinlich ለእምር ፡ *sci*); 2 ግብርከ ፡ *opus-tuum* (nomin) = K; 8 om ወ'' *et-*. **3,16** 14-16 om. **3,18** 13 ወአልባስየኒ ፡ *et-vestimenta-mea-etiam* = D. **3,19** 4 add ወ'' *et-*. **3,20** 7 add ''ኒ ፡ *-me* aut *-etiam* = R^c^S; 12 ወየዐርፍ ፡ *et-commorabitur* (er); 13-14 om. **3,21** 3 ይነብር ፡ *habitat* = X; 14 መንበ ር ፡ *throno* = C. **3,22** 2 እዝን ፡ *aurem* (nomin) = C al; add ሰሚዐ ፡ [*ad*] *audiendum* = B al; 9 ክርስቲያን ፡ *Christianorum* (al form) = Q*.

4,1 8-9 ወቀዳሚየ ፡ ቃለ ፡ *et-primam* (al form) *vocem* = F al; 11 መ ፡ (scr fals) = Cb*; 13 ይትናገርዎ ፡ *colloquuntur-ei* (er) = Cb*; 19 ዘሀ ሎ ፡ *quod-necesse-est* (al form) = PZ. **4,2** 5 መበር ፡ *thronus* (om 2.lt); 8 ይነብር ፡ *habitat* = F al. **4,3** 3 ይመል ፡ *similis-est* (om 3.lt) = Cb*; 7 ኢያስጲድ ፡ *'īyāβpīd* = F al; 8 ወሰርዴኖ ፡ *et-βardēnō* = B; 17 መረግ ል ፡ *smaragdus* (ult lt fals). **4,4** 6 ሊቃናት ፡ *seniores* = Cb*; 8 እሎ ፡ *hos* = F al; 16 አልባስ ፡ *vestimenta* (nomin). **4,5** 4 ይወፅኡ ፡ *exeunt*; 14 ዝንቱ ፡ *hic.* **4,6** 15 አዕይንት ፡ *oculis* (nomin) = B al. **4,7** 1 ወቀዳማዊ ፡ *et-primum* (4.lt amb); 15 ወሬብዑ ፡ *et-quartum* (add suff) = F al. **4.8** 8-9 om; 10 ምሉኣነ ፡ *plena* (acc) = A; 19-22 om; 25-26 ዘሀሎከ ፡ ወዘተ ሄሉ ፡ *qui-existis et-qui-existes* = F. **4,9** 4 ፬ *IV*; 7-8 ዘንተ ፡ ክብረ ፡ ወስ ብሐተ ፡ *hunc honorem et-gloriam*; 10 ለዝኩ ፡ *ad-illum* = F; 13 መንበ ሩ ፡ *thronum-suum* = FU. **4,10** 1 ወእልክቱ ፡ ፳ወ፬ሊቃናት ፡ ሰገዱ ፡ *et-illi XX et-IV seniores procubuerunt* = F; 6 መንበሩ ፡ ወለበግዑ ፡ *thronum-suum et-ad-agnum*<*-suum*> = F; 7-10 om = F. **4,11** 1 ለ *ad* = Cb*.

5,1 5 ለዝክቱ ፡ <*sc*>*illius* = BI; 9-10 መጽሐፈ ፡ ጽሑፍተ ፡ *librum scriptum* = F al. **5,2** 2 መልአከ ፡ *angelus*; 5-7 ወይብል ፡ በልዑል ፡ ቃል ፡ *et-dicit* <*in-*>*alta voce* = F; 8 ለመኑ ፡ *ad-quem* = F al; ለዛቲ ፡ <*sc*> *hunc* = B al. **5,5** 2 add ወይቤለ ፡ (sic!) ፩ *et-dixit* (ult lt fals) *I*; 6 ብኪ ፡ *fleas* (scr fals) = Cb*; ኢብኪ ፡ *ne-fleas* (om 2.lt) = Cb^c^; 16 ይፍታሕ ፡ *solveret* (om suff) = F al; 19 ወማኅተሚሃ ፡ *et-sigilla-eius.* **5-6** 18 አቀር ንተ ፡ *cornua* (nomin) = F al; 20 አዕይንተ ፡ *oculos* (nomin) = F al; 21 ዝንቱ ፡ *hic* = C al. **5,7** 3 - **5,8** 2 om (hom). **5,8** 8 ለእቱ ፡ <*sc*> *eum* (om 2.lt) = Cb*; 13 ''ሂ ፡ *-quoque* pro ''ኒ ፡ *-etiam*; 16 om ወ'' *et-*;

18 add ወርቅ ። *auri* = Cb^c; 20 ዕጣን ። *thuris* (nomin) = C al; 23 ወግዘንቱ ። ውእቱ ። *et-haec ea* (= *est*) = F al. **5,10** 5-6 ካህናት ። (?) ወነገሥት ። *sacerdotes et-reges* (nomin) = C al; 7 om; 8 ኵሉ ። *omni* (suff fem) = D. **5,11** 13-16 ለአላፋት ። ወትእልፊተ ። ለአላፋት ። ዘእልፍ ። *myriades* (al form) *et-myriades* (al form) *myriadum* <*quae-*>*myriadis* ~ F. **5,12** 10 add ወመንግሥተ ። *et-regnum* = F al. **5,13** 12-13 trp ክብር ። ወስብሐት ። *honor et-gloria* = F. **5,14** 5 add ሎቱ ። *ad-eum* = F al.

6,1 13 om = F al; 15 om. **6,2** 3 መጽአ ። ፈረስ ። *vēnit equus* ~ F al; 10 om ወ″ *et-* = K; 12 ይሰማዕ ። ወሞአ ። *audiretur et-vicit* ~ I. **6,3** 5 add ወ″ *et-* = F al; 7 እምውስተ ። *ex*<*-intra*> = A al. **6,4** 6 ለዘየጸዐን ። *ad-*[*eum*]*-qui-conscendit* (om suff); 11 om = Q. **6,5** 6 ሣልሰ ። (?) *tertium* (acc ?); 16 add በእዴሁ ። *in-manu-sua* = F al. **6,6** 9 ቀርን ። *cornus* = X. **6,7** 3-4 ራብዕ ። ማኅተም ። *quartum sigillum* (nomin) = C al; 5 ወሰማዕኩ ። ቃለ ። ይቤለኒ ። *et-audivi vocem dixit-mihi*; 6 unleserlich. **6,8** 10 ጣነ ። *potestatem* (om 1. et 2.lt) = Cb*; 16 ይቅትሎሙ ። *occideret-eos* = F al; 20 ወበአራዊት ። *et-*<*in-*>*bestiis* (stat abs) = NV. **6,9** 4 ማኅተም ። *sigillum* (nomin) = EQ^c; 9 om; 16 ሕጎሙ ። *legem-eorum* (er). **6,10** 4 እንዘ ። ይብሉ ። *dum dicunt* = F; 16 ውስተ ። *intra* = F al. **6,11** 1 ወእምዝ ። ወሀብዎሙ ። *et-deinde dederunt-eis* = F; add ለለ፩ ። እምኔሆሙ ። *singulo ex-eis* = F al; 3 ንጹሕ ። ወብሩህ ። *pura et-lucida* (nomin) ~ F; 12 ይትፌጸሙ ። *perficiantur* = C al. **6,12** 3-4 ሳድስ ። ማኅተም ። *sextum sigillum* (nomin) = C al; 6 እንከ ። *ergo* = F al; 15 ኵለንታሃ ። *tota* (suff fem) = F al. **6,13** 8 ይዘብጣ ። *verberat-id* (suff fem) = F al. **6,14** 6 om ወ″ *et-* = F al. **6,15** 12-14 ኦድባር ። ወበአታት ። *montes et-speluncas* = F al. **6,16** 8 ዘይነብር ። *qui-habitat* = Q. **6,17** 3 ዕለት ። *dies* (stat abs); 7 add ዘ″ *qui-* = D al; 8 add ለዕለት ። <*sc*> *diei* = F.

7,1 5 መላእክት ። *angeli* = F al; 18 ውስተ ። *intra* = Cb*. **7,2** 1 ርኢኩ ። ወነጸርኩ ። ወመጽአ ። *vidi et-spectavi et-vēnit* ~ F; 10 ለዓለመ ። ዓለም ። *ad-saeculum saeculi* = F al. **7,3** 1 ወባሕቱ ። ይቤሎሙ ። *attamen dixit-eis* = F al; 2 add ኢ″ *non-* (er); add ምዕረሰ ። *iam-autem* = F al. **7,4** 14 ሕዝበ ። *gente*. **7,5** 7-12 om = I; 13-14 ወእምውስተ ። *et-ex* <*-intra*>. **7,6** 1-2 ወእምውስተ ። *et-ex*<*-intra*> = W; 6 om ፳ *XX* = Cb*; 7-8 ወእምውስተ ። *et-ex*<*-intra*>; 13-14 ወእምውስተ ። *et-ex*<*-intra*> **7,7** 1-2 ወእምውስተ ። *et-ex*<*-intra*>; 9 ይሳኮር ። *Issachar* = F al; 14 ሌዊ ። *Levi* = F al. **7,8** 5 ፻፻ወ፻ *C* x *C et-C* = Cb*; 18 om = FU. **7,9** 1 add እንከ ። *ergo*; 3-4 ሰብእ ። ብዙኃን ። *homines multi* (nomin) = Q; 5 ዘአብልቦ ። *quod-non-adest* (add lt) = Cb*; 10-11 አሕዛ ። *gentibus* (om ult lt) ~ F al; 21 ብሩሃተ ። *lucida* (plur) = F. **7,10** 1 ወይጸርኁ ። *et-clamant* (om 4.lt). **7,11** 5-7 om; 8 ወ፬ *et-IV*. **7,12** 6 ዕበዩ ፡ (wahrscheinlich statt ዕበይ ፡ *et-magnitudo*). **7,13** 8 ብሩሃት ፡ *lucida* (plur) = F; 9 እም -- አይቴ *unde* (1 Buchstabe verwischt). **7,15** 1 add ወ″ *et-* = A al. **7,16** 3 Unklar, ob ወፀሐየ ፡ oder ″ይ ፡ *et-sol*. **7,17** 5 ይጼልል ፡ ወይርአዮሙ ፡ *umbram-diffundit et-videat-eos* (aut *-pascat-eos*); 14 እምነ ፡ አዕይንቲሆ ሙ ፡ *ab oculis-eorum* = LN.

8,1 3 ሳ ፡ *septimum* (om 2. et 3.lt) = Cb*; 4-8 om Cb*; 7 add ወ ዘበምድር ፡ *et-quod-in-terra* = Cb^{c} = F al; 10 ሌሊት ፡ *noctis*. **8,2** 2-3 ወወሀብዎሙ ፡ ለእልክቱ ፡ ፯ መላእክት ፡ *et-dederunt-eis<sc> illis VII angelis* = F al; 4 om = H al; 7 መንበሩ ፡ ለእግዚአብሔር ፡ *thronum <-eius sc> Dei* = P; 8 om = F al; 10 መጠቅዕት ፡ *tubas* (nomin) = L. **8,3** 9 ወርቅ ፡ ዘእሳት ፡ *auri <quod-> ignis* = AF; 15 om ለ″ *ad-* = U; 19 ኵሉ ፡ ምሥዋዐ ፡ *omne altare* = B al. **8,4** 6-7 ጸሎተ ፡ ኵሎ ሙ ፡ ቅዱሳን ፡ *oratione omnium sanctorum* = F al. **8,5** 4 add ወርቅ ፡ *auri* = B al (~ F); 6-7 ምሥዋዕ ፡ *altari*; 8 ወአውረዶሙ ፡ *et-demisit-eos*. **8,6** 2-3 trp መላእክት ፡ ፯ *angeli VII*; 8 ተደለወ ፡ *se-praeparavit*; 10 add ቦሙ ፡ *<in->eis* = F al. **8,7** 3 ቀዳማ... *primus* (3 Buchstaben unleserlich); 8 om; 15 ኵ ፫ ተ ፡ *III* (scr fals) = Cb*; ፫ ተ ፡ *III* (add lt) = Cb^{c}; 20 ሣዕረ ፡ *herbam* = R^{c}; 21 add ወ″ *et-* = KR^{c}. **8,9** 4 ዘሀሎ ፡ *quod-existit* = F al; 12 እደሆሙ ፡ *manus-earum* (suff masc) = F al; 14 ማሰነ ፡ *periit* (sing) = B al. **8,10** 2 ጠቀ ፡ *buccinavit* (om ult lt) = Cb*; 7 om; 13 om ወ″ *et-* = E. **8,11** 6 ዕገስታር ፡ *absinthium* (nomin) = F al; 9 ለአፍላግ ፡ ወለአንቅዕተ ፡ ማያት ፡ ወምስለ ፡ ዐውሎ ፡ *<sc> fluminum et-<sc> fontium aquarum et-cum turbine* = F; 12 om; 14 ምረርሙ ፡ *amaritudine-earum* (suff masc). **8,12** 10-11 om = F al; 13 ወሣልተ ፡ *et-tertia* (om 4.lt); 20 ለዕለ ፡ *<sc>diei* (om ult lt). **8,13** 4 add ዘ″ *quod-* = JM; 14 ውስተ ፡ *intra* = F al; 20 ለሠለስቱ ፡ *<sc> trium* = E.

9,2 9 ወከደኖ ፡ *et-operuit-eum* (suff masc) = B al; **9,3** 12 ዐቃርብት ፡ *scorpionum* (al form) = F al. **9,4** 3 ኢይማስኑ ፡ *non-perirent*; 5 add ዕ ፀ ፡ *arborem*; 6 ዘለሚል ፡ *quae-viridis* (om 2.et3.lt); 10 add ለ″ *ad-* = F al. **9,5** 3 ኢይቀትሉ ፡ *non-occiderent* = F al; 7 ፭ ተ ፡ *V* (add lt); 12 ዐቃርብ ፡ *scorpionum* (om ult lt); 15 ሰብእ ፡ *homines* (nomin) = M al; **9,6** 1 ወበውእቶ ፡ *et-in-eis* (om ult lt) = Cb*; ወበውእቶን ፡ *et-in-eis* = Cb^{c}; 5 መዋቲ ፡ *mori* (scr fals) = Cb*; መዊት ፡ *mori* (ult lt fals) = Cb^{c}; 10 አምኔሆሙ ፡ *ab-eis* = F al. **9,7** 10 ይመስል ፡ *similis-est*. **9,9** 2 ጊራ ፡ *galeam* (1.lt fals); 4 ጊራ ፡ *galea* (1.lt fals); 5 ሐፃን ፡ *ferri* (scr fals); 7 እግረ ፡ አፍራሲሆሙ ፡ *pedis equorum-eorum* = F; 10 እግረ ፡ ሰረገላት ፡

pedis curruum; 12 ዘይረውጽ : *qui-currit.* **9,10** 2 ዘነብ : *caudam* (nomin) = F al; 9 ቀንዋት : *aculeos* (nomin) = F al; 11 ይነድፍዎሙ : *pungunt-eos* (suff plur) = Cb*. **9,11** 2 ንጉሠ : *regem* (nomin). **9,12** 5 ወናሁ : ተረፈ : *et-ecce restiterunt* (sing) ~ F; 6 ፪ *II*. **9,13** 2 ጠቀ : *buccinavit* (om ult lt) = Cb*; 7 ፩ *I*; 10-11 ምሥዋዕ : መንበረ : ወርቀ : *altaris throni auri* = F al; 12 በቅድመ : <*in-*>*ante*. **9,14** 15 ኤፍሬጥስ : *'ēfrāṭeß* = F al. **9,15** 3 ለእከቱ : <*sc*> *illos* (om 3.lt) = Cb*; 8-9 ለዕለት : *ad-diem*; 11 ወለዓመታት : *et-ad-annos* = F al; 15 እደሆ : *manum-eius* (om ult lt.) **9,16** 4-5 እም ፼ *ex C* x *C* = Cb^c; 5 ለእላፋለ : *myriadibus* (scr fals). **9,17** 5 ይጺዐናሙ : *conscendit-eos* (er); 7 ጊሬ *galeam* (scr fals). **9,18** 3 ሠለስቱ : *tribus* = F al. **9,19** 9 om; 12 ለርእስት : *capita* (nomin) = F al; 15 ሰብአ : ፭ ለወራን : *homines V menses* = F al. **9,20** 4-5 እምውእቱ : *ex-ea* = F al; 23 ወብሩር : *et-argenti* = F al; **9,21** 2 om (hom); 8 add ወርስሐቶሙ : *et-pollutione-sua* = F al.

10,1 3 om = F al; 17 ለዕመድ : *columnae* (stat abs). **10,2** 13 በፀጋም : *in-sinistro* = F al. **10,4** 4 ሰማዕከ : *audisti* (er); 6 nicht zu ersehen, ob ቃለ : *vox* hinzugefügt ist (add F al); 9 ወፈቀድ : *et-volui* (om ult lt); 14 እምሰይ : *e-caelo* (om 4.lt). **10,5** 1 om ''ሰ : *-autem* = Cb*; 12 ላዕለ : ውስተ : *super intra* = F. **10,6** 10 u. 13 ወኵሉ : *et-omne* (suff nomin); 14 ዘውስቴቱ : *quod-in-eo* = F; 15-16 ወአልቦ : *et-non-aderunt* (sing) = F al. **10,7** 5 መልክ : *angeli* (om 3.lt) = Cb*; 14 om = Cb*. **10,8** 12-13 መጽሐፍ : ክሡት : *librum apertum* (nomin); 17 ዝክቱ : *illius* (om 1.lt). **10,9** 16 add ''ሰ : *-autem* = F al. **10,10** 4 om; 14 ወኀጥእክዋ : *devoravi-eum* (add lt).

11,1 13 ወኀበኒ : *et-ubi-quoque* = F al. **11,2** 8 ዘሀገረ : <*quae*>*- civitatis* (stat cstr) ~ F al. **11,3** 3 ደቂቅየ : *liberis-meis* (scr fals); 5 ይትኔበዩ : *prophetant* = F(?)I. **11,4** 7 ተቀዋመ : ማኅቶት : *statumen candelabri* = V al (~ F); 9-11 om. **11,5** 1 ወለዘፈለቀደ : *et-ad-*[*eum-*] *quivoluit* (add lt) = Cb*; 6 om (er); 7 እምውስተ : *ex*<*-intra*>= B al; 14 ይሰጠዎሙ : *nocebunt-eis* (scr fals). **11,6** 1-2 ወእሙንቱ : *et-ii* = F; 9 ኢይዝንም : ላዕለ : ምድር : *non pluat super terram* = S; 14 ሰይጣን : *satanas* (er). **11,7** 3 add ወትንቢቶሙ : *et-vaticinium-suum* = A al (~ F); 6 እምነቀላይ : *ex abysso* (scr fals). **11,8** 8 ፍጽሞ : *frontem-eius* (er); **11,9** 3 ወአሕዛብ : *et-gentes* = Cb*; 13 መቃብር : *sepulcra* (al form; 2.lt fals) ~ F al; **11,10** 7 ወይጸገዉ : *et-largientur* (3.lt fals); 8-9 በበይናቲሆሙ : በውሂበ : ለምኃ : *sibi-invicem in-dando donum* ~ F; 10 ወይብሉ : *et-dicent* = F al. **11,11** 5 ትመጽእ : *veniet* = F al; 10 ትበውእ : *intrabit* ~ F al; 12 ወይትነሡኡ : *et-surgent* = A al (~ F); 13 ወይቀውሙ : *et-*

stabunt = F al; 17 om; 20 ይሬእዩኒ ፡ ወይሬእይዎሙ ፡ *vident-me et-vident-eos* (er). **11,12** 3 እምሰይ ፡ *e-caelo* (om 4.lt); 11 add ሰማይ ፡ *caeli.* **11,13** 6-13 om (hom); 14 ፸ *LXX* = GN; 19 om ወ″ *et-* = Cb^{c}. **11,14** 2 ኀለፉ ፡ *praeteriit* (plur); 5 ወተረፉ ፡ *et-restitit* (plur). **11,15** 10 ሰኮነት ፡ *factum-est* (add lt); 13 ለእግዚአብሔር ፡ *ad-Deum* = F al. **11,16** 8 በበመናብርቲሆሙ ፡ *in-singulis thronis-suis* = F al; 10-11 trp ለ እግዚአብሔር ፡ በገጾሙ ፡ *ad-Deum in-faciem-suam* = F. **11,17** 6 ትመ ልክ ፡ *possides* = F al; 7-8 ዘሀሎከ ፡ ወዘትሄሉ ፡ *qui-existis et-qui-existes* ~ F al; 14 add ክብረ ፡ *honorem* = F. **11,18** 3 ወበጽሐት ፡ *et-advēnit* (fem) = F al; 13 ቅዱሳን ፡ *sanctos* = V al; 19 om; 20 ትኴንኖሙ ፡ *iudicas-eos* = D al. **11,19** 6 ሰማያት ፡ *caelis* = E; 9 ሕገ ፡ ለእግዚአብሔ ር ፡ *legis<-eius sc>Dei* = F al; 10-11 ወዘውስተ ፡ *et-quae-intra* ~ K al; 13 om ወ″ *et-*; 14 add ወፀዓዕ ፡ *et-fragor* = F.

12,1 10 ወወርኃ ፡ *et-luna-eius* = D al. **12,3** 1 ወአስተርአየት ፡ *et-apparuit* (fem) = Y*; 5 ዘ ፯ ተ ፡ *quae-VII* (add lt). **12,4** 16 ይብላ ፡ *comederet* (om ult lt). **12,5** 4 - - ውእቱ ፡ *qui-is* (1 Buchstabe unleserlich); 17 መንበር ፡ *thronum* (om suff). **12,6** 17 ወ ፪ ተ ፡ *et-II* (add lt); 18 om. **12,8** 5 om በ″ *in-* = F al. **12,9** 7 ወመላእክቲሁኒ ፡ ወድቁ ፡ ምስሌሁ ፡ አርዌ ፡ *et-angeli-eius- etiam ceciderunt cum-ea, bestia* = F; 9 ዝውእቱ ፡ *haec-ea* = E; 10 ቀይሕ ፡ *rufa* (masc, er); 12 ለኵሉ ፡ *<sc> omne* (suff acc); 21-23 trp ውስተ ፡ ምድር ፡ ምስሌሁ ፡ *intra terram cum-ea* = AF. **12,10** 4 በውስተ ፡ ሰማይ ፡ *in<-intra> caelo* = F al; 12 ለመሲ ሑ ፡ *<sc> christi-eius.* **12,11** 4 በእንደመ ፡ *sanguinem* (scr fals). **12,12** 6 ውስቴቶሙ ፡ *intra-eos* = B al; 9 ወለ - በ - ሕር ፡ *et-ad-mare* (2 Buchstaben unleserlich); 22 ተርፋ ፡ *restiterunt.* **12,13** 3 ዝክቱ ፡ *illa* = F al; 10 ለእታክቲ ፡ *<sc>illam* (om 3.lt). = Cb*. **12,14** 4-5 ፪ ኤ ፡ ክነፍ ፡ *II* (add lt) *alae*; 6 ከመ ፡ ዘዐቢይ ፡ *ut <quae-> magnae* = F al; 14 ገብ ፡ *ubi* (scr fals) = Cb*; ኀብ ፡ *ubi* (2.lt fals) = Cb^{c}; 18 ዘመን ፡ *tempus* (nomin) = A* al; 22 ወጐየት ፡ ይእቲ ፡ ብእሲት ፡ እምቅድመ ፡ *et-fugit ea mulier ab<-ante>* = AF; 29 om = F. **12,15** 13 ፈለገ ፡ *flumen* (acc); 16 ይንሣእ ፡ *sumeret* (om suff) = EM. **12,16** 6 አፉሃ ፡ *os-suum* (nomin) = A al; 18 ተውህበ ፡ *data-est-ei* = F al; 20 ፪ ኤ ፡ ክነፍ ፡ *II* (add lt) *alae* ~ F al. **12,17** 11 እለ ፡ *qui* = F al. **13,2** 4 ነምር ፡ *pardo* (nomin) = MN; 10 አፈ ፡ አንበሳ ፡ *os leonis* = H^{c} al; 11 ወወሀበ ፡ *et-dedit* (om suff); 18 ሥልጣኖ ፡ *potestatis-suae* (suff acc). **13,4** 1-4 om (hom); 12 om = E al; 19 ለዝክቱ ፡ *<sc>illi* = F al. **13,5** 3 አፉሁ ፡ *os-eius*; 7 om ወ″ *et-* = K al; 9 om. **13,6** 3 አፉሁ ፡ *os-suum* (nomin) = A al; 13 ዘበሰማያት ፡ *quod-in-caelis* ~ N. **13,7** 1-2 ወተውህበ ፡ *et-datum-est-ei* =

F al; 11 ኵሉ ፡ ሥልጣን ፡ *omnis* (acc) *potestas*. **13,8** 17 ዘእምፍጥረት ፡ *qui-a-creatione* (stat abs). **13,9** 2 እዝን ፡ *aurem* (nomin) = B al; add ሰማዒ ፡ *audientem* = P. **13,10** 9-10 ወዝውእቱ ፡ *et-hic-is* = F al; 14 om = F al. **13,11** 8 om ወ″ *et-* = F al; 10 በግዑ ፡ *agnus*<*-eius*>. **13,12** 9 ወከመ ፡ *et-ut* = F; 13 ወይሰግዱ ፡ *et-procumbunt* ~ F al; 15 ለዝክቱ ፡ *ad-illam* = F. **13,13** 2 ተአምሬተ ፡ *signa* (al form) = F al; 3 ዐቢየተ ፡ *magna* (al form) = F al; 5 ወርድ ፡ *demittet* (om 1.lt) = Cb*; የወርድ ፡ *demittet* = Cbᶜ; 7 om = E. **13,14** 10 ከመ ፡ ይግበር ፡ *ut faceret* = F; 22 ለዝክቱ ፡ <*sc*> *illius* = F al; 26 ወሐይወ ፡ *et-sanata-est* (2.lt fals). **13,15** 17 ኢሰገዱ ፡ ሎቱ ፡ *non-procubuerunt ad-eam* ~ IK al; 18 ለአምሳለ ፡ *ad-imaginem* = F al; 19 ዝንቱ ፡ *huius* = B al. **13,16** 3 ንኡስ ፡ *parvos* (om suff) = K al; 4 ወዐቢይ ፡ *et-magnos* (om suff) = K al; ወነዳያን ፡ *et-pauperes* (nomin) = F al; 7-8 trp ወአግብርት ፡ ወአግዓዝያን ፡ (om ″ዓ″ = Cb*) *et-servos et-liberos* = Cbᶜ ~ F al; 12 እደዊሆሙ ፡ *manus-suas* = F al. **13,18** 5 ልብ ፡ *cor* (nomin) = D al; 6 የአምር ፡ *significet* = A al; 7 ኊልቈ ፡ ስሙ ፡ *numerum nominis-eius* = F al; 18 ወ ፭ *et-V*.

14,2 6-9 om; 10 ነጐጓድ ፡ *tonitrui* (om 3.lt) = Cb*. **14,3** 1 ወየኀልፍዩ ፡ *et-cantant* (add lt) = Cb*; 10 om ″ኒ ፡ *-etiam* = F al; 19 om ፲ *X*. **14,4** 7 om = F al. **14,5** 8 እምኃጢአቶ ፡ *a-peccato* (ult lt fals). **14,6** 20 ወለኵሉ ፡ *et-ad-omnes* (suff masc sing) = A al. **14,7** 11 ደይና ፡ *damnationis-eius* (suff fem); 12 ወሰገዱ ፡ *et-procubuerunt* = F al; 19 ወአቅዕተ ፡ *et-fontes* (om 3.lt) = Cb*. **14,8** 8 add ሀገር ፡ *civitas* = A al; 11-12 መንሱታ ፡ ወዝሙታ ፡ *tentationis-suae et-fornicationis-suae* = F al; 13 ዘአስተ - - የት ፡ *quae-bibendum-dedit* (2 Buchstaben verwischt). **14,9** 9 ሎቱ ፡ ዝክቱ ፡ *ad-eam illam* ~ K; 12 ወለዘጸሐፈ ፡ *et-ad-*[*eum-*]*qui-scripsit* = F; 13 ትእምርተ ፡ ስሙ ፡ *signaculo nominis-eius* = W al; 15 ፍጽሞሙ ፡ *fronte-sua* (suff plur) = K al. **14,10** 1-2 trp ይስተይ ፡ ውእቱኒ ፡ *bibat is-etiam* = F al; 10 ለዘኢኮነ ፡ <*sc*>[*eius-*]*qui-non-factus-est* (er); 11 ፍሡሐ ፡ *gaudens* = F al; 12 ወይትኰነን ፡ *et-iudicetur* = A al (F ?). **14,12** 1-2 ወዝውእቱ ፡ *et-haec-ea* = F al; 7-8 ትእዛዘ ፡ ለእግዚአብሔር ፡ *praeceptum*<*-eius sc*> *Dei* = D al; 10 add ክርስቶስ ፡ ብፁዕተ ፡ *Christi beate* = F al. **14,13** 2 add ዐቢይ ፡ *magna* = B al; 18 የዐርፍ ፡ *requiesceret* = ET; 22 ምግባሮሙ ፡ *actio-eorum* = F al; add ውስተ ፡ ነቅዐ ፡ ማየ ፡ ሕይወት ፡ *intra fontem aquae vitae* ~ F al. **14,14** 1 om ወ″ *et-*; 2 ደመ - ና ፡ *nubes* (1 Buchstabe verwischt). **14,17** 10-11 ማዕፀድ ፡ በሊሐ ፡ *falcem acutam* (nomin) (er). **14,18** 19 om ″ከ ፡ *-tuam*; 24 ወይኑ ፡ *vini eius* (suff masc) — F al; 27 add ውእቱ ፡ *ea* (= *est*). **14,19** 5

ወአውረዶ ፡ *et-demisit-eam* = B al; 8 add ቦቱ ፡ *<in->ea* = F al; 10 ወይኑ ፡ *vini-eius* (suff masc) = F al. **14,20** 3 ምክያዱ ፡ *torculari-eius*; 12 እስከ ፡ በጽሐ ፡ *usque advenerit* (er); 13 እስከነ ፡ *usque* (add lt); 14 --ል ጓመ ፡ *frenum* (Buchstaben verwischt; vielleicht ኀበ ፡ ል'' ፡ *ad frenum* = H al); 15 ፈረስ ፡ *equi* = F al; 19 Unklar, ob ፮ *VI* oder ፯ *VII*.

15,1 10 በዘቦቱ ፡ *in-quibus* = B al. **15,2** 20 ባሕረ ፡ ማህው ፡ *mare vitri* = P al; 24 om. **15,3** 18 ይመልክ ፡ *possidet* = C al. **15,4** 2 ዘኢይ ፈርሀከ ፡ *qui-non-timet-te* = F al. **15,5** 3 ርኢኩ ፡ ተር ፡ *vidi patefactum-est* (om 3.et 4.lt); 5 ዘውስተ ፡ ደብረ ፡ *quod-intra montem*; 7-8 om = F al. **15,6** 8 መቅሠተ ፡ *plagas* (om 4.lt) = Cb*. **15,7** 17-18 ለዓለም ፡ *ad-saeculum* = A al. **15,8** 2 om; 13 እከመ ፡ *quia* = B al; 17 ፯ *VII* = FY.

16,1 4-5 om = F al; 15 ኵሉ ፡ *omnem* (suff masc) = B al. **16,2** 1-2 ወከዐወ ፡ ፩ መልአክ ፡ *et-effudit I angelus* ~ V al; 6 ኵሉ ፡ ምድር ፡ *omnem terram* = P; 12 ጸሐፉ ፡ *scripserunt* = H al; 16 እለ ፡ ሰገዱ ፡ *qui procubuerunt* = P al. **16,3** 3 om = Cb*. **16,4** 9-12 — **16,5** 1-4 om (hom); 8 add ''ሰ ፡ *-autem*; 11 add ወ'' *et-* = F al. **16,7** 1 ወሰማዕከ ፡ *et-audisti* (er); 6 om; 8 om. **16,8** 2 add መልክ ፡ *angelus* (om 3.lt) ~ D al. **16,10** 2 add መላክ ፡ *angelus* (scr fals) ~ D al; 11 ይኔጽሩ ፡ *spectabunt* (er). **16,11** 11 ግብርሙ ፡ *opere-suo* = C al. **16,12** 2 add መላክ ፡ *angelus* (scr fals) ~ G al; 7 ዘኤፍራጥስ ፡ *<quod->* *'ēfrāteß*; 9 ማይ ፡ *aqua* = KU; 12 om Cb*; 13 add ለለ ፩፩ *singulo-singulo* = Cb^{c}. **16,13** 5 ለውእቱ ፡ *<sc> eius* = E al; 8-9 ወእምአፉሁ ፡ *et-ex-ore-eius* = F al; 11-12 ወእምአፉሁ ፡ *et-ex-ore-eius* = C al (~ F). **16,14** 22 ትመልክ ፡ *possides*. **16,15** 6 add ውእቱ ፡ *is* (= *est*) = PS; 11 ወይሖሩ ፡ *et-ambulent* = F al; 13 om ''ኢ'' *-non-* = I al. **16,16** 6 በዕብራይስጢ ፡ *<in-> hebraice* (al form) = C al. **16,17** 3 መላክ ፡ *angelus* (scr fals); 4 add ጽ ዋዖ ፡ *phialam-suam*. **16,18** 10 add ዐቢይ ፡ ድልቅልቅ ፡ *magnus terraemotus* ~ A (trp). **16,19** 4 ሠለስተ ፡ *tres* = C al; 9 om ''ለ'' *-ad-* = E al; 17-18 trp ሐምዘ ፡ ወይነ ፡ *furoris vini* = F al; 19 add ለእግዚአብሔር ፡ *<sc> Dei* = F al. **16,20** 4 om ወ'' *et-*. **16,21** 2-4 trp ላዕለ ፡ ሰብእ ፡ እም ሰማይ ፡ *super homines e-caelo* = F al; 5 ዐቢይተ ፡ *magna* (plur) = M al; 8 መካልየ ፡ *talentorum* (acc).

17,1 2 add መልአክ ፡ *angelus*; 13 አርአየከ ፡ *monstravit-te* = EM. **17,2** 13 መንሱታ ፡ *tentationis-eius* ~ H. **17,3** 14 om ዘ'' *quae-* = F al. **17,4** 20 ወግማኔ ፡ *et-contaminatione* (al form) = F al. **17,5** 10-11 ወዘርኵሰ ፡ ምድር ፡ *et-<quae-> immunditiae terrae*. **17,7** 2 ዝኩ ፡ *ille* (al form) = A al; 14 ፯ *VII* = F al. **17,8** 27-32 om (er). **17,9** 1 ዘአልቦ ፡ *qui-non-*

habet; 2 ልብ ፡ *cor* (nomin) = D al; 3 ወጥበብ ፡ *et-sapientiam* (nomin) = F al; 4-5 ወአእምሮ ፡ ለዝክቱ ፡ አርዌ ፡*et-sci <-eam sc> illam bestiam*; 6 ወዝንቱሰ ፡ *et-haec-autem* (sing) = F al; 7 om = F al; 8 አር እስቲነ ፡ *capita-nostra* (er); 17 om ወ'' *et-* = F al. **17,10** 1 ወ ፭ ሰ ፡ *et-V-autem* = B al (~ F); 6 add ''ኒ ፡ *etiam* = C al. **17,11** 1 om ''ሰ ፡ *-autem*; 8 እለ ፡ *quibus* (er); 11 om ወ'' *et-* = F al. **17,12** 1 ''ሰ ፡ *-autem* pro ''ኒ ፡ *-etiam* = C al; 15 ሥልጣን ፡ *potestatem* (nomin) = F al; 19 ይ ትነሥኡ ፡ *surgunt* = B al; 21 ዝክቱ ፡ *illa* = CM. **17,14** 15-16 trp ኅሩያ ን ፡ ወስሙያን ፡ *electi et-nominati* = B al. **17,15** 1 ወዝውእቱ ፡ *et-haeeae* (= *sunt*); 4 om ''በ'' *-in-* = C al. **17,16** 1 om ''ኒ ፡ *-etiam* = M al; 4 om ''ኒ ፡ *-etiam* = C al. **17,17** 7 ይኅብሩ ፡ *congruunt*; 16 ይትፌጸ ም ፡ *perficiatur* = A al.

18,1 8-9 ዐቢይ ፡ ሥልጣን ፡ *magnam potestatem* (nomin) = F al. **18,3** 10 om ''ኒ ፡ *-etiam* = C al. **18,4** 2 om = F al; 7-8 trp እምኔሃ ፡ ሕዝ ብየ ፡ *ab-ea gens-mea* = CQ; 12 ወኢይክብክሙ ፡ *et-non-inveniat-eos* (om 4.lt). **18,6** 11 ቀድሑ ፡ *infuderunt* = F al. **18,7** 2 ገፍትዓት ፡ *oppressit* (add lt). **18,8** 15 ወእደ ፡ እግዚአብሔር ፡ *et-manus-Dei* ~ B. **18,9** 7 add ምስሌሃ ፡ *cum-ea* = C. **18,10** 6 ወይብለ ፡ *et-dicunt* (ult lt fals); 15 በጽ ሐ ፡ *advenit* (masc) = F al. **18**,11 6 አልቦሙ ፡ *non-adest* (suff plur) = B al; 7 ዘይሣጦሙ ፡ *qui-emet-eos* (om 4.lt). **18,12** 20-24 ዕንቍ ፡ ክቡ ር ፡ ወብርት ፡ ወኀጺን ፡ ወባለቅ ፡ *gemmam pretiosam et-aes et-ferrum et-marmor* (nomin). **18,13** 1 ወቀናንሞ ፡ *et-cinamomum* (al form) = F; ወአበሞ ፡ *et-'abamō* = D al (~ F al); 3 ወዕጣን ፡ *et-thus* (nomin) = L al; 4-5 ወስሒን ፡ ወሮማን ፡ *et-incensum et-chrisma* (nomin; scr fals); 6-7 ወወይን ፡ ወቅብእ ፡ *et-vinum et-oleum* (nomin); 9 ወሥርናይ ፡ *et-triticum* (nomin); 11-13 ወአባግዕ ፡ ወአፍራስ ፡ ወሪዖን ፡ *et-oves et-equos et-rhedas* (nomin);15 om ወ'' *et-*. **18,14** 1 ወአቀማሕትከ ፡ *et-fruges-tuae* (suff masc; scr fals); 5 ስብሐትኪ ፡ *gloria-tua* = B al; 8 ወኢርክብዎ ፡ *et-non-inveniant-id* (om 3.lt); 12 በውስቴትከ ፡ *in-<intra>te* (suff masc.) **18,16** 14 om ''በ'' *-in-*. **18,17** 3 ዕለት ፡ *die* = HP; 4 ትማስን ፡ *peribunt* = B al(~ F). **18,20** 1 ለይትፌሣሕ ፡ *<ut->gaudeat* (4.lt fals) = C al. **18,21** 5 ጽኑዐ ፡ *firmum* = F al; 7 add ''ወ ፡ *et-* = IL. **18,22** 5 ወዕንዚራት ፡ *et-tibiae* = C al; 10 om በ'' *in-* = J; 11 om ወ'' *et-* = F al; 15 ወኢ ይትረከብ ፡ *et-non-invenietur* = Cb^c (Cb* om ''ት''); 16 om በ'' *in-* = C al. **18,23** 1 om ወ'' *et-* = F al; 5-6 om; 8 om በ'' *in-* = A* al; 11 መሳ ፍት ፡ *principes* (om 4.lt); 14 አስተይኪዮሙ ፡ *bibendum-dedisti-eis* (er) = TV; 15 በሥራያትኪ ፡ *in-veneficiis-tuis* (suff masc); 16 ለኵሉ ፡ *<sc>*

omnes (suff sing) = C al. **18,24** 1 ወተረክበ ፡ *et-inventus-est* (4.lt fals); 2 om በ'' *in-* = F al.

19,3 1 ወይብሉ ፡ *et-dicunt* = F al; 3 ሃሌ ፡ *Halleluia* (om 2. et 3.lt). **19,4** 10 ላዕለ ፡ *super* = F al; 13 እንዘ ፡ ይብሉ ፡ *dum dicunt* = D al; 15 ሃሌ ፡ ሉ ፡ *Halleluia* (scr fals). **19,5** 2 add እምሰማይ ፡ *e-caelo* = F al. **19,6** 15 ዘይብሉ ፡ *quae-dicunt* = G. **19,7** 1 ንትፌሣሕ ፡ *gaudemus* ~ F al; 5 ስብሐተ ፡ *gloriam* (nomin) = Q al. **19,8** 10 ሚላተ ፡ *byssus* (stat cstr) = F al. **19,9** 7 om. **19,10** 6 ወይቤለኒ ፡ *et-dixit-mihi* (om 4.lt); 7-12 ፩ እግዚአብሔር ፡ ምስሌከ ፡ *I Deus tecum* = F al. **19,11** 1-3 ወእምድኅረ ፡ ዝንቱ ፡ ርኢኩ ፡ *et-post-hoc vidi* = Cb* = F (Cb^c add ከመ ፡ ተርኅወ ፡ ሰማይ ፡ *ut patefactum-est caelum* = V al); 11 om ወ'' *et-* = B al. **19,14** 7 ሚላተ ፡ *byssum* (1.lt fals). **19,15** 5 om በ'' *in-* = F al. **19,17** 3 ፩ *I*; 12 አዕዋፍ ፡ *aves* (al form) = D al; 16 add ወምድር ፡ *et-terrae* = FR. **19,18** 17 om ወ'' *et-* = A al. **19,20** 6 ነቢይ ፡ *prophetae* = D al; 9 በቅድሜሆሙ ፡ *<in->ante-eos* = E al. **19,21** 10 om.

20,1 9 ወዐባይተ ፡ *et-magna* (acc). **20,3** 10 add አመ ፡ *quando* = A^c al. 11 ይትፌጸም ፡ *perficiantur* (sing) = C al; 12 om = F al; 18 ይፍትሖ ፡ *solvat* (ult lt fals) = H al. **20,4** 17-19 om(hom); 31 አው ፡ (?) ወኢውስተ ፡ *aut* (?) *et-non-intra*; 33 om ወ'' *et-* = F al; 35 ወይነግሠ ፡ *et-regnabunt* (ult lt fals); 39 ዓመተ ፡ *annos* (nomin) = F al. **20,5** 6 ይትፌጸም ፡ *perficiantur* (sing) = A al. **20,6** 27 ዓመተ ፡ *annos* (nomin) = F al. **20,9** 9 ቅድስተ ፡ *sanctam* = F al; add እምኀበ ፡ እግዚአብሔር ፡ *ab<-apud> Deo* = F al. **20,10** 8 ወተይ ፡ ሀ *et-sulphuris* (add lt) = Cb*; 13 ወለሐሳዊ ፡ *et-ad-mendacem* (scr fals); 16 ይደኑ ፡ *damnarentur* (om 3.lt) = Cb*. **20,11** 6 ወእምዝ ፡ *et-deinde* (er) = D al; 9 ጕዮ ፡ *fugerunt* (sing). **20,12** 2 ወፅኡ ፡ *exierunt*; 5-6 trp ንኡስ ፡ ወዐቢይ ፡ *parvus et-magnus* ~ C al. **20,12** 23 — **20,15** 3 doppelt geschrieben. **20,12** 23-25 om = Cb^1; 26 ዘከመ ፡ *quo-modo* = Cb^{1,2} = F al. **20,13** 2 om ''ኒ ፡ *-etiam* = Cb^2 = H*U^c; 3 add ወ'' *et-* = Cb^{1,2} = VY. **20,14** 1 ወወደይዎ ፡ *et-iniecerunt<-id>* = Cb^1; 7 ዘምልዕልተ ፡ *qui-superior-pars* (2.lt fals) = Cb^{1,2}. **20,15** 3 om = Cb^{1,2}; 4 ዝንቱ ፡ መጽሐፈ ፡ *hoc libro.*

21,1 11 ወድርኒ ፡ *et-terra-etiam* (om 2.lt). **21,2** 3-4 trp ሐዳስ ፡ ኢየሩሳሌም ፡ *nova Ierusalem* = A al; 6 add ወ'' *et-* = P; 7 om. **21,3** 10 ወልደ ፡ እጓለ ፡ *filio prolis*; 12 add ወ'' *et-* = T. **21,4** 6 ሞትኒ ፡ *mors-etiam* (nomin); 7 ወኢላሕ ፡ *et-non-luctus* (nomin) = F al; 8-9 ወኢገዓር ፡ ወኢሕማም ፡ *et-non-gemitus et-non-tribulatio* (nomin); 10 add ወ'' *et-* = A al; 15 add ናሁ ፡ ተሐደሱ ፡ ኵሉሙ ፡ *ecce renovata-sunt omnia* = F al. **21,6** 8 ወአነ ፡ ደኃራዊ ፡ *et-ego ultimus* = F al. **21,7** 7 አምላኩ ፡ *deus-*

eius; 8 om ''ኒ : *-etiam* = D al; 9 ይከውን : *fiet*. **21,8** 1 om ወ'' *et-* = F; 5 ወይጊምኑ : *et-pollunt* = C al; 16 add ወ'' *et-*; 21 ዳግመ : *secundo* = F al. **21,9** 5 om ፯ *VII* = F al; 14 መቅሠፍታት : *plagis* (nomin); 16 add ''ኒ : *-etiam* = C al. **21,10** 1 ወእምዝ : ወሰደኒ : *et-deinde tulit-me* = K; 2 om = Z; 3 ገዳመ : [*in*] *desertum* ~ F. **21,12** 1 ወዐቢይ : *et-magnus* = G al; 7 አናቅጽ : *portas* (nomin) = F al. **21,13** 3-6 om (er). **21,14** 1 om ወ'' *et-* = F al. **21,15** 5 ወዝንቱ : *et-hic* = F al; 6 om = C al. **21,16** 10 add ወ'' *et-*. **21,17** 9 በእመት : *in-cubito* = F al. **21,18** 3 ኢያስጲድ : *'īyāßpīd* = F al. **21,19** 2 om; 8 om በ'' *in-*; 12 መሠረታ : *fundamentum-eius* = F al; 14 ወካልእታ : *et-alterum* (add suff fem); 17 - - ልቄዶን : *in-kalqēdōn* (2 Buchstaben unleserlich); 18 ወራብዕ : *et-quartum* (masc) = F al; 19 በመረገድ : *in-maraged* = F al. **21,20** 1 ወኃምስ : *et-quintum* (masc) = F* al; 3 ወሳድስ : *et-sextum* (masc) = F^{c} al; 4 በሰርዴ- - *in-ßardē*- - (Wortende unleserlich); 5 ወሳብዕ : *et-septimum* (masc) = F al; 6 በክርስቲሎቤ : *in-kereßtīlōbē* = D al (~ F); 7 ወሳምን : *et-octavum* (masc) = F al; በቢረሌ : *in-bīralē* = F al; 9 ወታስዕ : *et-nonum* (masc) = F* al; 11 ወዓሥር : *et-decimum* = F* al; 12 በክርስጵራስስ : *in-kereßperāßeß* = D al (~ F^{c}). **21,21** 6 ወ — ፩ *et* — *I* (Buchstaben unleserlich); 13 add ዘ'' *quae-*; 18 om = F al. **21,22** 1 om ''ኢ'' *-non-* = B al. **21,23** 2 ኢትፈቅ : *non-indiget* (om ult lt); 4 om ''ኢ'' *-non-* = F al; 12 ላዕሌሆሙ : *super-eos*. **21,24** 3 በብርሃነ : *in-luce* (2.lt fals). **21,27** 1-2 om (hom); 5 om ወ'' *et-*; 6 ገመነ : *contaminationem* (al form) = F al; 8 ወኢየጸሐፍ : *et-non-scribetur* (3.lt fals); 11-12 ሕዘ ብግዑ : *vitae-<qui->agni* (scr fals).

22,1 12 om ''እም'' *-e-* = F al. **22,2** 8 ወምከሐከኒ : *et-illinc-etiam* (om 2.lt); 14-15 ለለወርኁ : *singulo-mense-eius* = FS. **22,3** 3 ርኩስ : *immundum* (nomin) = F al; 4 ወኢምንትኒ : *et-non-aliquid* (nomin) = D al; 6 ውስተ : *intra*; 10 ወኢይከውን : መዓ - - ተ : አላ : አግብርቲሁ : ለእግዚ አብሔር : *et-non-fiet ira* (Buchstabe unleserlich) *sed servi<-eius>* (ult lt fals) *<sc> Dei* ~ F al. **22,5** 3 ሌሊት : *nox* (nomin) = E al; 7 om ''ኢ'' *-non-* = F al; 13 add ምስሌሁ : *cum-eo* = K al; 15 add አሜን : *amen*. **22,6** 1 om; 2 ዝክቱ : *illa* = C al; 5 መሃይምነ : *et-fidelis* (acc); 9 add ወ'' *et-* = R^{c}; 16 ዘሀሎ : *quod-necesse-est* (al form). **22,7** 5 ቃለዘ የዐቅብ : *verbum-qui-servat* (er); 6 ቃ *verbum* (om 2.lt) = Cb*. **22,8** 6 add ወ *et-* = MV; add ሎቱ : *ad-eum* = D al. **22,9** 8 add ወ *et-*. **22,10** 3 ተነብዮቱ : *prophetiae* (al form) = K al; **22,11** 4 ወለዘረስሐኒ : *et-<sc>-qui-maculatus-fuit-etiam* = R^{c} al; 10 ወይከውኖ : *et-fiet-ei* = R. **22,14** 1 ብፀዐን : *beati* (scr fals); 11 ወይበውእዎ : *et-intrant<-eam>*

= F al. **22,15** 6 om ወ″ *et-* = B; 12 om. **22,16** 13 ዘምዘመደ ፡ *qui-e-stirpe* (om 2.lit), **22,17** 3 ዘመርዔት ፡ <*qui-*>*gregis* = F al; 4 ወይቤ ፡ *et-dixit* = E al; 5-7 ዘይመጽእ ፡ ለይምጽእ ፡ *qui-veniet* <*ut*> *veniat* (scr fals); 8 add ወ″ *et-* = B al. **22,18** 6-7 ዝንቱ ፡ *huius* = F al; 8 om; 12 ይዌስክ ፡ *addet* (om 3.lt) = Cb*. **22,19** 5 እግዚእየ ፡ *domine-meus* = F al.

Schluß. 1 ዝየ ፡ *hīc* = C al; 6 ዘውእቱ ፡ *quod-id* = F al.

VERZEICHNIS DER ZITIERTEN STELLEN

INHALTSVERZEICHNIS

Imprimerie Orientaliste, s.p.r.l., Louvain (Belgique)

D 1969/0602/4